Knaur

Über den Autor:

Dietmar Griesers Vorfahren stammen aus Tirol, er selbst ist in Hannover geboren und lebt seit 1957 in Wien. Grieser gehört dem PEN-Club an; zu seinen Auszeichnungen zählen u. a. der Eichendorff-Literaturpreis, der Donauland-Sachbuchpreis und das österreichische Ehrenkreuz für Wissenschaft und Kunst.

DIETMAR GRIESER

IM DÄMMERLICHT

UNGEWÖHNLICHE TODESFÄLLE

Knaur

Besuchen Sie uns im Internet:
www.droemer-weltbild.de

Vollständige Taschenbuchausgabe 2001
Droemersche Verlagsanstalt Th. Knaur Nachf., München
Copyright © 1999 by NP BUCHVERLAG Niederösterreichisches
Pressehaus, St. Pölten – Wien
Alle Rechte vorbehalten. Das Werk darf – auch teilweise –
nur mit Genehmigung des Verlages wiedergegeben werden.
Umschlaggestaltung: Agentur ZERO, München
Umschlagabbildung: Bavaria Bildagentur, Gauting
Texterfassung: Beate Endres, Neuburg
Umbruch: Ventura Publisher im Verlag
Druck und Bindung: Clausen & Bosse, Leck
Printed in Germany
ISBN 3-426-61885-0

2 4 5 3 1

INHALT

Zum Geleit 9

Der gute Mensch von Jena
Carl Wilhelm Stadelmann 15

Das Duell
Emil Hartwich 37

Ein Pferd, ein Reiter, eine Bahn
Erzherzog Wilhelm 63

»Krötenküssers« letzter Weg
Paul Kammerer 79

Tabu
Friedrich Wilhelm Murnau 99

Kein Tag wie jeder andere
Ödön von Horváth 125

Der Paravent
Mustafa Kemal Atatürk 145

Heimat, du schöne Utopie
Heinrich Vogeler 163

Flug ohne Wiederkehr
Antoine de Saint-Exupéry 181

Idinkas Himmelfahrt
Ida Orloff 197

Die Todesschüsse von Mittersill
Anton Webern 221

Mord vor der Moschee
König Abdallah 239

Die Urszene
Wilhelm Reich 253

»Nimm dich in acht, Junge!«
Fritz Wunderlich 271

Bitterer Lorbeer
Paavo Nurmi 281

Literaturnachweis 295

Bildnachweis 299

Für Ingeburg Braun

Zum Geleit

Es war einer dieser Fragebögen, die unsereins hie und da auszufüllen bekommt: Die Redaktion begehrt im Namen ihrer Leser Auskunft darüber, welche drei Dinge man auf die berühmte Insel mitnehmen würde, welche Art von Tier man gern wäre und welcher Leibspeise man unter keinen Umständen widerstehen kann. Und und und. Es ist kein Geheimnis, daß bei derlei Unternehmen, wenns ans Antworten geht, schamlos geflunkert, kokettiert, geschönt wird: Zu groß ist die Versuchung, sich auf Kosten der Wahrheit interessant zu machen, und auch ich mache da keine Ausnahme. Bei einer der Fragen jedoch kam es mir auf uneingeschränkte Ehrlichkeit an: »Mit wem würden Sie gerne einen Abend verbringen?«

Ja, mit wem? Ich brauchte nicht lange nachzudenken: Mit meinem frühverstorbenen Vater.

Ich stand kurz vor der Matura; durch die fortgesetzten Klinikaufenthalte des schon seit Jahren gesundheitlich schwer Angeschlagenen, aber auch durch mein intensives Büffeln für die Abschlußprüfung waren unsere Kontakte auf ein Minimum geschrumpft. Was hätte ich ihm alles erzählen, was hätte ich ihn alles fragen wollen! Und dann, von einem Tag auf den anderen, war es dafür unwiderruflich zu spät: Eine letzte Visite des Hausarztes, der junge Kaplan mit dem Salböl, das klägliche Wimmern der Mutter, das hilflose Herumstehen von uns Kindern – der Vater war gestorben.

Zwar brauchte es bei mir eine Weile, bis der Schock voll ausbrach, dafür war er nun um so heftiger: Ich hatte begriffen, daß eine kostbare, ja unentbehrliche Quelle ein für allemal versiegt war, daß ich auf eine Fülle von Fragen fortan keine Antwort mehr erwarten konnte. Sang- und klanglos war er aus unserem Leben verschwunden, die Todeskrankheit hatte ihm wohl keine andere Wahl gelassen. Voll Neid blickte ich auf jene Sterbeszenen, wie man sie von alten Kalenderbildern her kennt: das würdevoll auf sein Lager gebettete Familienoberhaupt, von den Hinterbliebenen gramgebeugt umstanden, Abschied nehmend von den Kindern. Dem einen, so will es scheinen, versucht der Vater noch mit letzter Kraft ins Gewissen zu reden, dem ältesten trägt er feierlich sein Vermächtnis vor, dem jüngsten streicht er mit tröstend-segnender Gebärde über den Haarschopf.

Dieses Bild einer durch friedliche Harmonie und geordnete »Übergabe« gemilderten Katastrophe verfolgte mich über die Jahre hin und löste, indem es mir selbst leider versagt geblieben war, wieder und wieder jenen jähen Schmerz aus, der aus der Ohnmacht kommt. Wir waren drei Söhne gewesen; ich als der jüngste wäre also als letzter ans Sterbelager des Vaters gerufen worden. Doch nichts dergleichen hatte sich zugetragen.

Heute weiß ich, daß diese mit aller erdenklichen Sorgfalt arrangierte Form des Abschiednehmens nur in erbaulichen Büchern, nur auf frommen Andachtsbildern vorkommt, daß sie die Ausnahme ist, nicht die Regel. Die Regel ist – und in unserer den Tod tabuisierenden Zeit mehr denn je – das wortlose Wegtauchen, das abrupte Ende.

Es brauchte lange, bis ich mich damit abfand. Eines aber blieb: die Beschäftigung mit dem Tod. Nur war es nun nicht mehr bloß der des eigenen Vaters, sondern auch der der anderen, die mit den Jahren – sei es durch die Chronik der laufenden Ereignisse, sei es durch das Lesen von Büchern – in mein Blickfeld getreten waren. Schon früh ein passionierter Friedhofsbesucher, nun aber auch alles, was mir an biographischer Literatur in die Hand kam, gezielt daraufhin durchforstend, begann ich mich für das Thema Tod zu interessieren – überhaupt, wo es dabei im landläufigen Sinne ungewöhnlich zugegangen war. Ungewöhnlich tragisch, aber auch ungewöhnlich banal, ungewöhnlich verhängnisvoll, ungewöhnlich mysteriös.

Der Dichter Émile Zola, der, aus der Sommerfrische nach Paris zurückkehrend, im Schlafzimmer seiner Wohnung an Rauchgasvergiftung stirbt: War es wirklich die Schuld der Handwerker, die bei ihren Instandsetzungsarbeiten versehentlich den Schornstein zugemauert hatten, oder lag nicht vielmehr ein heimtückischer Anschlag politischer Kontrahenten vor, die Zola die Rechnung für sein Engagement in der »Affäre Dreyfus« präsentieren wollten? War der Gehirntumor, der Thomas Wolfe im Alter von siebenunddreißig Jahren das Leben kostete, eine direkte Folge jener wüsten Oktoberfest-Exzesse, bei denen ein enthemmter Münchner Raufbold dem auf Europa-Trip befindlichen Dichter einen Bierkrug gegen den Kopf geschmettert hatte? War Ingeborg Bachmann die brennende Zigarette, mit der sie eingeschlafen war, zum Verhängnis geworden oder aber das Unvermögen der sie behandelnden Ärzte, jenem Psychopharmakon auf die Spur zu kommen, von dem ihre unansprechbare Patientin abhängig war?

Am 29. September 1913 ertrinkt auf der Überfahrt von Antwerpen nach Harwich Rudolf Diesel, der weltberühmte Erbauer des nach ihm benannten Motors, in den Fluten des Ärmelkanals: Unfall oder Selbstmord? Auch das tödliche Motorradunglück des legendenumwobenen Lawrence von Arabien gibt den Untersuchungsbehörden monatelang Rätsel auf, desgleichen die Flugzeugabstürze des amerikanischen Bandleaders Glenn Miller und des deutschen Autobahnerbauers und NS-Politikers Fritz Todt. Nur im Fall der Tänzerin Isadora Duncan besteht volle Klarheit: Als sie am Abend des 14. September 1927 in Nizza mit dem nagelneuen Bugatti ihres Freundes Falchetto zu einer Probefahrt aufbricht, verfängt sich ihr aus dem Wagen heraushängender Seidenschal in der Achse des linken Hinterrades und stranguliert die Neunundvierzigjährige.

Der nobelpreisgekrönte Physiker Pierre Curie wird von einem Lkw, Antoni Gaudí, der Exzentriker unter den Architekten, von einer Straßenbahn überfahren; der Filmschauspieler James Dean rast am Steuer seines Wagens auf dem US-Highway 466 in der Wüste Kaliforniens in den Tod; und der Südtiroler Bergführer Tita Piaz, den sie seiner unerschrockenen Gipfelstürmerei wegen den »Teufel der Dolomiten« nennen, verunglückt nicht etwa bei einer seiner halsbrecherischen Klettertouren, sondern verliert bei einer läppischen Botenfahrt in seiner Heimatgemeinde Pera die Herrschaft über sein Fahrrad, stürzt in den Dorfbrunnen und ertrinkt.

Die Liste der ungewöhnlichen Todesfälle ist lang, unendlich lang. Fünfzehn Beispielen, allesamt in der obigen Aufzählung noch nicht genannt, habe ich für das vorliegende Buch nachgeforscht. Manches davon – so der vom herabstürzenden Ast eines morschen Kastanienbaums »gefällte« Dichter Ödön von Horváth, der über dem Mittelmeer abgeschossene Militärflieger Antoine de Saint-Exupéry, der von der MG-Salve einer amerikanischen Besatzer-Patrouille irrtümlich getroffene Komponist Anton Webern oder der auf einer harmlosen Kellerstiege verunglückte Sänger Fritz Wunderlich – wird dem Leser bekannt sein, anderes – wie das tragische Ende des Goethe-Dieners Carl Wilhelm Stadelmann, der Tod des Zoologen Paul Kammerer, des Jugendstilmalers Heinrich Vogeler, des Filmregisseurs Friedrich Wilhelm Murnau, des »Königs der Läufer« Paavo Nurmi, des in Fontanes Roman *Effi Briest* verewigten Major-Crampas-Urbildes Emil Hartwich oder der Schauspielerin Ida Orloff – nicht. Ihrer aller und ihres exemplarischen Hinscheidens soll im Folgenden gedacht sein.

CARL WILHELM STADELMANN

Der gute Mensch von Jena

Die Enthüllung des Frankfurter Goethe-Denkmals ist ein in jeder Hinsicht außergewöhnliches Ereignis. Zwölf Jahre ist es her, daß man den Dichter in seiner Wahlheimat Weimar zu Grabe getragen hat, jetzt will ihm endlich auch die Vaterstadt in gebührender Weise huldigen. Eine hübsche Stange Geld hat sich die Bürgerschaft der Freien Reichsstadt den Schwanthaler-Koloß in der Gallus-Anlage kosten lassen. Einer der Männer aus dem Festkomitee, die das Spektakel vorbereiten und die Liste der einzuladenden Ehrengäste erstellen, macht den Vorschlag, doch auch nach Jena zu blicken. Müßte es nicht gerade dort noch mancherlei Goethe-Reliquien geben, die man sich als Leihgabe für die Zeremonie erbitten kann?

Hier hat der Meister, wenn mans zusammenzählt, ziemlich genau fünf Jahre seines Lebens zugebracht, hat in Wahrnehmung seiner weimarischen Ministerpflichten an den örtlichen Rekrutenaushebungen teilgenommen, den Bau der Chaussee durchs Mühltal sowie die Flußregulierung der Saale überwacht, den Botanischen Garten und das sogenannte Accouchierhaus, ein Entbindungsheim mit Hebammenlehranstalt, gegründet, die dem Hof unterstehenden Bibliotheken, Sammlungen und Kabinette geordnet und den naturwissenschaftlichen Fächern Mineralogie, Botanik und Chemie zur Etablierung als eigene Universitätsdisziplinen verholfen. Im Hörsaal des Anatomieturms am Teichgraben ist dem Fünfunddreißigjährigen die aufsehenerregende Entdeckung des menschlichen Zwischenkieferknochens geglückt, im Bachsteinschen Haus am Marktplatz ist er nach einer abendlichen Sitzung der Naturforschenden Gesellschaft zum erstenmal dem Kollegen Schiller begegnet, in Jena hat er den Roman *Wilhelm Meisters Lehrjahre* und das Epos *Hermann und Dorothea* vollendet, die Ratschläge des »Urfreundes« Carl Ludwig von Knebel eingeholt und im Hause des Buchhändlers Frommann dessen Pflegekind Minchen Herzlieb schöne Augen gemacht. Als einen »Stapelplatz des Wissens und der Wissenschaft« hat er die Stadt gepriesen – müßte es da nicht ein leichtes sein, zur Ausschmückung des Frankfurter Festakts ein einschlägiges Exponat ausfindig zu machen und für ein paar Tage von der Saale an den Main zu transferieren?

Die Antwort aus Jena könnte origineller nicht ausfallen: Man schickt den Frankfurtern kein Möbelstück, kein Schreibwerkzeug, kein Dokument. Sondern eine lebendige Leihgabe, eine leibhaftige, wohl die rührendste, die sich denken läßt: den alten Diener. Carl Wilhelm Stadelmann. Der Zweiundsechzigjährige, in letzter Zeit arg heruntergekommen, verbringt seinen Lebensabend im Armenhaus der Stadt. Wird man ihn wohl dazu bewegen können, noch ein letztes Mal den Frack, die Weste und die Lackschuhe, die sein einstiger Dienstherr ihm zum Abschied überlassen hat, anzulegen und die Reise in Goethes Geburtsheimat anzutreten?

Stadelmann, seit Jahr und Tag dem Alkohol ergeben, trinkt

Das Goethe-Denkmal in Frankfurt

sich Mut an und besteigt die Kutsche nach Frankfurt. Dortselbst angekommen, nehmen sich die Honoratioren der Freien Reichsstadt seiner an, plazieren ihn zur Zeremonie der Denkmalsenthüllung in die erste Reihe. Neugierig umdrängen sie den von Goethe-Aura »geweihten« Mann, überschütten ihn mit Geschenken, versprechen ihm feierlich, seiner fortan sorgsam zu gedenken und seinen kargen Lebensunterhalt mit einer regelmäßigen Pensionszahlung aufzubessern. Denn Stadelmann ist seit Jahren ein Fürsorgefall. Holz spalten, Wasser schleppen, Sand waschen, Steine klopfen – das sind die Arbeiten, die ihm im Jenaer Armenhaus aufgetragen sind, und nicht einmal die sechs Groschen pro Tag, die ihm für seine Dienste zustehen, werden ihm ausgehändigt: Augenblicks würden sie über den Schanktisch des Branntweiners wandern ...

Eigentlich heißt er – nach jener Maria Magdalena Bindnagelin, die ihn am 21. Januar 1782 unehelich geboren hat – Bindnagel (oder auch Bindernagel). Aber die Mutter heiratet in späteren Jahren einen Stadelmann, und so darf er fortan dessen Namen tragen. In seiner Heimatstadt Jena absolviert er eine Buchdruckerlehre, gibt jedoch die »schwarze Kunst« bald auf und tritt in den Haushalt der Kommerzienrätin Hagenbruch als Kämmerer ein. Zweiunddreißig ist er, als Goethe auf den aufgeweckten Burschen aufmerksam wird. Seine Intelligenz, sein Witz und die Sicherheit seines Auftretens machen auf den dreiunddreißig Jahre Älteren starken Eindruck, der Dichter engagiert ihn vom Fleck weg, am 1. Juli 1814 tritt er seinen Dienst »beym Herrn Cammer-Rath v. Göthe« an. »Haar: braun, Augen: blau, Nase und Mund: proportioniert, Statur: mittel, besondere Kennzeichen: keine« – so wird später der betreffende Eintrag im Weimarer Gesindebuch lauten.

Noch im selben Monat – genau: am 25. Juli 1814 – treten Dienstherr und Domestik die erste gemeinsame Reise an: Rhein, Main und Neckar sind ihr Ziel; auf des Dieners Arm gestützt, wandert Goethe durch das nächtliche Frankfurt, hält vor dem Vaterhaus am Hirschgraben inne, lauscht gerührt dem Schlag der alten Standuhr, die schon in seinen Kindertagen die Stunden gezählt hat.

Unter den dienstbaren Geistern, die Goethe in seinem fast dreiundachtzigjährigen Leben »verbraucht«, wird Carl Wilhelm Stadelmann derjenige sein, der ihm von allen am nächsten steht. Auch als er sich bereits von ihm getrennt hat, wird er dem »braven guten Menschen« verbunden bleiben, indem er dessen Nachfolger Ferdinand Schreiber nicht etwa »Ferdinand«, sondern weiterhin, als hätte es nie einen Wechsel gegeben, »Carl« ruft.

Stadelmann ist ständig um ihn. Auf Reisen sitzt er neben dem Kutscher auf dem Bock des »Fahrhäuschens«; ist man da-

Goethes Arbeitszimmer

heim, so besorgt er seinem Herrn das Gewand, das Lager, die Zwischenmahlzeiten. Goethe ist Frühaufsteher, schon um sechs auf den Beinen. Nach der Early-morning-Labung – wahlweise Kaffee, Schokolade oder Fleischbrühe – geht er daran, das am Vortag in Stichworten Notierte zu diktieren, dann folgt das eigentliche Frühstück. »Ich muß von morgens 4 1/2 Uhr auf den Füßen seyn und komme des nachts öfters vor 1 nicht zu Bette«, läßt Stadelmann vorsichtige Klage anklingen.

Als der »treue sorgfältige Diener« eines Tages erkrankt, gerät Goethes Tagesablauf vollends ins Stocken. »Durch sein Übel«, schreibt er an einen der Freunde, »gingen mir vierzehn Tage aufs schmählichste verloren.« Besonders hart trifft es ihn, wenn Stadelmann auf Reisen krankheitshalber ausfällt: »Kommt Carl wieder auf die Beine, so wollen wir des Restes dankbar genießen.« Und allein aufbrechen? Ausgeschlossen! Wie könnte er ihm »das Herzeleid antun, ohne ihn die Reise zu machen«? Mißmut und Untätigkeit befallen Goethe, der nun »zugleich einen Diener, Rechner und Schreiber« vermissen muß. Ist etwas an den Kleidern zu richten, so bringt Stadelmann sie zum Schneider, und auch die Anschaffung der täglichen Lebensmittel erfolgt nach seinen Anweisungen, wobei er sich stets bemüht zeigt, in die Speisenfolge Abwechslung zu bringen: »Ich glaube nicht, daß Blumenkohl wird nötig sein, ich habe noch zwei Stauden. Schotten haben wir diese Woche auch schon zweimal gehabt. Sollten Sie aber eine gute Melone schicken können, die nicht soviel Mühe kostet, so glaube ich, daß es gut ist, doch ist es kein Befehl vom Herrn.«

Ein weiterer Bestellzettel an den »wertesten Herrn Bibliotheks-Secretair« gibt Aufschluß über Goethes Trinkgewohnheiten:

»Sie werden durch den Fuhrmann Thierolf die Kiste mit 9 Bouteillen erhalten haben nebst den Stöpseln. Ich bitte ergebenst, mir sie so bald als möglich gefüllt zu senden, da mein Vorrat nur noch in 3 1/2 Bouteillen besteht und ich jetzt mehr brauche, da immer kleine Frühstückchen stattfinden.«

Auch Goethe selbst wird von seinem Diener mit derlei Sendschreiben bedacht – etwa wenn von Weimar eine »Warenlieferung« nach Jena unterwegs ist:

»Euer Exzellenz! Empfangen ein Paket mit Strümpfen, eins mit einer Schöpskeule und eins mit Wachsstümpchen. Auch habe ich hier ein sehr schön schwarz gewässertes Zeug zum Sofa gefunden. Es ist 5/4 breit, aber nur 10 Ellen. Der Kauf-

Eines der vielen Sendschreiben Stadelmanns an Goethe

mann Schmidt will mir bis Montag welches verschreiben, wenn es so lange anstehen kann. Doch werde ich die anderen Kaufleute durchgehen, um zu sehen, ob ich nicht das nämliche finde, und es dann so schnell als möglich senden. Inliegend ein Brief von Franzensbrunn, sonst ist nichts eingelaufen.«

Will Goethe von seinen Reisen Geschenke für Ehefrau Christiane oder für die Damen der Weimarer Hofgesellschaft mitbringen, so ist Stadelmann der verantwortliche Organisator: Gleich nach der Ankunft in Karlsbad holt er den »Preiscourant« für Haarnadeln ein. Und natürlich obliegt ihm alles, was mit der Herbergsbeschaffung zusammenhängt. Goethe an Sohn August: »Da ich keine rechte Gewißheit wegen des Quartiers erhalten konnte, hab ich Stadelmann mit der Equipage und Effekten nach Marienbad geschickt, damit er dort alles einleite, ordne und mich des unerfreulichen ersten Ankommens überhebe. Morgen fahr ich nach und trete ruhig und beruhigt ein.« Damit auch ja alles nach Wunsch abläuft, holt Stadelmann sogar die Ratschläge von Goethes Leibarzt ein – erst dann erfolgt die Vollzugsmeldung an »Euer Exzellenz«: »Melde ich, daß der Herr Hofrat Rehbein das Logis im ersten Stock der ›Goldenen Traube‹ für das zweckmäßigste gefunden.«

Im Frühjahr 1823 wird Goethe von einer schweren Erkältung heimgesucht. Stadelmann ist der einzige, der auch jetzt immer um ihn sein darf, Augenzeugen berichten: »Ein heftiger Frost schüttelte ihn auf einmal so zusammen, daß der getreue Stadelmann nicht genug herbeiholen konnte, um ihn zuzudecken.« Und als sich die Freunde besorgt zur Krankenvisite einstellen, ohne freilich vorgelassen zu werden, ist es wiederum der Diener, der dem Patienten die Besucherlisten vorlesen muß.

Sogar in Eckermanns Aufzeichnungen findet Stadelmanns

Obsorge um Goethes Genesung Eingang: »Als ich unten in das Bedientenzimmer trat, um meinen Mantel zu nehmen, fand ich Stadelmann sehr bestürzt. Er sagte, er habe sich über seinen Herrn erschrocken. Wenn er klage, so sei das ein schlimmes Zeichen. Auch wären die Füße plötzlich ganz dünn geworden, die bisher ein wenig geschwollen gewesen. Er wolle morgen in aller Frühe zum Arzt gehen, um ihm die schlimmen Zeichen zu melden. Ich suchte ihn zu beruhigen, allein er ließ sich seine Furcht nicht ausreden.«

Sekretär und Diener vertragen sich leidlich gut miteinander: Als Johann Peter Eckermann, Sohn eines Hausierers und einer Mützennäherin aus Winsen an der Luhe, am 27. Oktober 1823 im Haus am Frauenplan seinen Dienst antritt, ist es Stadelmann, der alles für den Empfang des »Neuen« vorbereitet. Goethe ist gerade mit dem Manuskript der *Marienbader Elegien* fertig geworden, Eckermann soll die Ehre widerfahren, es als erster zu lesen, der Diener schleppt zwei Kandelaber herbei, um den feierlichen Augenblick ins rechte Licht zu rücken.

Gar in den ganz banalen Dingen des Dichteralltags geht nichts ohne Stadelmanns geschickte Hand: Wenn Goethe nach seinen geliebten Näschereien, nach »Pfeffermünzkügelchen« und seltenem Obst, verlangt, bekommt der Bote präzise Anweisungen mit auf den Weg, wie das kostbare Gut zu verpacken sei: »Die Birn in reines Löschpapier gewickelt, damit sie sich nicht drücken!«

Wieder ein anderes Aufgabengebiet betrifft die Abwehr lästiger Besucher. Wie hält man Goethe beispielsweise jene aufdringliche Theatersouffleuse fern, die sich von ihm ein Engagement ihres Mannes erhofft und Stadelmanns Fürsprache mit amourösen Gegenleistungen zu honorieren verspricht? Das

»schwarze Rabenaas«, so wird der Diener in seinem Tagebuch vermerken, habe ein paar »recht schöne Mädchen« zur Hand, die sie ihm, sollte er »mit liebeglühendem Herzen Sehnsucht empfinden«, bei Bedarf jederzeit zuführen könne. »Sie brauchen sich nur an mich zu wenden, es sind ein paar allerliebste Kinder.«

Auch als »lebender Kalender« stellt der »gute Carl« seinen Mann – überhaupt in späteren Jahren, als Goethes Gedächtnis dramatisch nachzulassen beginnt. Sommer 1820, man weilt zur Kur in Karlsbad. Goethe ruft nach dem Diener, er solle zwei Flaschen Rotwein sowie zwei Gläser herbeibringen und auf den einander gegenüberliegenden Fensterbrettern abstellen. Dann setzt er zu einem Rundgang im Zimmer an, wobei er zügig ein Glas nach dem anderen leert. In diesem Augenblick tritt Leibarzt Dr. Rehbein ein. Goethe herrscht ihn an: »Ihr seid mir ein schöner Freund! Was für einen Tag haben wir heute und welches Datum?«

Rehbein: »Den siebenundzwanzigsten August, Exzellenz.«

Goethe: »Falsch. Es ist der achtundzwanzigste und mein Geburtstag!«

Rehbein: »Ach was, wie könnte ich den vergessen? Wir haben den siebenundzwanzigsten.«

Goethe: »Das ist nicht wahr! Wir haben den achtundzwanzigsten!«

Rehbein (nun sehr bestimmt): »Den siebenundzwanzigsten!«

Goethe (klingelt dem Diener, Stadelmann tritt ein): »Carl, was für ein Datum haben wir heute?«

Stadelmann: »Den siebenundzwanzigsten, Exzellenz.«

Goethe: »Daß dich der Teufel hole, her mit dem Kalender!«

Stadelmann bringt den Kalender, Goethe wirft einen Blick darauf. Dann, nach langer Pause: »Donnerwetter! Da habe ich mich ja ganz umsonst besoffen!«

Nur in puncto Sprache und Rechtschreibung hapert es beim »guten Carl«. Auf dessen Dienste zurückzugreifen, wenn einmal kein Schreiber zur Hand ist, um Briefe und andere Diktate aufzunehmen, unterläßt Goethe nach einigen Versuchen: Stadelmann setzt weder Punkt noch Komma, macht keine Absätze und leistet sich so manchen orthographischen Schnitzer.

Um so sattelfester ist er in allen Fragen der Botanik – und nicht etwa nur bei jenen, die bei der täglichen Gartenarbeit anfallen. Wie oft geschieht es, daß er, selbst der »Pflanzenlust« verfallen, seinem Herrn bestimmte Gewächse zu näherer Betrachtung ins Zimmer bringt! Und als eines Tages gar eine Probe einer versteinerten Heideneiche ins Haus kommt, nimmt Stadelmann aktiv an der Untersuchung des kostbaren Fundes teil.

Noch nützlicher ist seine Hilfe, wenn es um die Beobachtung geologischer Formationen und ums Sammeln mineralogischer Trouvailles geht. Auf einem ihrer gemeinsamen Ausflüge läßt der scharfsichtige Stadelmann die Kutsche anhalten, springt vom Bock herunter, hebt einen Feldspat-Zwilling vom Boden auf und reicht den Fund an Goethe weiter, der seiner Verwunderung mit den beinahe zärtlichen Worten »Wie kommst denn du hierher?« Ausdruck verleiht. Verläßt Stadelmann nicht oft schon um vier Uhr früh das Haus, um nach seltenen Steinen zu suchen, mit dem »Hämmerchen« die jeweilige Beute einzusammeln und sie seinem Herrn zu präsentieren? Kaum ein Tag, da Goethe nicht in seinem Diarium das Finderglück seines Dieners lobend hervorhebt: »Besonders war Stadelmann unersättlich, den stänglichen Eisenstein, den er in pseudovulkanischem Bruche in großen Kugeln antraf, zusammenzulesen. Wie denn über ein Viertelzentner nach Hause geschleppt wurde.«

Auch gegenüber Besuchern, die seine mineralogischen Neigungen teilen, wird Goethe nicht müde, die Meriten seines Dieners hervorzuheben: »Mein Stadelmann hat schon viel Gutes zusammengeschleppt.« Ja, der Bediente versäumt bei alledem nie, nicht nur Goethe selbst, sondern auch dessen Freunde mit Proben seiner Funde zu versorgen. Graf Stroganoff, eine Kurbekanntschaft aus Marienbad, erhält einen ganzen Kasten Steine, und zwei aus Stadelmanns Vorräten zusammengestellte »Suiten« gehen als Geschenk ans Mineralienkabinett des Stiftes Tepl bzw. ans »Vaterländische Museum« in Prag.

In seiner eigenen Werkstatt fertigt er Gipsabgüsse an:

»Da sitze ich nun Tage und Abende und sinne, wie ich das Ding recht schön und gut machen will und vergesse alles um mich her, Freunde und Frau ...«

Dem gelernten Buchdrucker kommt dabei zustatten, daß er sich vorzüglich auf das Herstellen von Matrizen versteht, und Goethe macht davon auch hocherfreut Gebrauch. »Stadelmann wünscht eine Bouteille mit Gips«, schreibt er an einen der Hausgeister, »sie steht in der Bedientenkammer im Schranke; der Bote ist angewiesen, sie mitzunehmen.« Sei es ein in der aufgelassenen Synagoge von Eger entdeckter Stein mit althebräischen Schriftzeichen oder ein fossiler Elefantenzahn aus einer einschlägigen Sammlung: Stadelmann erhält Auftrag, »Tonabdrucke« von den Objekten zu nehmen, und führt alle Anweisungen bezüglich Firnis und Färbung gewissenhaft durch.

Selbst in der Farbenlehre steigt Stadelmann vom bloßen Gehilfen zum »vollkommen eingeweihten« Jünger auf. 16. Mai 1824 im Haus am Frauenplan, die Herren Riemer und

Meyer sind mit Goethe in einen ernsten literarischen Diskurs vertieft.

Stadelmann (sie unterbrechend): »Gestatten, Exzellenz, ich muß Ihnen eine Entdeckung mitteilen.«

Goethe: »Nun, Carl, laß sehen!«

Stadelmann: »Also, ich nehme dies Glas Wein und stelle es auf ein Blatt weißes Papier, und hierhin stelle ich ein Licht. Das Licht scheint durch den Wein und bildet auf dem Papier drei Sonnen und einen Regenbogen – ganz, wie wir das neulich am Himmel beobachtet haben. Dreht man das Glas so, dann ist hier die Sonne; so, dann werden es zwei, und so drei, und hier ist der Regenbogen und hier der helle und der dunkle Kreis.«

Goethe: »Stadelmann ist ein Genie, er wetteifert mit der lieben Natur. Ja, er ist sogar sparsamer als sie! Er braucht nur ein Glas Weißwein, um ihren ganzen Himmelsraum zu schaffen. Los, Carl, dreh dein Glas noch einmal!«

Ja, dieser Carl Wilhelm Stadelmann aus Jena ist wahrhaftig ein Tausendsassa – fröhlichen Gemüts und immer voller Einfälle. Und weit mehr als ein Domestik! Nicht nur, daß er seinem Dienstherrn in dessen naturwissenschaftlichen Interessen nacheifert, kopiert er ihn auch bis in die äußere Erscheinung hinein, nimmt manches von seinem Gehaben an, ahmt seinen Gang nach. Soll man es rührend nennen oder grotesk? Sogar Goethes Hang zu Liebelei und Flirt färbt auf den um so viele Jahre Jüngeren ab. Nur im Schreiben (Stadelmann entfaltet eine rege Korrespondenz sowohl mit dem übrigen Personal wie mit manchen der illustren Goethe-Vertrauten) bleibt er ein hoffnungsloser Dilettant, mag er durch seinen Umgang mit all den hehren Geistern auch noch soviel an Gelehrsamkeit aufschnappen. Seinem Landsmann Friedrich Theodor Kräuter, dem gleichfalls aus

Jena stammenden Goethe-Sekretär (und späteren Bibliothekar und Archivar), schreibt er:

»Sehen Sie, hier in Jena, da laufen unsereinem die Professoren immer vor den Füßen herum: Da kommt ein Bergrat, dort ein Chemiker, da wieder ein Künstler, ein Technolog und Gott weiß wer alles. Ich muß mich den ganzen Tag mit den Leuten herumbalgen, und da habe ich denn jedem so etwas abgemerkt.«

Aber es gibt auch Probleme: Goethe hält seinen »guten Carl« verdammt knapp. Und wieder ist es der Eckermann-Vorgänger Kräuter, dem er sich ohne sich ein Blatt vor den Mund zu nehmen, anvertraut:

»Ich leide an allem Notdürftigen Mangel. Alles geht in Stükke, an den Stiefeln keine Sohlen, sogar die Vorschuhe nicht mehr brauchbar. Meine besten Hosen sind zerfleischt, andere habe ich nicht. Schon sind 3 1/2 Monat verflossen, daß ich im Dienst bei Seiner Exzellenz bin, und habe weiter noch nichts von den versprochenen Livreestücken als Rock und Hut, worin ich in dem schrecklichen Aprilwetter habe paradieren müssen. Ferner habe ich den Tag 8 Groschen, und jeden will ich loben, der imstande ist, bei dieser Zeit mit 8 Groschen auszukommen ... Diese Lage macht mir den Aufenthalt in Jena wirklich schwer, doch wage ich nicht, dem Herrn Geheimen Rat mit Klagen schwerzufallen, da ich mir alle Mühe gebe, seinen Aufenthalt so angenehm als möglich zu machen. Auch wollte ich dieses Klagelied bloß für Sie gesungen haben.«

Es ist wahr: Der Dichterfürst ist knausrig. Jeden Abend, so wird berichtet, läßt er »seinen Bedienten zu sich auf die Stube kommen, um Rechnung mit ihm abzuhalten über alle Ausgaben des Tages, die größten wie die kleinsten, und für den folgenden Tag den vorläufigen Etat im Ausgabenbuch festzustellen«.

Goethes trockener Kommentar:

»Wenn die Prosa abgetan ist, kann die Poesie um so lustiger gedeihen. Man muß sich das Unangenehme vom Halse schaffen, um angenehm leben zu können, und der Schlaf bekommt nur um so besser.«

Doch einen weiteren Grund für seine notorische Geldnot verschweigt Stadelmann: Er trinkt. Daß auch der ausgewiesene Weinkenner Goethe dem Trunk zuneigt, mag ihn diesbezüglich zu Unbekümmertheit, ja Übermut verleiten. Was er dabei freilich übersieht: Goethe spricht dem Alkohol zwar regelmäßig, doch nie unmäßig zu. Und er haßt Exzesse. Stadelmann jedoch ist der typische Quartalsäufer. Wenn es ihn überkommt, ist er wehrlos. Und außerstande, seinen Dienstpflichten nachzukommen. Sosehr Goethe sonst an dem »braven guten Menschen« hängen mag, solche Nachlässigkeit kann er ihm nicht durchgehen lassen. »Ohnehin lag es in meiner Art«, hält er schon in seinem Jahresheft von 1795 fest, »aus herkömmlicher Dankbarkeit unbequeme Menschen fortzudulden, wenn sie es mir nicht gar zu arg machten, alsdann aber meist mit Ungestüm ein solches Verhältnis abzubrechen.«

Jetzt, im Sommer 1824, ist dieser Punkt erreicht: Der Bogen ist überspannt, Goethes Geduld aufgebraucht, der Herr Geheimrat muß sich um einen neuen Bedienten umsehen. »Stadelmanns Abgang« – so trägt er am 1. Juli lakonisch in sein Tagebuch ein. Und fährt fort: »Nötige Einrichtungen deshalb.«

Schon einmal hat er sich von Stadelmann getrennt: Ende 1815, anderthalb Jahre nach dessen Dienstantritt; die Gründe dafür sind im dunkeln. Doch Goethe holt ihn wieder zurück.

Als Nachfolger Ferdinand Schreiber im darauffolgenden Jahr ins Siechenhaus gebracht werden muß, entsinnt sich Goethe der besonderen Qualitäten Stadelmanns und engagiert ihn aufs neue, und diesmal sind es über sieben Jahre, die sie beisammenbleiben.

Diese sieben Jahre sind nunmehr um, der Bruch scheint endgültig. Goethe schreibt an einen seiner Freunde nach Jena: »Es hat der vor kurzem aus meinen Diensten getretene Stadelmann seit mehreren Jahren meine Reiserechnungen geführt, die zwei zusammengehefteten Jahre von 1822 und 1823 jedoch, ohngeachtet wiederholter Erinnerung, nicht abgeliefert.« Sogar von der Möglichkeit gerichtlicher Sanktionen ist die Rede.

Stadelmann verteidigt sich, redet sich auf den Kutscher aus, dem die Obsorge über die Kiste mit den Rechnungszetteln anvertraut gewesen sei. Unverschlossen habe er sie an einem Ort stehen sehen, »wo jeder Tagelöhner und jede Waschfrau Zutritt hatte«. Jetzt aber sei das Ding unauffindbar verschwunden. Sogar den Wandkalender, mit dessen Hilfe er vielleicht in der Lage wäre, wenigstens einen Teil der Ausgaben zu »rekonstruieren«, habe er »nicht wieder erlangen können«.

Über den genauen Ablauf der Entlassung schweigen die Dokumente, doch wird eine »lautstarke Auseinandersetzung« vermutet. Goethe ist enttäuscht, Stadelmann ist verletzt. Der inzwischen Zweiundvierzigjährige verläßt Weimar und kehrt in seine Heimatstadt Jena zurück, wo er zunächst wieder in seinem angestammten Beruf als Buchdrucker Fuß zu fassen versucht, bevor er – wohl über Empfehlung seines ehemaligen Dienstherrn – in die Werkstatt des von Goethe hochgeschätzten Hofmechanikus und Optikers Dr. Körner eintritt und diesem bei der Fertigung von Chrom- und Flintglas assistiert. Schließlich aber landet er im Armenhaus. Als ihm 1834 auch noch seine Frau wegstirbt, verliert Stadelmann den letzten Halt, liefert sich vollends der Geißel Alkohol aus, kann von seinem Dienstgeber nicht einmal mehr für die einfachsten Arbeiten in Haus und Garten herangezogen werden. Im Armenasyl in der Jenergasse quält er sich noch zehn Jahre dahin – als Holzhacker und Gartenknecht, dessen einziges »Vergnügen« es bleibt, sich ab und zu einen gewaltigen Rausch anzutrinken; vorausgesetzt, es gelingt ihm, sich der Aufsicht durch den strengen Inspektor zu entziehen. Aus dem »nicht ganz gewöhnlichen Menschen«, dem eine Zeitzeugin aus den letzten Lebensjahren noch kurz zuvor »feine Manieren und eine gebildete Sprache« attestiert hat, ist ein Wrack geworden. Treffe man ihn jedoch in nüchternem Zustand an, so »brauchte man sich nur fünf Minuten mit ihm zu unterhalten, um zu wissen, daß man einen Mann vor sich habe, der viel erlebt und erfahren«.

Nur ein einziges Mal noch, schon gegen Ende seines Lebens, fällt ein letzter Strahl des einstigen Glanzes auf den Verelendeten, wenigstens für ein paar Stunden darf sich Carl Wilhelm Stadelmann noch einmal im Ruhm seines früheren Dienstherrn sonnen: Es ist die bereits erwähnte Einweihung des Frankfurter Goethe-Denkmals, 1844. Die Geburtsstadt des Dichterfürsten hält für den Festakt an der Gallus-Anlage nach Ehrengästen Ausschau, die Authentizität ausstrahlen, Goethe auf seinem Lebensweg persönlich begleitet haben.

Wie wärs mit Friedrich Wilhelm Riemer? Der alte Goethe-Sekretär ist noch am Leben, in Weimar erreicht ihn die Einladung. Doch der Siebzigjährige muß abwinken. Bei der schweren Gicht, an der er laboriert, ist an die strapaziöse Reise nach Frankfurt nicht zu denken.

Eines der Mitglieder des Denkmalkomitees schlägt daraufhin als Ersatz den alten Diener vor: Auf allerlei Umwegen ist durchgesickert, daß auch Stadelmann noch unter den Lebenden weilt. Müßte es für den in bedrückender Armut Dahinvegetierenden nicht eine besondere Auszeichnung sein, noch einmal seinen Fuß auf den Boden jener Stadt zu setzen, die er in jungen Jahren mit seinem Herrn durchstreift hat?

Jawohl, so ist es: Stadelmann, die »Extrapost« aus Frankfurt in Händen, holt aus seinem Wäschekasten im Jenaer Arbeitshaus das Sonntagsgewand hervor, das ihm Goethe seinerzeit zum Abschied vermacht hat, probiert die jahrelang unbenützt gebliebenen Sachen, packt sein Köfferchen und besteigt, das Gratisbillett für die weite Reise in der Rocktasche, die Kutsche nach Frankfurt. In Weimar macht er Zwischenstation und stattet dem verhinderten Sekretarius Riemer einen Besuch ab, über den dieser in seinem Tagebuch wohlgelaunt festhält: »Er erzählt von alter Zeit und seiner jetzigen Arbeit aller Art im Arbeitshause zu Jena, alles mit gutem Humor und Schwatzhaftigkeit.«

Die Weiterfahrt an den Main kann ihm nicht schnell genug gehen: »Was – erst Gotha? Noch immer nicht Fulda? Und wann kommt endlich Butzbach?« Der Empfang in Frankfurt kommt ihm wie ein Traum vor. Ist es möglich, daß sie ihn, den einstigen Buchdrucker, Lakai und Labordiener, wahrhaftig mit »Euer Gnaden« anreden? Und daß sie ihm bei der Feier der Denkmalsenthüllung einen Ehrenplatz in der ersten Reihe zuweisen? Jeder der Umstehenden will ihm die Hand drücken, so mancher spricht ihm frischen Lebensmut zu, ergötzt sich an den Goethe-Anekdoten, die er zum besten gibt, steckt ihm die eine oder andere milde Gabe zu. »Mit vor Freude glühendem Antlitze«, wird man anderntags in den Gazetten lesen, nimmt »die letzte lebendige Reliquie des Dichter-Heros« all die Huldigungen der Frankfurter Honoratioren entgegen. Sogar eine kleine Altersrente, so wird ihm zugeraunt, wollen sie ihm aussetzen. Baron Rothschild verbürgt sich persönlich für die prompte, regelmäßige Überweisung.

Als am 26. Dezember 1844 tatsächlich das versiegelte Kuvert mit der ersten Zahlung in Jena eintrifft, ist niemand zur Stelle, den Geldbetrag zu übernehmen und den Kassenzettel der Freien Stadt Frankfurt zu quittieren: Der Adressat hat in der Nacht davor seinem Leben ein Ende gemacht.

Aus dem Frankfurter Festtagstrubel zurückzukehren zu Strohsack und Suppennapf des Jenaer Arbeits- und Armenhauses, dieser Sturz ist zu tief gewesen. Stadelmann, aufs neue den Schikanen des Asylinspektors ausgesetzt, öffnet eine der Bouteillen kostbaren Rheinweins, die ihm die Frankfurter Gastgeber ins Reisegepäck gesteckt haben, trinkt sich ein letztes Mal Mut an, wirft die leere Flasche aus dem Fenster seiner Wohnkammer, klettert die Treppe zum Dachboden hinauf, legt einen Strick um einen der Balken und erhängt sich.

Wo kann er nur geblieben sein, der Stadelmann? Der Geldkurier drängt auf Erledigung seiner Mission, man sucht nach dem Vermißten, wähnt ihn auf einem Spaziergang. Und schließlich die grausige Entdeckung ... Dem eilends herbeigerufenen Arzt bleibt bloß noch eines zu tun: den Totenschein auszustellen. Nur der Justitiar des Großherzogtums Sachsen-Weimar wird dem Verstorbenen im Namen des Hofes eine letzte Auszeichnung zukommen lassen: Es wird verfügt, Carl Wilhelm Stadelmanns Leichnam sei nicht – wie sonst bei Selbstmördern üblich – der Anatomie der Universität zu Versuchszwecken freizugeben, sondern in einem ordentlichen kirchlichen Begräbnis beizusetzen.

Lokalaugenschein in Jena, Frühjahr 1998. Bilanz nach drei Tagen Spurensuche: Diener bleibt eben doch Diener. Auch wenn er Carl Wilhelm Stadelmann heißt und nächst Eckermann und Riemer derjenige aus dem zahlreichen Goethe-Personal ist, der dem Dichter am nächsten steht. Nicht das kleinste Täfelchen erinnert an diesen Mann, der so viel mehr ist als bloß Faktotum, Domestik – ein Mangel, der um so mehr ins Auge springen muß, als Jena wie kaum eine zweite deutsche Stadt ein einziges Dorado der Denkmäler, Büsten, Stelen und Gedenkplaketten ist. Nicht nur am Fürstengraben, der den Botanischen Garten säumt und den Blick sowohl auf Goethes Logis, das »Inspektorhaus«, wie auch auf Stadelmanns »Endstation«, das ehemalige Arbeits- und Armenhaus, freigibt, stehen sie in Reih und Glied – all die unvergessenen und auch vergessenen Notabilitäten der Stadt: aus Stein gehauen, im Erdreich verankert, wohlversehen mit ihren Lebensdaten, ihrer Kurzbiographie. Weder hier noch im Jenergäßchen, wo auf einem der finsteren Dachböden das Lebenslicht des »braven guten Menschen« erloschen ist, auch nur der kleinste Hinweis auf Stadelmann. Und das gleiche Bild auf dem seit Jahrzehnten aufgelassenen, aber nach wie vor leidlich gepflegten Johannis-Friedhof, wo Goethes »Urfreund« Karl Ludwig von Knebel liegt, die Schiller-Schwägerin Caroline von Wolzogen, die Philosophenmutter Johanna Schopenhauer, der Dichter Johann Christian Günther. Nicht einmal die Stelle läßt sich eruieren, wo im Januar 1845 der Sarg Carl Wilhelm Stadelmanns in die Grube hinabgelassen worden ist.

Da mag es immerhin ein Trost sein, daß sich wenigstens die Literatur des armen Teufels annimmt: Hans Lucke, Dresdner des Jahrgangs 1927, Schauspieler, Regisseur und Theaterautor, Lessing-Preisträger von 1958, bringt 1986 ein (in Weimar erfolgreich uraufgeführtes) Stück heraus, dem er den schlichten Titel *Stadelmann* gibt.

Lucke geht mit dem Stoff zwar recht eigenmächtig um, setzt sich, was die überlieferten Daten, die handelnden Personen und auch das eigentliche Selbstmordmotiv betrifft, über die historischen Fakten hinweg, doch was in diesem Zusammenhang das Wichtigere ist: Die Botschaft, die Autor Hans Lucke mit seinem Einakter übermitteln will, trifft den Kern. Er läßt den Verelendeten, den Armenhäusler, in die Hände eines Klüngels wichtigtuerisch-unsensibler Philister geraten, die die Errichtung eines Goethe-Denkmals im Sinn haben und dazu den alten Diener als Werkzeug brauchen.

Der Deal, zu dem sie ihn zu überreden versuchen, ist folgender: Stadelmann soll an den betuchten Bankier, dem man das Geld für das Projekt abzuknöpfen gedenkt, als Anekdotenerzähler verkuppelt werden, soll bei dessen Gesellschaften mit Goethe-Tratsch brillieren. Stadelmann, von der Aussicht auf

Der Fürstengraben zu Jena, von Goethe gezeichnet

das unverhoffte »Comeback« zunächst hell entzückt, stellt sich dieses freilich anders vor. Ihm wäre es darum zu tun, der mit seinem einstigen Herrn entwickelten (und von ihm selbst fortgeführten) Farbenlehre zum Durchbruch zu verhelfen. Als er erkennen muß, daß daran keiner interessiert ist, er in Wahrheit den Hanswurst spielen soll und alle seine Appelle zur Achtung der Menschenwürde ins Leere gehen, zieht er sich ins Nebenzimmer zurück und greift in einem unbewachten Augenblick zum Strick.

Wir wissen: Es war anders. Aber um einer höheren Wahrheit willen ist ein solches Abweichen von den historischen Fakten gewiß zulässig – zumal in einem Stück, das heute, über anderthalb Jahrhunderte nach den tatsächlichen Begebenheiten, auf die Bühne kommt.

In diesem Sinne täten die Jenaer gut daran, Hans Luckes *Stadelmann* in einem ihrer heutigen Theater nachzuspielen. Denn die Buchbinderei Vater an der Johannisstraße, in der Carl Wilhelm Stadelmann im Dienste seines Herrn aus und ein gegangen ist und deren heutiger Nachfolger im Schaufenster seines Geschäftslokals mit einem Riesenfaksimile aus Goethes Tagebüchern um Kunden wirbt, ist wohl doch etwas zu wenig ...

EMIL HARTWICH

Das Duell

»Alles erledigte sich rasch, und die Schüsse fielen. Crampas stürzte. Innstetten, einige Schritte zurücktretend, wandte sich ab von der Szene.«
 Das Duell.
 Das berühmte Duell aus *Effi Briest*.
 Ehemann und Nebenbuhler zielen aufeinander: »A tempo avancierend und auf zehn Schritt Distanz.«
 Keine fünf Druckzeilen in Fontanes Roman – es scheint, als habe sich auch der Dichter das über dem Vorgang waltende Prinzip äußerster preußisch-militärischer Knappheit zu eigen gemacht.

Ort der Handlung: eine »Stelle zwischen den Dünen« am Ortsrand der hinterpommerschen Kreisstadt Kessin, »hart am Strand«, dort, wo der vorderste Sandhügel einen Einschnitt hat und den Blick aufs Meer freigibt. »Überall zur Seite hin standen dichte Büschel von Strandhafer, um diesen herum aber Immortellen und ein paar blutrote Nelken.«
 Auf den Landkarten wird man dieses Kessin vergebens suchen: Es ist Fontanes Erfindung. In Wirklichkeit denkt der

Dichter an Swinemünde, den renommierten Badeort an der Ostsee, den befestigten Vorhafen von Stettin.

Bevor *Effi Briest* in Buchform auf den Markt kommt, bringt die *Deutsche Rundschau* den Roman in sechs Fortsetzungen als Vorabdruck: von Oktober 1894 bis März 1895. Sie ist zu dieser Zeit eine der führenden Kulturzeitschriften im Reich, die Veröffentlichung erregt entsprechend großes Aufsehen, Fontane erhält eine Menge Post. In einer seiner Antworten deckt er die Hintergründe der Fabel auf:

»Es ist nämlich eine wahre Geschichte, die sich hier zugetragen hat, nur in Ort und Namen alles transponiert. Das Duell fand in Bonn statt, nicht in dem rätselvollen Kessin, dem ich die Szenerie von Swinemünde gegeben habe. Crampas war ein Gerichtsrat, Innstetten ist jetzt Oberst, Effi lebt noch, ganz in der Nähe von Berlin.«

Kann es da ausbleiben, daß Neugierige sich sogleich auf die Suche nach den wahren Fakten machen – vor allem in Bonn?

Doch weder die Heimatforscher noch die Fontane-Experten gelangen ans Ziel. In keiner der örtlichen Zeitungen findet sich rund um das bewußte Datum – als Termin des Duells steht der 27. November 1886 fest – auch nur der kleinste Hinweis auf ein Ereignis dieser Art, das sich in oder um die Stadt Bonn zugetragen hätte.

Dafür berichtet der Berliner Korrespondent der *Bonner Volkszeitung* am 3. Dezember 1886:

»Vergangenen Samstag fand hier ein Duell zwischen einem höheren Offizier und einem Amtsrichter aus Düsseldorf unter schweren Bedingungen statt. Der letztere erhielt einen Schuß in den Unterleib und starb am Mittwoch.«

»Hier« – das heißt also: in Berlin.

Fontane hat, indem er das Ereignis in seinem Roman in den Phantasieort Kessin und in seiner Briefantwort nach Bonn verlegt, gleich doppelt geflunkert, und es ist leicht zu erraten, warum: Zwei seiner Protagonisten, nämlich die Urbilder von Geert Innstetten und Effi Briest, sind am Leben, obendrein noch dazu in nächster Nähe – da will er jede Enthüllung der tatsächlichen Umstände vermeiden, scheut die Peinlichkeiten indiskreter Verifizierung, versucht die Sache zu verschleiern, führt die Spurensucher in die Irre.

Statt ins heimatliche Berlin ins davon weit entfernte Bonn.

Wieder sind es zwei Freundesbriefe, die näheren Aufschluß geben. Der eine geht an Marie Uhse, der andere an Clara Kühnast.

Fontane schreibt:

»Es ist eine Geschichte nach dem Leben, und die Heldin lebt noch. Ich erschrecke mitunter bei dem Gedanken, daß ihr das Buch – so relativ schmeichelhaft die Umgestaltung darin ist – zu Gesicht kommen könnte.«

Im zweiten Brief wird er deutlicher:

»Vielleicht interessiert es Sie, daß die wirkliche Effi übrigens noch lebt, als ausgezeichnete Pflegerin in einer großen Heilanstalt. Innstetten, in natura, wird mit nächstem General werden. Ich habe ihn seine Militärcarrière nur aufgeben lassen, um die wirklichen Personen nicht zu deutlich hervortreten zu lassen.«

Das leidige Problem, das Schriftsteller immer dann haben, wenn sie ihre Stoffe der Wirklichkeit entlehnen – und gar zu Lebzeiten ihrer Protagonisten.

Berlin, Winter 1888/89. Theodor Fontane, soeben siebzig geworden, ist zu einer Abendgesellschaft bei Emma von Lessing eingeladen. Im Salon der Frau des Herausgebers der *Vossischen Zeitung* verkehrt auch das Ehepaar Ardenne: Major Armand von Ardenne und dessen Gemahlin Elisabeth geb. von Plotho. Da er die beiden schon längere Zeit nicht mehr hier angetroffen hat, erkundigt er sich bei der Gastgeberin nach ihrem Verbleib. Und erfährt, was geschehen ist: Herr von Ardenne hat eine ehebrecherische Beziehung seiner Frau aufgedeckt, sich von ihr scheiden lassen, den Nebenbuhler im Duell getötet, nach Verbüßung einer Festungshaft seine militärische Karriere fortgesetzt und ein zweites Mal geheiratet. Und Exgattin Elisabeth, durch Gerichtsbeschluß ihrer beiden Kinder beraubt, steht jetzt auf eigenen Füßen, bringt sich fortan als Krankenpflegerin durch.

Theodor Fontane ist von dem, was er da zu hören bekommt, wie elektrisiert, macht es zum Sujet seines nächsten Romans: *Effi Briest*.

Wir wissen es seit dem Tag, da der 1997 in Dresden verstorbene Physiker Manfred von Ardenne sein jahrelang streng unter Verschluß gehaltenes Familienarchiv geöffnet und dem Literaturhistoriker Hans Werner Seiffert großzügig Einblick gewährt hat: Die Frau, die sich hinter Fontanes Romanfigur verbirgt, ist niemand anderer als Elisabeth von Ardenne, seine Großmutter.

Enkel Manfred selbst ist es, der ihr – und zwar am Rande der Feierlichkeiten zu ihrem neunzigsten Geburtstag am 26. Oktober 1943 – die Zunge löst. Angeregt von der Zufallsbegegnung mit einem Neffen des Major-Crampas-Urbildes Emil Hartwich einige Jahre davor (der ihn mit den Worten »Ihr Großvater hat meinen Onkel im Duell erschossen!« in die wahren Zusammenhänge einweiht), beginnt sich Professor von Ardenne für die geheimnisumwitterte Gestalt dieses Mannes zu interessieren, erforscht dessen Biographie und bekommt auf diese Weise eine Schrift in die Hand, in der der an allen öffentlichen Problemen seiner Zeit brennend interessierte Jurist seine aufsehenerregenden sozialhygienischen Ansichten festgehalten hat: *Woran wir leiden*. Manfred von Ardenne empfindet spontan Sympathie für die fortschrittlichen Gedankengänge des Autors und teilt dies seiner Großmutter in einem Vieraugengespräch mit. Und er tut noch ein übriges – versichert die alte Dame, nun ganz offen auf die seinerzeitige Affäre anspielend, seiner uneingeschränkten Solidarität: »Ich hätte damals ganz genauso gehandelt wie du!«

Dieses Bekenntnis ist für die neunzigjährige Elisabeth von Ardenne das Signal, endlich ihr lebenslanges Schweigen zu brechen.

Tief bewegt von der offenherzigen Rede ihres Enkels, bringt sie wenige Tage später ein Päckchen zur Post und macht es Manfred zum Geschenk. Es ist jenes Briefbündel aus den Jahren 1882 bis 1886, das den Zweikampf vom 27. November 1886 ausgelöst hat: Emil Hartwichs Korrespondenz mit Elisabeth von Ardenne.

Im Begleitschreiben an den Enkel fügt sie hinzu:

»Du bist der einzige, der mich danach gefragt hat. So sollst Du auch das wenige bekommen, das ein hartes Schicksal mir von dem strahlenden Menschen gelassen hat. Daß Dir die Freude wurde, durch einen Verwandten in ein gerechtes gutes Licht den Mann gerückt zu sehen, der unendliches Leid, aber auch unendliches Glück in mein Leben gebracht hat, war mir ein Geschenk.

Deshalb lege ich Euch die leichten Briefe bei, die einen Einblick gewähren in den Frohsinn und die Unbeschwertheit unseres Sonnendaseins damals.«

Schon bald werden über Elisabeth von Ardenne und ihr literarisches Alter ego Effi Briest die ersten wissenschaftlichen Abhandlungen, später sogar ganze Bücher erscheinen, und unter dem Titel *Das Duell* wird auch das Fernsehen das »Doppelleben« dieser höchst bemerkenswerten Frau nachzeichnen.

Ebenso sind Identität und Biographie des Geert-Innstetten-Urbildes Armand von Ardenne geklärt: jenes Mannes, der, plötzlich mißtrauisch geworden, mit einem Nachschlüssel die Geheimschatulle seiner Frau aufbricht, die Briefe des Nebenbuhlers und damit dessen »verbotene« Beziehung entdeckt, die Ehebrecherin zur Rede stellt, sich von ihr scheiden läßt, sie unter Mitnahme der beiden Kinder verstößt und den anderen im Zweikampf tötet.

Nur dieser andere – Major von Crampas im Buch, Amtsrichter Emil Hartwich in Wirklichkeit – bleibt weiter im Dunkel der Geschichte.

Wer also ist dieser »Damenmann«, wie Fontane ihn nennt, dieser »Mann vieler Verhältnisse«?

Am 9. Mai 1843 kommt er in Danzig zur Welt; sein Vater, der Geheime Oberregierungs- und Baurat Emil Hermann Hartwich, wird es in vorgerückten Jahren bis zum Eisenbahnpräsidenten bringen, als Initiator der Berliner Stadtbahn geht er in die Baugeschichte der Reichshauptstadt ein. In Berlin absolviert der Junior das humanistische Gymnasium, an der Universität

Der »Damenmann«: Emil Hartwich

Heidelberg studiert er Jurisprudenz, nach seiner Militärzeit bei einem rheinischen Kürassierregiment und Referendarjahren in Berlin tritt er in Köln in den staatlichen Justizdienst ein und landet schließlich als Richter in Düsseldorf.

Hero Jung heißt die Frau, die er mit knapp fünfundzwanzig heiratet; trotz der drei Kinder, die zur Welt kommen, wird es keine glückliche Ehe. Noch hingebungsvoller als in seinen Jünglingsjahren widmet er sich nun seinen Steckenpferden Sport und Malerei. Passionierter Ruderer, gründet er eine Reihe von Sportvereinen; seine Kritik am herrschenden Erziehungssystem und sein vehementes Eintreten für den Sport als Allheilmittel gegen Verweichlichung und Dekadenz wird sogar im preußischen Unterrichtsministerium Widerhall finden und zur Einführung des obligatorischen Turnunterrichts an den Schulen beitragen. Seinen musischen Neigungen frönt er sowohl als Cellospieler wie auch als Landschafts- und Porträtmaler; in der Hautevolee, in der der Gesellschaftsmensch Hartwich verkehrt, sind es vor allem die Künstler, deren Nähe er sucht. Aber in einer Garnisonstadt wie Düsseldorf bleiben auch Kontakte zu den hier stationierten Offizieren und deren Familien nicht aus, und so lernt der inzwischen Vierunddreißigjährige am 6. Januar 1878 bei einem Abend im Künstlerverein »Malkasten« die zehn Jahre jüngere Frau eines vor einigen Monaten zum 11. Husaren-Regiment nach Düsseldorf abkommandierten Rittmeisters kennen, die ihn vom ersten Augenblick an fasziniert: Elisabeth von Ardenne.

Die Ardennes, ihrerseits seit fünf Jahren miteinander verheiratet, Eltern einer vierjährigen Tochter namens Margot und eines ein Jahr alten Sohnes namens Egmont, sind aus Berlin zugezogen und zählen nun für sieben Jahre (mit einer längeren Unterbrechung, die den Ehemann als Brigadeleutnant nach Metz führt) zu den oberen Zehntausend von Düsseldorf. Zunächst in der Kronprinzenstraße 32 wohnhaft, beziehen sie im Sommer 1881 ein Nobellogis im linken Flügel des Kavalierhauses von Schloß Benrath, und unter den Gästen, die sie in dem prachtvollen Rokokobau mit dem bis ans Rheinufer reichenden Park empfangen, ist auch Emil Hartwich. Die Benrather Tafelrunde, der unter anderen der Maler Wilhelm Beckmann, eine lokale Dichtergröße sowie eine Reihe ausgewählter Regimentskameraden des Hausherrn angehören, trifft sich fast täglich; ob Geburts- oder Namenstage – alles wird gemeinsam gefeiert, auch Weihnachten und die übrigen Feste, und bei besonderen Anlässen legt man historische Kostüme an und ergötzt sich im Stil der Zeit an »lebenden Bildern« und neckischen Scharaden.

Wer sich dabei am übermütigsten gebärdet, sind Elisabeth von Ardenne und Hausfreund Emil Hartwich.

»Mit wachsendem Bangen« sieht Malerkumpan Wilhelm Beckmann (wie er später in seinen Memoiren eingestehen wird) die Katastrophe voraus, »daß ein solcher Verkehr bei einem der Freunde eines Tages die gewaltsam zurückgehaltene Glut der Empfindungen sprengen und die Selbstbeherrschung durchbrechen würde ...«.

Es folgen Zusammenkünfte zu zweit, es folgen gemeinsame Ausritte, bei denen Emil Hartwich und Elisabeth die Freunde zurücklassen, und es folgen vor allem eine Reihe von Porträtsitzungen in Hartwichs Atelier. Der Verehrer malt das Objekt seiner Verehrung.

Das so entstehende Ölbild wird den beiden Liebenden zum willkommenen Alibi für weitere intime Stelldicheins. Und wenn sie auch nach außen hin – um der Konvention willen – streng am gebotenen »Sie« festhalten, so sprechen die Briefe, die zwischen Maler und Modell hin und her gehen, eine um so deutlichere Sprache:

»Wenn Sie mich morgen nicht brauchen können«, handelt Hartwich mit Elisabeth den Termin der nächsten Porträtsitzung aus, »werde ich mich den ganzen Nachmittag in meiner Klause verschließen und von dem reizenden gestrigen Abend zehren, der mal wieder ganz nach meinem Herzen war.«

Noch ist das Verhältnis von Ehemann und Nebenbuhler spannungsfrei. Rittmeister von Ardenne bemerkt nicht, wie ihm seine Frau zu entgleiten droht. Wohl aber werden Auffassungsunterschiede zwischen den beiden Männern spürbar – etwa wenn bei einem der Hausfeste auf Schloß Benrath zu vorgerückter Stunde die Ardenne-Kinder, vom lauten Gesang der Gäste aus dem Schlaf geweckt, im Nachthemd zu der Gesellschaft stoßen, dort freudig begrüßt werden, aber, statt auf die Fragen der Erwachsenen artig zu antworten, ihnen schlaftrunken die Zunge herausstrecken und sich mit einem unwilligen »Bäh!« verabschieden.

Hausherr Armand von Ardenne ist über die Ungezogenheit der beiden Sprößlinge erzürnt und brüllt ihnen nach: »Was für eine Disziplinlosigkeit!« Strafend blickt er dabei seine Frau an, der er, der streng Autoritäre, wohl das Fehlverhalten der Kleinen anlastet. Und Elisabeth entschuldigt sich: »Es tut mir aufrichtig leid.«

Da schaltet sich Emil Hartwich ein: »Was, um Himmels willen, soll daran so schlimm sein? Disziplin lernen die Kinder noch früh genug. Ich habe selbst drei Jungen. Der Älteste hat neulich mein Handexemplar des Strafgesetzbuches mit lauter Strichmännchen illustriert!«

»Das Strafgesetzbuch?« Armand von Ardenne ringt um seine Fassung. Den auf bedingungslosem Gehorsam bestehenden Offizier und den nachsichtig-liberalen Richter mit den musischen Neigungen trennen Welten ...

Am 1. Oktober 1884 tritt Armand von Ardenne, einer neuerlichen Versetzung folgend, seinen Dienst in Berlin an. Zum Adjutanten des Kriegsministers befördert, geht er nun noch mehr in seinen Berufspflichten auf, hat für Frau und Kinder kaum noch Zeit. Gattin Elisabeth trauert den unbeschwert schönen Tagen am Rhein nach – und dem Mann, dem diese schönen Tage in erster Linie zu verdanken gewesen sind: Emil Hartwich. Sind schon in Düsseldorf, wenn man sich gegenseitig einlud, Verabredungen traf, einander Glückwünsche übermittelte oder Dankadressen, laufend Briefe zwischen den Häusern Hartwich und Ardenne ausgetauscht worden, so nimmt die Korrespondenz nun, wo man auch örtlich voneinander getrennt ist, noch an Umfang zu, und vor allem: Absender und Adressat sind jetzt nicht mehr zwei miteinander befreundete Familien, sondern zwei Einzelpersonen, die einander in glühender Leidenschaft zugetan sind. Natürlich können sie – mit Rücksicht auf den steifen Sittenkodex ihrer Zeit und ihres Standes – ihren Gefühlen nicht freien Lauf lassen. Wenn Emil Hartwich das Wort an die ferne Geliebte richtet, tut er es nie mit dem vertrauten »Du«; Anreden wie »Gnädigste und Hochverehrteste«, »Sehr geehrte Herrin« oder »Liebe Frau Else« sind schon das Äußerste an Intimität, das man riskiert. Wir müssen also, wenn wir die sich anbahnende Katastrophe begreifen wollen, lernen, zwischen den Zeilen zu lesen.

Es ist das erste Weihnachten, das man nicht miteinander verbringt. Elisabeth fertigt in Berlin ein Geschenk für Hartwich an, und der bedankt sich überschwenglich:

»Zum ersten Mal in meinem Leben habe ich das stille Glücksgefühl, daß jemand mir in weiter Ferne durch seiner Hände Werk eine Freude zu bereiten suchte. Das haben Sie gewiß geahnt. Obgleich ich nie einen Weihnachtswunsch habe, ist es Ihnen doch gelungen, eine Lücke auf meinem Schreibtisch zu füllen.«

Hartwichs Gegengeschenk ist ein Bild von seiner Hand. Es zeigt eine Moorlandschaft in der Nähe von Bonn – der melancholische Charakter des Kunstwerks soll die düstere Seelenverfassung seines Schöpfers widerspiegeln, unter der dieser seit dem Weggang der Geliebten leidet:

»Der Boden schwindet einem unter den Füßen, und manchmal glaubt man, das ganze Land würde mit Baum und Strauch versinken. Wenn meine Stimmung besser ist, male ich Ihnen etwas Freundlicheres.«

Aber selbst wenn ihn der Trennungsschmerz zu übermannen droht, versteckt sich Hartwich konsequent hinter dem kollektiven »Wir«:

»Daß ich Ihnen gerade heute schreibe, hat seinen guten Grund. Heute vor sieben Jahren war jener denkwürdige ›Malkasten‹-Abend, den das Schicksal ausersehen hatte, die Familie von Ardenne mit Hartwich zusammenzufügen. Aber die Menschheit kommt mir vor wie die Scherben in einem Kaleidoskop; jede Drehung der Erde läßt das alte Bild zusammenfallen und erzeugt ein neues, das kaum wiederzuerkennen ist und mit dem alten nur die bunten Scherben gemeinsam hat.«

Auch Hartwichs Silvesterbrief ist scheinbar an die gesamte Familie gerichtet, doch eben nur scheinbar. Warum sonst enthielte Elisabeth ihn – ebenso wie alle anderen – den Ihren vor und verschlösse ihn in ihrer Geheimschatulle? Hartwich schreibt:

»Wenn ich auch unverantwortlich lange geschwiegen habe, so glauben Sie bitte nicht, daß ich nicht tief und schmerzlich die Lücke empfände, die mir das Scheiden der Familie Ardenne gebracht hat, und daß ich nicht wüßte, wie dankbar ich gerade Ihnen sein muß, deren Duldsamkeit und Nachsicht es mir ermöglichte, so oft die Gastfreundschaft Ihres Hauses zu mißbrauchen.«

Ein noch gewaltigerer Gefühlsstau entlädt sich in der Glückwunschadresse, die Hartwich zu Elisabeths Geburtstag losschickt: »Was ich Ihnen alles wünsche, brauche ich Ihnen nicht herzuzählen: Sie wissen, wie aufrichtig ich es mit Ihnen und den Ihrigen meine. Ich will Ihnen bloß hinzufügen, daß meine Freundschaft an Treue und Innigkeit gewonnen hat. Die Trennung ist immer aber auch ein Prüfstein dafür, ob man jemandem wahrhaft ergeben ist. Ich glaube, daß ich meine Probe bestehen werde.«

Mit Verspätung sendet Hartwich der Angebeteten einen Stoß Photographien nach Berlin; sie sind bei einem der Kostümfeste im Düsseldorfer Ständehaus aufgenommen worden, wo die beiden als Ritterfräulein und Ritter posiert haben. Beziehungsvoll schon der Titel der Scharade: »Ein Schritt vom Wege«. Und beziehungsvoll auch Hartwichs Begleitschreiben:

»Halten Sie mich nicht für selbstlos, wenn ich sie Ihnen zu Füßen lege. Es ist der reine Egoismus, bei Ihnen durch äußere Zeichen die Erinnerung an Düsseldorf wachzuhalten.«

Hartwich wie Elisabeth sind sich darüber im klaren, daß sie beide an den falschen Lebenspartner geraten und nun Gefangene ihrer einmal eingegangenen Beziehungen sind. Was bleibt ihnen da anderes übrig, als sich zu arrangieren?

Hartwich scheint darin der Erfolgreichere zu sein, und er weiß seiner Frau dafür ausdrücklich Dank. So nennt er sie einmal »die Gute«, ein andermal »die Vernünftige«, und er kommt dabei zu dem Schluß:

»Wir sind auf dem schönen Standpunkt angelangt, daß wir uns beide stets das Beste gönnen, ohne einer den anderen in seinem Tun zu beschränken. Wir Deutschen sind meistens zu spießbürgerlich und zu kleinlich.«

Vorsicht ist also geboten – übrigens auch gegenüber allzu neugierigen Briefträgern. Selbst bei der harmlosesten Nachricht gibt Hartwich dem verschlossenen Kuvert den Vorzug vor der offenen Korrespondenzkarte:

»Der Post wegen mache ich diese Hülle um den Brief. Zwar kann ihn jeder, der Lust hat, lesen, aber ich glaube, die Beamten sind instruiert, man muß ihnen das Handwerk erschweren. Verwahren Sie ihn; ich will auch Ihre persönlichen Zeilen fortlegen, sie werden uns später gewiß freudig an die unbestritten reizenden Tage erinnern, die wir in unserem kleinen Kreise erleben; ich glaube, daß nur wenige Menschen dieses reine und schöne Glück genießen.«

Als Hartwich eines Tages Elisabeth ein Tagebuch schenkt, schreibt er ihr eine Widmung auf die erste Seite, die offen ausdrückt, wie sehr er unter der Trennung leidet:

»Nichts ist schmerzlicher, als sich im Elend an glückliche Tage zu erinnern.«

Wie läßt sich diesem »Elend« beikommen? Auf zwölf engbeschriebenen Briefseiten teilt er ihr seine Pläne mit:

»Ihnen will ich nun ein Geheimnis anvertrauen, aber Sie

dürfen wirklich nicht darüber sprechen. Ich bin stark dabei, mir ein Jahr Urlaub zu nehmen, das ich zum ernsten Studium und zu Reisen verwenden will. Die Einbußen des Gehaltes werde ich zum Teil dadurch ersetzen, daß ich Aufträge zum Copieren wahrhaft schöner Sachen annehme, die in mein Feld schlagen. Ich habe im neuen Museum von Antwerpen eine Copie nach einem Porträt von Velazquez gesehen, die ich ohne Übertreibung heutigen Tages, das heißt nach großem und andauerndem Fleiß mindestens genausogut male.«

Gleichzeitig hält Hartwich die Geliebte dazu an, den Briefverkehr zwischen der Kurfürstenstraße 103 in Berlin (wo die Ardennes logieren) und der Leopoldstraße 21 in Düsseldorf (seiner eigenen Adresse) zu intensivieren: »Schreiben Sie mir bitte öfter, damit ich nicht gar zu traurig werde!«

Ganz arg erwischt es ihn, als Hartwich eines Tages – es ist inzwischen Frühsommer 1886 – in einer Gastwirtschaft beim Benrather Schloß einkehrt und nun auf Schritt und Tritt an die einstigen Stunden seligen Zusammenseins erinnert wird:

»So darf ich Ihnen wohl als Zierde dieses Briefes ein paar Rosenblätter beifügen. Erkennen Sie den Wunsch, Sie auf blumigen Pfaden wandeln und auf Rosen gebettet zu sehen?«

Im Oktober tritt ein Ereignis ein, das auf ein Wiedersehen der seit zwei Jahren Getrennten hoffen läßt: Emil Hartwichs in Berlin ansässiger Schwiegervater ist gestorben, man ist zum Begräbnis geladen, rüstet zur Reise vom Rhein an die Spree. Nur eines scheut Hartwich: die Begegnung mit Armand von Ardenne. Wie läßt sie sich vermeiden? Vielleicht so:

»Ich glaube, sie tun Armand einen Gefallen, wenn Sie ihm nichts von diesem Briefe und seinem traurigen Inhalt sagen. Er könnte kraft dieses denken, mit bei dem Begräbnis zu sein. Ich finde aber, daß er bessere Dinge zu tun hat, als hinter dem Totenwagen eines ihm an und für sich doch sehr fernstehenden Mannes herzulaufen. Daß ich meine Freunde in Berlin und vor allem Sie, verehrteste Else, so unerwartet bald wiedersehe, versüßt mir meine Reise und kann mir selbst die Nachtfahrt im rosigsten Licht erscheinen lassen.«

Ob Hartwich auf dem Weg nach Berlin wohl das Medaillon um den Hals trägt, in dem er eine Locke der Angebeteten verwahrt? Er hat sich dieses Erinnerungsstück damals vor zwei Jahren unter einem Vorwand erbeten: Um an ihrem Porträt auch weitermalen zu können, wenn sie ihm nicht im Atelier zur Verfügung stehe, benötige er eine Haarprobe von ihr. Sogar das gefütterte Kuvert für die delikate Sendung gibt er dem Briefboten mit, dazu ein Billett mit dem Versprechen, »das Kleinod zurückzuerstatten oder jedenfalls keinen Unfug damit zu treiben«.

Unfug? Kann es Unfug sein, mittels eines persönlichen Souvenirs der Geliebten sich die Illusion ihrer Nähe zu verschaffen?

Inzwischen hat Hartwich auch die Tochter Margot gemalt. Elisabeths Erstgeborene ist gerade dreizehn geworden. Als Gastgeschenk bringt er das fertige Bild nach Berlin mit. Und auch etwas noch Kostbareres bringt er mit: Zeit. Er hängt an das Begräbnis des Schwiegervaters ein paar Tage an, um so oft wie möglich mit Elisabeth beisammen zu sein. Ehegatte Armand von Ardenne ist von seinem Dienst im Kriegsministerium so stark in Anspruch genommen, daß er bei den meisten Unternehmungen mit dem Gast aus Düsseldorf nicht mit von der Partie ist. Noch immer arglos, läßt er Elisabeth und Hartwich al-

Die »sehr geehrte Herrin«: Elisabeth von Ardenne

lein, läßt sie gemeinsam Abendgesellschaften besuchen, Ausflugsfahrten organisieren, daheim die Mahlzeiten einnehmen. In ihr Tagebuch wird sie, das Berliner Wiedersehen resümierend, später eintragen:

»Schöne, harmonische Stunden, in denen wir glaubten, es wäre die anbrechende Morgenröte.«

Es kommt der 22. November und damit der Augenblick neuerlicher Trennung:

»Hartwich bringt mich gegen 4 Uhr per Droschke in die Wiechmannstraße. Trotz Abschied fahre ich mit List noch einmal zu ihm, er bringt mich wieder zurück, springt in der Burgstraße noch einmal halb betäubt aus dem Wagen, zieht mich noch einmal im Überschwang seiner Gefühle an seine Brust. Das letzte Mal!«

Zwei Tage später. Hartwich ist schon längst wieder in seinem Düsseldorf, Armand von Ardenne aber kehrt des anhaltenden Schlechtwetters wegen einen Tag früher als vorgesehen aus dem Herbstmanöver zurück. Elisabeth sitzt an ihrem Chippendale-Schreibtisch, einen leeren Briefbogen vor sich. Sie will gerade eine Nachricht an den Geliebten aufsetzen, da tritt ihr Mann ins Zimmer.

Armand von Ardenne, sonst alles andere als sensibel, spürt die Betretenheit seiner Frau. Und ist Elisabeth nicht überhaupt auf einmal wie verändert? Nur mühsam kommt ein Gespräch in Gang. Als der Hausherr zur Tür schreitet, um eine Flasche jenes vorzüglichen Rheinweines aus dem Keller zu holen, den Freund Hartwich mitgebracht hat, dreht er sich noch einmal um, und was sieht er in diesem Augenblick? Nervös hantiert Elisabeth mit ihrer Schreibtischschatulle, steckt hastig ein Briefbündel hinein, versperrt das Schloß.

Am nächsten Morgen, das Dienstmädchen hat gerade den Frühstückstisch abgeräumt, zieht Ardenne ein Konvolut von Papieren aus seiner Rocktasche, schleudert sie auf die leere Tischplatte. »Und was ist das?« fragt er mit fast unbewegter Stimme sein Gegenüber.

Elisabeth erstarrt: Es sind Hartwichs Briefe.

Nun doch mißtrauisch geworden, hat Armand in der Nacht heimlich die Kassette aufgebrochen.

»Gib her, das gehört mir!« will sie noch versuchen, ihm den verhängnisvollen Fund zu entreißen.

»Dir?« kommt es mit bitterem Hohn von ihm zurück. Und dann noch ein weiteres Mal: »Dir? Darüber wird das Gericht zu entscheiden haben!«

Jetzt geht alles sehr schnell. Vierundzwanzig Stunden gibt der gehörnte Gatte der Ehebrecherin Zeit, das Haus zu verlassen. Unter Tränen packt sie den Koffer mit dem Allernötigsten. Die Kinder, dreizehn und neun Jahre alt, verstehen nicht, was es mit dem überstürzten Abschied der Mutter auf sich haben soll. »Um der Ehre Eures Vaters willen ...« ist im Moment das einzige, das sie zu hören bekommen.

Während Elisabeth in Jerichow, nicht weit von ihrem Geburtsort Parey in der märkischen Heide, bei ihrer älteren Schwester Luise Zuflucht sucht, hat Armand von Ardenne alles für die Abrechnung mit seinem Nebenbuhler Nötige in die Wege geleitet.

Hartwich, von der Entdeckung der Briefe verständigt, reist unverzüglich aus Düsseldorf an. Auch er hat seinen Ehrenkodex: Leugnen kommt nicht in Frage, der fünf Jahre Ältere stellt sich der Forderung zum Duell.

Im Morgengrauen des 27. November 1886 stehen einander

die beiden Männer auf der Hasenheide bei Berlin mit geladenen Pistolen gegenüber. Bloß ein einziger Schußwechsel: Hartwich, von einer Kugel in den Unterleib getroffen, fällt. Die lebensgefährliche Verletzung, über deren Herkunft er den Ärzten jedwede Auskunft verweigert, wird im Königlichen Clinicum in der Ziegelstraße behandelt – ohne Aussicht auf Erfolg. Vier Tage später ist Emil Hartwich tot.

Der Herausforderer erstattet Selbstanzeige, das Militärgericht verhängt über den Duellanten zwei Jahre Festungshaft, von denen er allerdings, vom Kaiser persönlich begnadigt, ja sogar zum Major befördert, nur achtzehn Tage abzusitzen braucht.

Unterdessen ist auch Ardennes Scheidungsklage bei Gericht eingelangt; ihr Wortlaut:

»Die Ehe der Parteien war anfangs eine glückliche, büßte aber ihre Innigkeit in demselben Verhältnis ein, in welchem die Zunahme der Gleichgültigkeit der Frau gegen ihren Ehemann dem letzteren fühlbar wurde.«

Und weiter:

»Dem Ehemann lag der Gedanke an die Möglichkeit, daß sein vermeintlich treuer Freund an ihm zum Verräter werden und seine Frau verführen könnte, bis zu der Zeit fern, wo die Sachlage folgende Wendung erhielt ...«

Und nun folgt, Punkt für Punkt, die Schilderung der Aufdeckung der ehebrecherischen Beziehung, wie wir sie schon kennen, mündend in »den unzweideutigen Beweis, daß die beiden Geschlechtsgemeinschaft gehabt, daß sie getrennt voneinander in der Phantasie diese Gemeinschaft mit glücklicher Leiden-

Ganz und gar Offizier: Armand von Ardenne

schaft fortgesezt und die Scheidung von ihren beiderseitigen Ehegatten und Verheiratung miteinander geplant haben«.

Elisabeth von Ardenne ist geständig, am 15. März 1887 wird die Ehe rechtskräftig geschieden. Die Kinder werden dem Vater zugesprochen, ihre Mutter bekommt sie nicht mehr zu Gesicht, und auch die Briefe, die sie Margot und Egmont einmal pro Monat schreiben darf, unterliegen Ardennes strenger Zensur: »Sind sie in unangemessenem Ton gehalten, werden sie ihre Adresse nicht erreichen.« »Um der Kinder willen« bleibt das von Elisabeth in die Ehe eingebrachte Vermögen beschlagnahmt; das einzige, was der Verstoßenen gewährt wird, ist eine »feste, lebenslängliche Rente«. Ardennes Begründung: »Denn verhungern könnte ich die Mutter meiner Kinder doch nicht lassen.«

Um diese Gefahr zu bannen, hat Elisabeth von Ardenne allerdings längst zur Selbsthilfe gegriffen: Ob man es nun Sühneleistung nennen mag oder Selbsterhaltung – die inzwischen Dreiunddreißigjährige läßt sich über Vermittlung des württembergischen Pastors, Sozialpolitikers und Therapeuten Christoph Blumhardt in einer Berliner Nervenheilanstalt und in einem Schweizer Kinderspital zur Krankenschwester ausbilden, arbeitet in verschiedenen Sanatorien und wird zuletzt Pflegerin auf Lebenszeit im Dienst einer Bonner Industriellenfamilie, deren jüngste Tochter ständige Betreuung braucht.

In einer den beiden Frauen zur Verfügung gestellten Waldvilla oberhalb von Lindau erreicht sie – im Gegensatz zu ihrem literarischen Abbild Effi Briest, das Theodor Fontane in der Blüte der Jahre an gebrochenem Herzen sterben läßt – das gesegnete Alter von achtundneunzig. Ihr Leichnam wird vom Bodensee nach Berlin überführt und sodann auf dem Stahnsdorfer Friedhof beigesetzt. Worüber sie selbst ihr ganzes Leben lang geschwiegen hat, verrät der Grabstein: Elisabeth von Ardenne geb. Freifrau von Plotho lebt weiter – als eines der berühmtesten Modelle der Weltliteratur.

Und Armand von Ardenne, der Mann, der sie nach ihrem Fehltritt verstoßen hat? Zielstrebig setzt er den ihm vorgezeichneten Weg fort, macht weiter Karriere – zunächst als Major der Düsseldorfer Landwehr-Dragoner, schließlich als Militärschriftsteller im Range eines Generalleutnants. Einen »Dämpfer« muß allerdings auch er hinnehmen: Als er, die technische Entwicklung richtig voraussehend, sich gegen die Weiterverwendung der traditionellen Krupp-Kanone ausspricht und dabei Kaiser Wilhelms II. Nahverhältnis zum Hause Krupp außer acht läßt, fällt er am preußischen Hof in Ungnade und findet während des Ersten Weltkrieges keine Verwendung.

Auch daß ihn seine Frau ausgerechnet mit einem der besten Freunde hintergangen hat, löst bei Armand von Ardenne einen schweren seelischen Knacks aus. »Du weißt«, schreibt er nach dem Duell vom 27. November 1886 in einem Brief an seine Mutter, »daß schon die kleinen Mädchen in der Tanzstunde mich nicht leiden konnten. In meiner Frau glaubte ich ein Herz gefunden zu haben, das mich liebte. Das war nur ein Traum. Sie hat mir nun eingestanden, daß sie mich nie geliebt und selbst als Braut daran gedacht hat, unsere Verlobung aufzulösen. So komme ich mir wie ein Paria unter den Männern vor.«

Über Armand von Ardennes zweite Ehe, die er ein Jahr nach seiner Scheidung eingeht, weiß man nur, daß auch die neue Lebenspartnerin aus einer geschiedenen Beziehung kommt und von Beruf Operettensängerin ist. Mit sechsundfünfzig in den vorzeitigen Ruhestand tretend, stirbt das Urbild von Fontanes

Porträtist der bürgerlichen Welt: Theodor Fontane

Baron Innstetten 1919 als Mann von einundsiebzig und wird auf dem Waldfriedhof von Berlin-Lichterfelde bestattet.

Und der Dritte im Bunde? Amtsrichter Emil Hartwich, aus dem Fontane den »Damenmann« Major Crampas macht, der als der neue Bezirkskommandant des hinterpommerschen Nestes Kessin Glück und Unglück in das Leben der jungen Effi Briest bringt, ehe ihn der gehörnte Ehemann im Pistolenduell niederstreckt, findet auf einem schlesischen Dorffriedhof im Kreis Lauban zu seiner letzten Ruhe. Bald folgt ihm, der selbst nur dreiundvierzig Jahre alt geworden ist, sein ältester Sohn im Tod nach. Die Witwe, über all dem Geschehenen vorzeitig ergraut, bleibt für ihr weiteres Leben auf die mildtätige Unterstützung durch gute Freunde angewiesen.

Im Oktober 1895, neun Jahre nach dem Duell, erscheint

Theodor Fontanes Roman *Effi Briest*. Der Dichter ist zu dieser Zeit knapp sechsundsiebzig, hat noch drei Jahre vor sich. Und auch noch drei weitere Romane: *Die Poggenpuhls, Der Stechlin, Mathilde Möhring*. Doch *Effi Briest* überstrahlt sie alle. Und das bis zum heutigen Tag.

ERZHERZOG WILHELM

Ein Pferd, ein Reiter, eine Bahn

Sommer 1894. Vor einem halben Jahr ist Daniel Spitzer gestorben, die Zeitungsleser müssen fortan ohne die Sottisen des »Wiener Spaziergängers« auskommen. Nichts war dem berühmten Spötter heilig: Was ihm in sein Blickfeld geriet, zog er erbarmungslos durch den Kakao. Zum Beispiel die architektonischen Verirrungen der Gründerzeit. Wenn Friedrich von Schmidts Pläne fürs neue Wiener Rathaus, so stichelte er, in die Tat umgesetzt würden, käme kein Verwaltungsbau dabei heraus, sondern eine Kathedrale, und die logische Folge davon wäre, daß die Gemeinderäte ihre Beschlüsse künftig nicht mehr mit einem schlichten »Ja« bekräftigten, sondern mit einem andächtigen »Amen«.

Nun also ist Spitzers Kolumne in der *Neuen Freien Presse* verwaist. Aber lesen kann man ihn dennoch: Die besten seiner Feuilletons liegen, sorgfältig ausgewählt und gebündelt, in Buchform vor. Nicht alles, was er mit seiner spitzen Feder aufspießt, spielt übrigens in Wien. Unser Spaziergänger besteigt von Zeit zu Zeit auch eine der Lokalbahnen und sieht sich in der Umgebung der Hauptstadt um. Eine dieser »Orientreisen« führt ihn in »die landesfürstliche Einöde Baden« – es ist Sommer 1872. Und wie seine Leser es nicht anders von ihm erwarten, läßt er an dem aufstrebenden Kurort kein gutes Haar:

»Obwohl Baden mit dem Schnellzuge in einer halben Stunde von Wien aus zu erreichen ist, glaubt man sich doch, sobald man angelangt ist, in die hintere Türkei versetzt, nur merkt man sofort den Unterschied, wenn man eines der warmen Bäder aufsucht, die an Comfort und Eleganz weit hinter den türkischen Bädern zurückgeblieben sind. Die Badehäuser sind unsauber, die Bassins klein und schmutzig.« Und wer über Nacht dableibe, finde in seinem Quartier vor lauter Wanzen keinen Schlaf, sondern irre im Nachthemd und mit der Kerze in der Hand durch die Gegend, weshalb Baden in dem zweifelhaften Ruf stehe, eines der Weltzentren des Somnambulismus zu sein. Kübelweise schüttet er seinen Hohn über den Badener Wohnstandard aus: »Ich verfüge über ein Empfangs-, Bibliotheks-, Speise-, Rauch- und Schlafzimmer und – denken Sie sich die Bequemlichkeit: alle in einem Zimmer! Allerdings hat das Zimmer nur ein einziges Fenster, allein es regnet durch den Plafond herein, und an schönen Tagen ist selbst das eine Fenster überflüssig, da unmittelbar davor ein Canal liegt.«

Wenn ihm im Kurpark der Kaffee serviert werde, geschehe dies mit Geschirr, das »schon zur Zeit der Völkerwanderung« in Gebrauch gewesen sei, und kaum habe er es sich auf einer der Parkbänke gemütlich gemacht, trete der »städtische Bewässerungsbeamte« in Aktion und richte den Strahl seines »vorsintflutlichen Apparates« auf den verschreckten Gast, der sich nur hinter seinem Parapluie vor den entfesselten Wassermassen retten könne.

Als der »Wiener Spaziergänger« kurz vor seinem Tod ein allerletztes Mal Baden mit seinem Besuch beehrt, nimmt er die

Pferdebahn aufs Korn, die seit 1873 Bahnhofsplatz und Helenental miteinander verbindet. Da die drei Kilometer lange Strekke eingleisig bedient wird, müssen die Passagiere beträchtliche Wartezeiten in Kauf nehmen, zu deren sinnvoller Nutzung Daniel Spitzer die Errichtung von Leihbibliotheken empfiehlt, in denen sich die Gäste mit Freizeitlektüre eindecken können.

Das ist jetzt, im Sommer 1894, da die »Badener Tramwaygesellschaft« – nach der wenige Wochen zuvor erfolgten Installierung von Gasglühlampen im Kurpark binnen kurzem die zweite spektakuläre Neuerung! – den Bahnbetrieb von Pferdekraft auf Elektrizität umstellt, mit einem Schlag anders: Die Intervalle sind nunmehr kürzer, schon die ersten Probefahrten bei Einheimischen wie Gästen ein umjubelter Erfolg. Zwölf Heller kostet ein Billett für die Strecke von der Südbahn bis zur Endstation bei der Ruine Rauhenstein. Die Garnitur besteht aus Triebwagen und »Anhängerwaggon«; wer es bei Schönwetter lieber »luftig« hat, läßt sich nicht auf einem der Sitze im Zuginneren nieder, sondern sichert sich einen Platz auf der offenen Plattform.

Ein Problem harrt allerdings noch der Lösung: Die Pferde, die nach wie vor – sei es als Zugtiere der Fuhrwerke und der Equipagen, sei es als Reittiere – auf der Strecke unterwegs sind, müssen an die neue Errungenschaft gewöhnt werden. Der Lärm des Motors, das Quietschen in den Gleisen, das Bimmeln der Glocke und die Signalrufe des Kondukteurs könnten die nervösen Vierbeiner erschrecken, ihr Scheuen unabsehbare Gefahren für den allgemeinen Straßenverkehr heraufbeschwören.

Einer der ersten, die sich dieser Gefahr stellen – mit dem Ziel, sie von allem Anfang an zu bannen –, ist ein den Sommer über in Baden residierendes Mitglied des Kaiserhauses: Erzherzog Wilhelm. Der jüngste Sohn des »Siegers von Aspern«, des mit einem grandiosen Reiterstandbild auf dem Wiener Heldenplatz verewigten Napoleon-Bezwingers Erzherzog Karl, und der frühverstorbenen Henriette von Nassau-Weilburg, jetzt ein Mann von siebenundsechzig, hat seine Jugend auf Schloß Weilburg zugebracht, hat schon mit fünfzehn die militärische Laufbahn eingeschlagen, hat es dort, unter anderem auch bei der Schlacht von Königgrätz seinen Mann stellend, zum k. u. k. Feldzeugmeister, zum General-Artillerieinspektor, zum Oberstinhaber mehrerer Infanterieregimenter und zum regierenden Hoch- und Deutschmeister gebracht und sich überdies auf den Gebieten des Sanitätswesens, der Krankenpflege und der schulischen Mädchenbildung Meriten erworben. Sein Wiener Dienst- und Wohnsitz ist das nach Plänen des berühmten Ringstraßenarchitekten Theophil Hansen angelegte Deutschmeisterpalais am Parkring, seine Sommerresidenz die 1886 auf einer Anhöhe des hinteren Helenentals errichtete schloßartige Waldvilla gegenüber der Weilburg.

Schon am 7. Juli, gut eine Woche vor der feierlichen Eröffnung der neuen Elektrobahn, läßt Erzherzog Wilhelm seinen kompletten Marstall vorm Helenental-Hotel Sacher antreten, um die Pferde seines Stabes einem ersten Gewöhnungstraining zu unterziehen.

Sie sollen einen der Züge begleiten, um mit dessen Anblick und Geräuschentwicklung vertraut zu werden. Das Experiment gelingt auf Anhieb. Keines der Tiere zeigt sich beunruhigt, keines geht mit seinem Reiter durch.

Es kommt der 29. Juli. Die »Helenentalbahn« ist nun seit zwei Wochen in Betrieb, der Verkehr funktioniert reibungslos, kein einziger Unfall wird gemeldet. An diesem Tag – es ist ein

Sonntag – will Erzherzog Wilhelm, selbst ein hervorragender Reiter, das Übungsprogramm für seine Pferde fortsetzen, besteigt seinen dreizehn Jahre alten Fuchswallach Gellart und begibt sich zur Bahnabfahrtsstelle beim Sacher. Zuvor sind noch einige andere Pflichten zu erledigen: Um sechs Uhr früh verläßt der von seinen Untergebenen wie von der Bevölkerung als besonders leutselig Gepriesene seine Villa, stattet bei der sogenannten Hauswiese dem Training für das nachmittägliche Hunderennen eine Visite ab, wohnt dem Sonntagsgottesdienst bei und eilt ans Krankenlager seines langjährigen Küchenchefs, um dem Todgeweihten, der ihn freilich nicht mehr erkennt, Trost zuzusprechen. Dann lenkt er die Schritte seines Lieblingspferdes dem Bahngleis zu ...

Es ist, wie es scheint, genau der richtige Moment: Vor der Paulinen-Villa in der Rainergasse, einer Ausweichstelle für die einander hier kreuzenden Züge, kommt gerade eine Bahn daher. Erzherzog Wilhelm kann dem Kondukteur noch durch Handzeichen zu verstehen geben, er möge die Glocke betätigen, damit das Tier auch an diese Art von Geräusch gewöhnt werde – da ist es auch schon passiert: Der als feurig, zugleich aber auch als »stutzig« geschilderte Wallach macht nun doch, von dem Lärm jäh erschreckt, einen kräftigen Sprung vorwärts und wirft dabei seinen Reiter ab. Erzherzog Wilhelm verliert die Zügel, bleibt zu allem Unglück mit dem linken Fuß im Steigbügel hängen, stürzt, den Oberkörper voran, nach hinten auf das harte Pflaster, das sich abermals aufbäumende Pferd rast im Galopp davon und schleift den Unglücklichen zirka fünfzehn Schritte hinter sich her, bis sich endlich dessen Fuß auch aus dem zweiten Steigbügel löst. Vor der Hildegardbrücke bleibt Erzherzog Wilhelm bewußtlos liegen, das vollends entnervte Pferd jagt davon.

Der erste, der dem Verunglückten zu Hilfe eilt, ist der Pfaffstättener Eishändler Karl Tinhof, der gerade mit seinem Lieferwagen vor der Paulinen-Villa steht. Er hat den Vorfall aus allernächster Nähe mit angesehen, will sogar den aus dem Sattel Geschleuderten noch auffangen, wird dabei jedoch von dessen Pferd zur Seite gestoßen. Das einzige, was er tun kann, ist, seine Frau herbeizurufen, damit sie die schwere Kopfwunde des bewußtlos auf dem Straßenpflaster Liegenden mit Eis kühlt. Dann packen Erzherzog Wilhelms Stallmeister Sandbauer und sein Bereiter Kuzyk, die sich beide im Unglückszug befunden haben, zu und heben den heftig Blutenden vom Boden auf. Von den Kellnern der nur wenige Schritte entfernten Gastwirtschaft Deisenhofer geleitet, tragen sie ihn in das im Parterre des Wirtshauses gelegene Schlafzimmer des Hausherrn und betten ihn auf dessen Ruhestatt. Ein Dienstmann alarmiert unterdessen die Bürgermeister von Weikersdorf und Baden, ein Stallbursche die diensthabenden Ärzte.

Bis diese an Ort und Stelle sind, hat man dem Verunglückten, dem aus einer handtellergroßen Wunde am Hinterkopf das Blut entströmt, die Uniformjacke geöffnet und die Halsbinde entfernt, Gastwirtin Deisenhofer ist mit Eiskompressen zur Stelle. Nach etwa zwanzig Minuten erlangt Erzherzog Wilhelm für kurze Zeit das Bewußtsein wieder und versucht mit den Worten »Laßt mich, laßt mich! Ruhe, Ruhe!« die Hilfeleistenden abzuwehren.

Nach und nach treffen die Ärzte am Ort des Geschehens ein: Gemeindearzt Dr. Weiß aus Weikersdorf, der Badener Theaterarzt Dr. Hofmann, Oberstabsarzt Dr. Uriel von der Badener Filiale des Garnisonspitals, die Regimentsärzte Dr. Hassak und Dr. Dürr sowie der Direktor der Wasserheilanstalt Helenental,

Erzherzog Wilhelm wird unmittelbar nach dem Sturz vom Pferd in den nächstgelegenen Gasthof getragen

Dr. Podzahradsky. Schon der erste Befund des erneut in tiefe Bewußtlosigkeit Versunkenen läßt keinen Zweifel an der Aussichtslosigkeit jeglichen ärztlichen Bemühens zu: Der Puls macht kaum noch vierzig Schläge in der Minute. Erzherzogin Elisabeth, eine der Schwägerinnen des (unverheirateten) Erzherzogs, ist als erstes Mitglied des Kaiserhauses an den Unfallort geeilt. Sie glaubt dem lebensgefährlich Verletzten helfen zu können, indem sie ihm mit ihrem Fächer Luft zuführt: Den Ärzten fehlt der Mut, sie darüber aufzuklären, daß ihr Tun sinnlos ist. Was hier nur noch vonnöten ist, ist geistlicher Beistand: Joseph Helfert, der Pfarrer von St. Helena, spendet die letzte Ölung. Als Erzherzog Wilhelm im Laufe der Zeremonie ein letztes Mal die Augen aufschlägt, kann er keinen der Umstehenden mehr erkennen.

In den anderthalb Stunden, die bis zur Überstellung des Sterbenden in dessen Villa verstreichen, fährt vor dem Restaurant (an dessen Stelle später das berühmte Grandhotel Esplanade errichtet werden wird) eine Equipage nach der anderen vor. Wie ein Lauffeuer hat sich zwischen Baden und Wien die Schreckensnachricht verbreitet, alle drängen ans Sterbelager des hohen Herrn, ohne allerdings vorgelassen zu werden. Die Hofchargen haben sämtliche Zugänge zur Gastwirtschaft abgesperrt.

Der Transport des auf eine Bahre der Badener Feuerwehr Gebetteten von der Paulinen-Villa zu seiner eigenen muß alle paar Minuten unterbrochen werden, damit der Patient gelabt wird. Die Uhr zeigt 12.15 an, als der traurige Zug, von Obersthofmeister Freiherr von Piret, Polizeikommissar Zerboni und Herrschaften des Hofes angeführt, am Ziel eintrifft. Der Weg führt unter dem Aquädukt die Schwechat entlang, das letzte Stück Strecke durch den Wald. Vor dem Portal ist die gesamte Dienerschaft aufmarschiert, um die Ankömmlinge ins Schlafzimmer des Erzherzogs zu geleiten. Dort überlassen die Stationsarbeiter der Südbahn, die die Bahre getragen haben, ihre Fracht dem inzwischen um mehrere Wiener Spezialisten erweiterten Ärztekonsilium.

Doch allen Beteiligten ist klar: Der Fall ist hoffnungslos. Gegen sechzehn Uhr tritt die Agonie ein, gegen halb sechs der Tod.

Auf dem Sterbelager

Illustrirtes Wiener Extrablatt.

Herausgeber: **Edgar Spiegl.**

Nr. 209.   Wien, Mittwoch, 1. August 1894.   23. Jahrgang.

Erzherzog Wilhelm †.

Erzherzog Wilhelm auf dem Sterbelager.

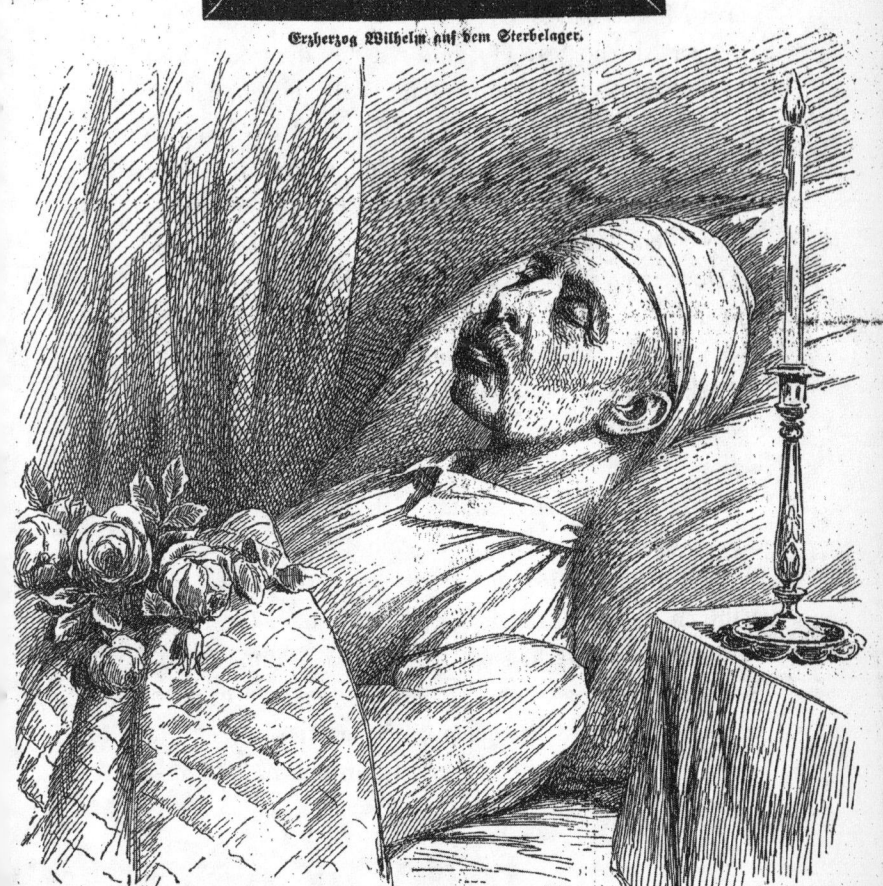

Die Glocke von St. Helena verkündet es in weitem Umkreis: Erzherzog Wilhelm ist nicht mehr!

Inzwischen ist auch die Staatsmaschinerie in Gang gekommen: Mehrere Mitglieder des Kaiserhauses sagen für diesen und auch für die folgenden Tage ihre Verpflichtungen ab, Seine Majestät Franz Joseph I., auf Sommerfrische in Ischl weilend, bereitet die Rückkehr nach Wien vor, die *Wiener Zeitung* druckt eine Extra-Ausgabe, das *Illustrirte Wiener Extrablatt* rückt ein ganzseitiges Porträt des Verstorbenen auf die Titelseite seiner Montagsausgabe und textet:

»Der Allerhöchste Hof und mit ihm die treuen Völker des Reiches stehen an der Bahre eines hochsinnigen, liebenswürdigen Prinzen, und die tiefste Trauer erfüllt jedes Herz in diesem schönen Lande, in dem sich der Todesengel ein so kostbares Opfer geholt hat ... Ein ritterlicher leutseliger Mensch aus Habsburgs edlem Stamme sinkt in die Grube.«

Doch noch ist es nicht soweit, noch befindet sich der Leichnam auf Badener Boden. Und Baden, auf Grund seiner drei »Nebenhöfe« Weilburg, Rainer-Villa und Eugen-Villa (letztere Erzherzog Wilhelms – nach dessen Neffen und Erben Eugen benannte – Residenz) im Range einer Habsburgerstadt, weiß, was es sowohl sich wie dem Hof schuldig ist: Die Verabschiedung des Toten gestaltet sich zu einer eindrucksvollen Huldigung fürs Herrscherhaus. Zunächst einmal hat das Badener Telegraphenbüro die vielen hundert Depeschen zu bewältigen, die teils abgehen, teils eintreffen. Dann treten die Nonnen des Deutschen Ritterordens in Aktion, dessen Großmeister Erzherzog Wilhelm gewesen ist: Sie legen dem Verstorbenen den mit sämtlichen Insignien versehenen Ordensornat an. Stabsarzt Dr. Hassak hat, um den Anblick des durch die starken Gehirnblutungen angeschwollenen Kopfes zu mildern, Sublimat-Injektionen vorgenommen, die dem Antlitz des Toten einen sanften Ausdruck verleihen, die Verbände über den essiggetränkten Kompressen werden abgenommen. Die Badener Leichenbestattung Nissel hat einen innen mit Zinkblech, außen mit rotem Samt ausgeschlagenen Eichenholzsarg bereitgestellt. Ordensschwestern halten die Totenwache, zu Häupten des Aufgebahrten ein Kruzifix und zwei brennende Kerzen, zu seinen Füßen Ordenshut und Schwert. Unter den eintreffenden Beileidstelegrammen ragen die des deutschen Kaisers und des russischen Zaren, unter den Kränzen die von Kaiserin Elisabeth und Kronprinzessinwitwe Stephanie hervor: Letztere nimmt mit einem prachtvollen Gebinde aus Tuberosen, Gardenien, Maréchal-Niel-Rosen und Palmenblättern Abschied, erstere mit einem Kranz aus weißen Rosen, dessen Bandschleifen an den Enden mit echten Goldfransen verziert sind.

Die Überführung des Leichnams von Baden nach Wien ist für den Abend des 1. August angesetzt: Die Kurstadt ist schwarz beflaggt, alle Straßenlampen tragen Trauerflor, Punkt neun Uhr abends setzt das Läuten der Kirchenglocken ein. Gegen halb zehn erreicht der dreispännige Leichenwagen, von Fackelträgern flankiert, den für den gesamten Verkehr gesperrten Bahnhofsvorplatz, an der Auffahrtsrampe wartet ein Sonderzug der Südbahn: Lokomotive und Dienstwagen, gefolgt vom Salonwagen für die Suiten, den Hofsalonwagen für die erzherzoglichen Familien, dem Leichenkonduktwagen, einem Wagen erster Klasse für Kämmerer und Geistlichkeit, einem Wagen zweiter Klasse für die Dienerschaft sowie einem Gepäckwagen für die Kränze. Es ist fast Mitternacht, als der düstere Transport an seiner ersten Wiener Zwischenstation eintrifft: dem Deutschmeisterpalais am Parkring.

Tags darauf erhält auch die Bevölkerung Gelegenheit, von Erzherzog Wilhelm Abschied zu nehmen. Damit während der vier Stunden, da die Kondolenten zu dem in der Hofburgkapelle aufgebahrten Leichnam Zutritt haben, kein Stau entsteht, ist ein eigenes System von Ordnern im Einsatz. Alle öffentlichen Gebäude der Stadt, aber auch viele Privathäuser und Geschäftslokale sind schwarz beflaggt.

Am Tag der Bestattung – es ist Donnerstag, der 2. August – tritt »auf allerhöchste Anordnung« die Hoftrauer in Kraft, die den weiblichen Mitgliedern für die ersten acht Tage schwarze Seide, schwarzen Kopfputz, schwarze Handschuhe und schwarze Fächer, für die restlichen »Garnituren von weißen Spitzen und echtem Schmucke« vorschreibt. Das k. k. Hof-Operntheater bleibt an diesem Abend geschlossen.

Alles, was Rang und Namen hat, an der Spitze Kaiser Franz Joseph I., begleitet den Toten auf dessen letztem Weg: in die Gräberkammer der Kapuzinergruft.

Nur Erzherzog Albrecht, der älteste Bruder, wird der Zeremonie ferngehalten. Unmittelbar vor der Feier seines achtundsiebzigsten Geburtstages stehend, sind dem seit kurzem gesundheitlich schwer Angeschlagenen die damit verbundenen Aufregungen nicht zuzumuten.

Spezielle Huldigung wird dem Chef der Hoch- und Deutschmeister von seiten des Infanterieregiments Nr. 4 zuteil: Ihm hat seine besondere Liebe gegolten. Keine Festtafel im Deutschmeisterpalais, bei der nicht Carl Michael Ziehrer mit seinen Musikern aufspielte. Der Oberstinhaber des Regiments und dessen Kapellmeister waren eng befreundet. Wo immer sie einander begegneten, war für Förmlichkeiten kein Platz: »Servus, Michi!« begrüßte der hohe Herr, der selbst ein ausübender Musiker war, den sechzehn Jahre jüngeren, und keine Ziehrer-Premiere in den Wiener Operettentheatern, bei der nicht der Habsburgerprinz im Zuschauerraum saß.

Auch an den dem Leichenbegängnis folgenden Tagen und Wochen verschwindet das Hinscheiden Erzherzog Wilhelms nicht aus den Schlagzeilen: Hier ein katholisches Requiem, dort ein Gedenkgottesdienst nach israelitischem Ritus. Schließlich die Testamentseröffnung: Wilhelms Neffe Eugen erbt die fortan nach ihm benannte Villa im Helenental, dazu den Marstall und das übrige des Millionenvermögens. Hochdotierte Legate gehen an die weitere Verwandtschaft, an den Feldzeugmeister und den Kämmerer des Verstorbenen, an das Troppauer Schwesternin-

Szenen aus den Beisetzungsfeierlichkeiten

stitut des Deutschen Ritterordens, an die Witwen- und Waisen-Konfraternität der Artillerie, an die Armen der Stadt Wien. Alle Bediensteten, ohnehin großzügig abgefertigt, dürfen sich aus dem Nachlaß persönliche Andenken aussuchen.

Und was geschieht mit dem Unglückspferd, das seinen Reiter abgeworfen und damit die Katastrophe ausgelöst hat? Auf einer der zahlreichen Deutschordens-Besitzungen erhält der dreizehnjährige Fuchswallach Gellart sein Gnadenbrot.

Auch des Unglücksortes wird gedacht: Noch im Sterbejahr des Prinzen läßt dessen Erbe und Nachfolger, Erzherzog Eugen, beim Eingang zum Helenental, dicht am Straßenrand zwischen dem Restaurant Deisenhofer und der Hildegardbrücke, ein Mahnmal errichten. »Das Andenken des Gerechten währet ewiglich« meißelt der mit der Ausführung der neogotischen Säule betraute Steinmetz in den Sockel; im schreinartigen Aufsatz findet eine Madonna Aufstellung, die die Hände zum Gebet gefaltet hat.

Der Spaziergänger, der heute, über hundert Jahre nach dem Vorfall vom 29. Juli 1897, an der bewußten Stelle vorüberkommt und angesichts des inzwischen restaurierten Monuments innehält, wird sich bei dem Gedanken, um wieviel gravierender die Gefahren des Straßenverkehrs in den unterdessen verstrichenen Jahrzehnten geworden sind, möglicherweise weniger in Trauer ergehen als in statistischen Berechnungen: Mein Gott, was wiegt dieser eine Reiterunfall von anno dazumal gegen all die vielen tödlichen Karambolagen, die sich seither im engeren und weiteren Umkreis des Unglücksortes ereignet haben? Ja, vielleicht wird er jenen tragisch mißglückten Versuch, ein althergebrachtes Verkehrsmittel an ein neu einzuführendes zu gewöhnen, als nichtige Fußnote der Lokalgeschichte abtun. Wo bis zu ihrer Einstellung im Jahr 1936 die »Elektrische« verkehrte, rasen heute in dichter Folge Autos aller Klassen vorbei und schaffen Probleme ganz anderer Dimension. Und doch, nur ebendies ist es, was sich gewandelt hat: die Dimension. Jede Epoche hat ihre eigenen Gefahren; technokratischer Hochmut ist nicht am Platz. Gestern nicht, heute nicht – und sicher auch nicht morgen.

PAUL KAMMERER

»Krötenküssers« letzter Weg

Am Donnerstag, dem 23. September 1926, gegen vierzehn Uhr macht der pensionierte Eisenbahner Johann Lechner aus Neunkirchen eine grausige Entdeckung. Der rüstige Sechziger, der sich mit Ausbesserungsarbeiten an den Wanderwegen der Schneebergregion ein Zubrot verdient, ist zu dieser Zeit auf dem Himberg im Einsatz, der sich am östlichen Ortsrand von Puchberg zu einer Höhe von 948 Metern erhebt. Der Aufstieg zur Gipfelhütte führt durch dichtes Schwarzkieferngehölz, der enge Saumpfad ist im Zickzack angelegt: eine Spitzkehre folgt auf die andere. Auf halber Strecke zwischen dem Hotel Rode, von wo der gelbmarkierte Weg seinen Ausgang nimmt, und der während der warmen Jahreszeit bewirtschafteten Bergstation bietet sich von einem schmalen Rastplatz ein prachtvoller Fernblick aufs ewige Weiß des Hochschneebergs.

Doch dafür hat Johann Lechner an diesem Nachmittag keine Augen, und auch das Pensum an Wegbegradigung, das er sich vorgenommen hat, bleibt unverrichtet: Das ungestüme Bellen des Hotelhundes, das vom sogenannten Theresienfelsen her alle Aufmerksamkeit auf sich zieht, läßt ihn jäh innehalten. Der schätzungsweise fünfzig Jahre alte Mann, der da in starrer Haltung gegen den Berghang gelehnt dasteht, hebt sich in mehrerlei Hinsicht von den gewöhnlichen Wanderern ab, die man in der Gegend gelegentlich antrifft: Statt der üblichen Touristenkluft trägt er einen dunklen Stadtanzug, und was er in der rechten Hand hält, ist weder ein Feldstecher noch ein Photoapparat, weder eine Botanisiertrommel noch ein Proviantkorb, sondern – ein Revolver.

Vor allem aber: Der Mann ist tot.

In heller Aufregung eilt Johann Lechner hinab ins Tal und unterrichtet die Hotelleute von seinem Fund. Unverzüglich werden Gemeindearzt Dr. Kerbl und die Gendarmerie herbeigerufen; nach einer knappen Stunde treffen die Männer am Unglücksort ein. Das Bild, das sich ihnen darbietet, ist noch immer das gleiche: Mord? Selbstmord? Oder vorgetäuschter Selbstmord? Die tödliche Kugel ist durch die eine Schläfe in den Schädel eingedrungen, an der anderen erkennt man die Ausschußöffnung, eines der Augen ist zerfetzt.

Die Identifizierung des Toten stößt auf keinerlei Schwierigkeiten. Da sich der Hund vom Hotel an seiner Seite befindet, kann es sich nur um jenen Gast aus Wien handeln, der am Abend davor angereist ist, in seinem Zimmer im ersten Stock genächtigt hat, nach dem Frühstück zu einer Bergwanderung aufgebrochen ist und sich als Begleitung den freundlichen Vierbeiner »ausgeborgt« hat.

Außerdem entdeckt man in einer seiner Rocktaschen einen Abschiedsbrief – adressiert an »denjenigen, der meine Leiche auffindet«. Sein Wortlaut:

»Dr. Paul Kammerer ersucht, ihn nicht nach Hause zu überbringen, weil seiner Familie der Anblick erspart bleiben soll. Am einfachsten und wohlfeilsten wäre vielleicht die Verwertung im Seziersaal eines der akademischen Universitätsinstitute. Mir auch am sympathischsten, weil ich der Wissenschaft wenigstens auf solche Weise einen kleinen Dienst erweise. Vielleicht finden die werten Kollegen in meinem Gehirn eine Spur dessen, was sie an den lebendigen Äußerungen meiner geistigen Tätigkeit vermißten. Was immer mit dem Kadaver geschieht, eingegraben, verbrannt oder seziert, sein Träger ist konfessionslos gewesen und wünscht, von religiösen Zeremonien verschont zu bleiben, die ihm wahrscheinlich ohnedies verweigert worden wären. Das ist keine Feindseligkeit gegen den individuellen Priester, der ebenso ein Mensch ist wie alle anderen und oft ein guter und edler Mensch.«

Nachdem Arzt und Exekutive ihr Werk verrichtet haben, tritt der Fernsprecher in Aktion. Felicitas, die geschiedene Frau des Toten, die jedoch in letzter Zeit wieder das Haus in der Auhofstraße Nr. 239 in Wien-Hacking mit Paul Kammerer geteilt hat, wird verständigt. Ihr genügt ein rascher Blick ins Schlafzimmer des Exgatten: Wahrhaftig, eine der beiden in der Nachtkästchenlade aufbewahrten Schußwaffen fehlt!

Die Männer von der örtlichen Bestattung haben unterdessen den Leichnam vom Fundort am Peter-Lanzenböck-Steig zur Totenkammer nach Puchberg transportiert, am darauffolgenden Sonntag erfolgt die Beisetzung, gleich rechts vom Eingang zum Friedhof hat die Gemeinde einen Grabplatz zur Verfügung gestellt. Die Einfassung, die später angelegt werden wird, besteht aus grobem, ungeglättetem Naturstein, desgleichen das efeuüberwachsene Grabmal mit der schräg aufgesetzten Gedenktafel, die in goldenen Lettern als einziges den Namen vermerkt: Paul Kammerer. Wer Näheres über den Toten zu erfahren wünscht, bleibt auf die amtlichen Dokumente angewiesen: geboren am 17. August 1880 in Wien. Seit einem Monat also ist er sechsundvierzig.

Wer ist dieser Mann?

Auf jeden Fall das, was man eine Berühmtheit nennt. Es ist keine vier Jahre her, daß der ehemalige erste Assistent der Biologischen Versuchsanstalt und nunmehrige Privatdozent der Universität Wien in der Weltpresse für Schlagzeilen gesorgt hat: als »zweiter Darwin«, von dessen gentechnischen Experimenten nichts Geringeres als die Entwicklung des »Supermenschen« zu erwarten sei. »Genie ist vererbbar«, titelt der Londoner *Daily Express*; »Augenlosen Tieren wachsen Augen«, folgert die *New York Times* aus Kammerers Zuchterfolgen mit Olmen, und die *New York World* feiert den zweiundvierzigjährigen Österreicher, zu dessen Vorträgen von überall her die Fachkollegen anreisen, gar als »Mann des Jahrhunderts«.

Sein Vater, einer Familie von Siebenbürger Sachsen entstammend, ist Industrieller und leitet eine Fabrik für Feinmechanik, die Mutter kommt aus Ungarn, ist Jüdin. Für beide Elternteile ist es die zweite Ehe. Paul wächst mit drei Halbbrüdern auf. Nach der Matura wendet er sich vorerst der Musik zu, studiert am Konservatorium Komposition, tritt mit eigenen Liedern im Stil von Gustav Mahler, Arnold Schönberg und Alban Berg hervor. Daß er sich erst im zweiten Anlauf für die Naturwissenschaften entscheidet und mit vierundzwanzig den Doktor in Zoologie macht, wird ihn von Anfang an – und ein für allemal – in den Augen mißgünstiger Konkurrenten zum dilettierenden Außenseiter stempeln.

Mit Versuchen an Eidechsen und Salamandern beginnend, krönt Kammerer sein Lebenswerk mit der Entdeckung, dem

Der »Kröterküsser«: Paul Kammerer

Männchen einer bestimmten Art von Kröte, die sich normalerweise an Land paart, wüchsen, sobald man es dem Wasser aussetze, an den vorderen Gliedmaßen sogenannte Brunftschwielen, mit deren Hilfe es das Weibchen beim nunmehr komplizierteren Begattungsakt umklammert. Und jetzt das Sensationelle: Die nachfolgenden Generationen jener Alytes obstetricans (Geburtshelferkröte) kommen mit ebendieser Abweichung zur

Welt! Mit anderen Worten: Durch äußere Umstände erworbene Eigenschaften sind vererbbar.

Paul Kammerer ist ein Mann der Praxis – mit einem kräftigen Schuß Abenteuerlust: Die bloße Weitergabe tradierten Wissens, wie es in den gängigen Lehrbüchern festgehalten ist, würde ihn anöden. Die Recherche in der freien Natur und das Experiment im Labor zieht er dem trockenen Theoretisieren in Bibliothek und Studentenbude vor. Noch während der Hochschulausbildung nimmt er an Fachexkursionen nach Dalmatien und Griechenland, nach Ägypten und in den Sudan teil; mit dreiundzwanzig tritt er in das soeben von dem Wiener Zoologen Hans Leo Przibram gegründete Institut für Experimentalbiologie als Assistent ein.

Die neue Forschungsstätte befindet sich im Prater; sie löst das alte Vivarium ab: ein reines Schauaquarium, in dem Wandermenagerien aus aller Welt ihre Attraktionen vorführen. Doch die Wiener gehen lieber ins Varieté, vergnügen sich in den Etablissements der Volkssänger, stürzen sich in den Trubel der Tanzsäle. Die Folge: Das Vivarium macht Bankrott und wird zum Verkauf ausgeschrieben. Przibram und seine Helfer, darunter der junge Paul Kammerer, richten in den Räumlichkeiten des repräsentativen Neorenaissance-Baus im Schatten des Riesenrades eine mit den modernsten wissenschaftlichen Geräten ausgestattete Versuchsanstalt ein, die mit den Jahren zu einer Pilgerstätte der Biologen aus aller Welt wird. »Zauberer-Institut« nennen sie das neuartige Laboratorium, in dessen Bruträumen Temperatur und Luftfeuchtigkeit nach Bedarf reguliert werden können: Wiens erste Klimaanlage. Auch der Standort bringt dem Institut Vorteile. Aus den nahen Praterauen läßt sich bequem ein Großteil der benötigten Versuchstiere heranschaffen.

Paul Kammerer ist von seiner Arbeit mit Amphibien und Reptilien so besessen, daß er sie auch während der Freizeit fortsetzt. Von seinem Wohnhaus in der hinteren Auhofstraße sind es nur wenige Schritte zum Nikolai-Tor des Lainzer Tiergartens. Ein zwischen der Nikolai-Wiese und dem Deutschordenswald fließendes Rinnsal weitet sich zu einem Sumpfgelände, wo er, was Molche, Frösche und Kröten betrifft, buchstäblich aus dem vollen schöpfen kann.

1906 heiratet Kammerer. Felicitas ist die Tochter des Reichsratsabgeordneten Gustav von Wiedersperg, sie steht am Beginn ihrer Schauspielerkarriere. Um so erstaunlicher, wie Kammerer es versteht, auch sie für seine zoologischen Experimente einzunehmen: Wo sie kann, geht sie ihm hilfreich zur Hand. Und als im Jahr darauf ein Kind zur Welt kommt, wird es auf Drängen des Vaters auf die Namen Maria Lacerta getauft: Lacerta ist die

Das Vivarium im Wiener Prater: Sitz des Instituts für Experimentalbiologie, Kammerers Wirkungsstätte

lateinische Bezeichnung jener Eidechsenart, der Kammerers besonderes Interesse gilt.

Natürlich will Paul Kammerer nicht für alle Zeiten Assistent bleiben. Bei seinem Bemühen, aus dem zweiten in den ersten Bezirk, vom Prater an den Ring, vom »Zauberer-Institut« an die Alma Mater zu wechseln, kommt es jedoch zum Karriereknick: Seine Habilitationsschrift findet vor den strengen Augen der verknöcherten Gralshüter der Universitätszoologie keine Gnade. Erst als die renommierte Senckenbergische Gesellschaft in Frankfurt den Achtundzwanzigjährigen mit dem Sömmering-Preis ehrt, der alle vier Jahre an jenen Naturforscher vergeben wird, der sich auf besonders eindrucksvolle Weise um »die Physiologie im weitesten Sinne des Wortes« verdient gemacht hat, kann ihm auch in der Heimat nicht länger die venia legendi vorenthalten werden. Nur zur ordentlichen Professur reicht es noch immer nicht. Dr. Paul Kammerer wird sich auch weiterhin mit dem Status des Privatdozenten begnügen müssen. Über die Gründe seiner akademischen Zurücksetzung ist später viel gerätselt worden: Mochte es mit seinem Bekenntnis zur Sozialdemokratie zu tun haben? Mit seinem ebenfalls offen eingestandenen Agnostizismus? Oder gar mit seinem jüdischen Erbteil, das ja im zunehmend antisemitischen Wien schon so manche Hochschullaufbahn behindert hat?

Vererbung erzwungener Fortpflanzungsanpassungen, so lautet der Titel der Abhandlung, für die er in Deutschland ausgezeichnet wird. Was ist das so Besondere an ihr, das Neue, ja Revolutionäre? Kammerer ist es in ebenso komplizierten wie langwierigen Versuchsreihen gelungen, zwei grundverschiedene Salamanderarten an die jeweils reziproken Entwicklungseigentümlichkeiten zu gewöhnen und die solcherart herbeigeführten

Veränderungen als hereditär nachzuweisen. Feuersalamander sind Land-, Alpensalamander sind Wassertiere. Was stellt Kammerer mit ihnen an? Er zwingt »seine« Feuersalamander, sich im Wasser und »seine« Alpensalamander, sich auf dem Land fortzupflanzen. Die Folge: Auch die zweite und jede weitere Generation, also die Nachkommen seiner Versuchstiere, behalten die der Elterngeneration aufgenötigten Gebär- und Entwicklungsweisen bei. Kammerer – ein früher Pionier der Genmanipulation? Das ist zu dieser Zeit – wir schreiben schließlich erst das Jahr 1910 – ein entschieden zu kühnes Unterfangen! Die Darwinisten, sowieso in erbittertem Widerstreit mit den Lamarckisten, laufen Sturm gegen die ketzerische neue Lehre, denunzieren sie als Scharlatanerie. Der Österreicher Paul Kammerer, im Begriff, sich als einer ihrer Wortführer zu etablieren, muß dafür mit lebenslangem Ringen um Anerkennung büßen.

Nicht genug damit, macht sich der junge Wissenschaftler auch noch auf einem anderen Gebiet das Leben unnötig schwer: Obwohl verheiratet, ist er ständig hinter irgendwelchen Frauen her – und hier wie dort gebärdet er sich wie ein Besessener, wie ein zügelloser Schwärmer, ja fast wie ein trotziges Kind, das um jeden Preis seinen Willen haben muß. Ende November 1911 – vor einem halben Jahr ist sein Musikidol Gustav Mahler gestorben – reist Paul Kammerer, der das eigene Komponieren in der Zwischenzeit aufgegeben, sich dafür aber zu einem um so leidenschaftlicheren Konzertbesucher entwickelt hat, zur Erstaufführung von Mahlers *Lied von der Erde* nach München; Bruno Walter steht am Dirigentenpult. Auf der Rückfahrt nach Wien sitzt Kammerer im selben Zugabteil wie die Witwe des Komponisten. Alma, noch aufgewühlt von dem Konzertereignis, kommt mit Kammerer, den sie von einem Besuch an Mahlers

Ferienort Toblach her flüchtig kennt, ins Gespräch. Rasch wechselt man das Thema: Der Einunddreißigjährige weiht die ein Jahr Ältere in seine Zukunftspläne ein. Ohnedies auf der Suche nach einer Assistentin, bestürmt er Alma Mahler, als seine rechte Hand in die Biologische Versuchsanstalt im Prater einzutreten, und die junge Witwe, der die Beschäftigung mit der Musik durch den Verlust des Gefährten momentan ohnedies verleidet ist, stimmt erwartungsvoll zu.

Ihre Aufgabe wird es sein, bei einer bestimmten Art von Heuschrecken mnemotechnische Versuche anzustellen und über deren Resultate Protokoll zu führen. Es geht um die Frage, ob die Gottesanbeterinnen durch ihre Häutung das Gedächtnis einbüßen oder ob es sich dabei bloß um eine oberflächliche Hautreaktion handelt.

Alma ist mit Eifer bei der Sache, nur der gewünschte Erfolg will sich nicht und nicht einstellen. Schon beim Füttern der Tiere verliert sie die Geduld: Gewohnt, nur bei Tageslicht zu fressen, verweigern die Insekten im abgedunkelten Laborkäfig jedwede Nahrungsaufnahme.

Daß für ihre Tätigkeit im Prater kein Entgelt vorgesehen ist, stört Alma Mahler nicht: Die Pension, die die österreichische Staatskasse der Witwe des ehemaligen Hofoperndirektors zahlt, macht sie finanziell unabhängig. Um so mehr stört sie etwas anderes: Dr. Paul Kammerer hat sich in sie verliebt, und Alma Mahler, obwohl wahrlich keine Kostverächterin, kann mit diesem (in ihren Augen wirrköpfigen) Fanatiker nichts anfangen. Ist der »Job«, zu dem er sie überredet hat, etwa nur ein Vorwand, um der leidenschaftlich Verehrten nahe zu sein, ohne daß es deswegen zu einem Konflikt mit seiner Frau kommt? Alma tritt den Rückzug an; in ihren Memoiren berichtet sie darüber:

»Er schrieb mir täglich mehrere Briefe mit dem verrücktesten Inhalt. Seine Welt hatte mit der Wirklichkeit wenig zu tun. Unsere Beziehung war von ihm aus vollkommen falsch gesehen. Ich schätzte den Freund, der Mann aber war mir immer im höchsten Grade zuwider.«

Sogar körperlicher Ekel stellt sich ein. Bei einer ihrer ersten Arbeiten in der Biologischen Versuchsanstalt soll Alma die ihr anvertrauten Insekten mit lebenden Mehlwürmern füttern. Als sie vor dem Behälter mit dem sich grausig schlängelnden weißgelben Gewürm zurückschreckt, greift Kammerer mitten hinein, führt eine Handvoll davon zum Mund und ißt es genüßlich schmatzend auf.

Einmal, ein einziges Mal, gelingt es ihm, von Alma eine Liebkosung zu erzwingen, doch Kammerer faßt diesen »Unkuß«, wie sie es später ausdrücken wird, irrtümlich als Eheversprechen auf. Folge der Zurückweisung: »Täglich stürzte er aus meiner Wohnung mit der Versicherung, sich zu erschießen« – und zwar an Gustav Mahlers Grab. »Endlich ließ ich mir seine Frau kommen und bat sie, besser auf ihn aufzupassen, sich ihm irgendwie unentbehrlich zu machen, vor allem aber ihm die Pistole wegzuräumen, mit der er unentwegt herumfuchtelte und mich und sich bedrohte. Ich riet ihr, biologische Assistentin in der Versuchsanstalt zu werden, was ich sofort aufgegeben hatte, als mir Kammerers Zustand klar wurde. Ich sagte ihr: ›Danken Sie Gott, daß er mit seinem einsamen Herzen bei mir gelandet ist, denn ich will ihn nicht, und er ist Ihnen infolgedessen nicht verlorengegangen.‹ Sie ging mit vielen Dankesbezeugungen weg, und es schien eine kurze Weile, als hätte sich die Ehe gebessert.«

Immerhin bleiben Paul und Felicitas noch weitere neun Jahre beisammen, und auch, als es 1920 zur Scheidung und zur (sehr viel rascher scheiternden) Ehe mit der exzentrischen Malerin Anna Walt kommt, wird Kammerer immer wieder zu seiner ersten Frau zurückkehren und in Felicitas eine verständnisvolle Gefährtin finden, die er ohne Bedenken auch in sein von Mal zu Mal chaotischer werdendes Liebesleben einweihen kann.

Vorerst aber ist es das Stocken der beruflichen Karriere, das den zutiefst Frustrierten aus der Bahn wirft. Hat ihn der Krieg – Kammerer ist der Briefzensurstelle des Generalstabes zugeteilt – nur wertvolle Zeit gekostet, die ihn von den geliebten zoologischen Experimenten fernhält, so entzieht ihm die Inflation auch die Grundlagen seiner finanziellen Existenz. Die Biologische Versuchsanstalt im Prater pfeift auf dem letzten Loch, kann nur noch Hungerlöhne zahlen, Kammerer muß sich um andere Erwerbsquellen umsehen. Um die Tantiemen seiner in mehrere Sprachen übersetzten Bücher *Allgemeine Biologie, Geschlechtsbestimmung und Geschlechtsverwandlung* und *Das Gesetz der Serie* aufzubessern, nimmt er journalistische Aufträge an und hält populärwissenschaftliche Vorträge. Daß er damit sogar in England und Amerika Erfolg hat, ja manche der Säle, in denen er auftritt, vom Publikum förmlich gestürmt werden, trägt ihm aufs neue Neid und Mißgunst der Fachkollegenschaft ein: Kammerer bleibt ein Außenseiter. Und daß kein Geringerer als Thomas Mann sich mit seiner Lehre auseinandersetzt und sowohl im *Zauberberg* wie im *Doktor Faustus* aus seinem Werk schöpft (ja in Felix Krulls großem Diskurs mit Professor Kukkuck sogar Kammerer wörtlich zitieren wird), isoliert ihn vollends: In der Belletristik hat ein seriöser Naturwissenschaftler nichts verloren.

Auch Spott bleibt ihm nicht erspart. Als sich herumspricht, Kammerer habe während eines Privatbesuchs auf einem Schloß in Mähren den zu dem Besitz gehörigen Garten inspiziert, sei dabei auf eine äußerst seltene Krötenart gestoßen und habe das betreffende Tier vom Boden aufgehoben und zum Entsetzen der ihn beobachtenden Gastgeberin auf den Kopf geküßt, hat er von Stund an den Spitznamen »Krötenküsser«.

Apropos küssen: Auch der Erotomane Paul Kammerer scheint keine Grenzen zu kennen. Als er, wieder in Wien, in den Kreis um die berühmten Wiesenthal-Schwestern gerät – Grete und Elsa machen Furore als Solistinnen des Hofopernballetts, auch Bertha und Martha sind Tänzerinnen, Hilda spielt Geige –, verliebt er sich der Reihe nach in alle fünf. Um Bertha zu huldigen, nimmt er sogar seine

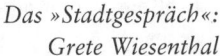

Das »Stadtgespräch«:
Grete Wiesenthal

seit längerer Zeit brachliegende Komponiertätigkeit wieder auf und schreibt einen »Wiesenthal-Ländler«. Erfolg scheint er damit freilich nicht zu haben: »Eisjungfrau« wird er sie später titulieren. Auch bei Elsa blitzt er ab. Sie heiratet den Maler Rudolf Huber (der übrigens Kammerer und Ehegattin Felicitas in Ölfarbe porträtieren wird).

Inzwischen ist klargeworden, auf welche der fünf Schwestern er es eigentlich abgesehen hat: auf Grete, die berühmteste. Kammerers Liaison mit der fünf Jahre Jüngeren, die sich längst von der Wiener Hofoper abgesetzt, ihr eigenes Ensemble und ihre eigene Tanzschule gegründet und sowohl als Ballerina wie als Choreographin Weltkarriere gemacht hat, ist in Wien Stadtgespräch, obwohl offenbleibt, inwieweit die mit einem schwedischen Architekten Verheiratete Paul Kammerers stürmischem Liebeswerben tatsächlich nachgibt.

Fest steht, daß er kurz darauf einer weiteren Schönen den Hof, ja sogar einen Heiratsantrag macht: der um vieles jüngeren Chemiestudentin Sophie Sukup, die er gern auch als Assistentin für seine Forschungsarbeit an sich binden würde. Darüber, ob auch ihre Weigerung, auf Kammerers Wünsche einzugehen, zu der sich anbahnenden Katastrophe beiträgt, läßt sich ebenso nur spekulieren wie über den genauen Ablauf des »Abenteuers Moskau«, das Paul Kammerers an Höhe- wie Tiefpunkten überreichen Lebensweg dramatisch beschließt.

Wieso Moskau?

Winter 1925/26. Dr. Paul Kammerer ist ein Mann von fünfundvierzig Jahren – ohne jede Aussicht, daß aus seiner Privatdozentur an der Universität Wien in absehbarer Zeit eine ordentliche Professur wird. Da erreicht ihn ein Angebot aus dem Ausland, das er bei allen Bedenken schwerlich zurückweisen kann: Am berühmten Pawlowschen Institut in Moskau ist ein Lehrstuhl frei. Die Bedingungen könnten besser nicht sein: Für die Ausrüstung seines Laboratoriums stehen ausreichend Mittel zur Verfügung, seine Vollmachten sind nahezu unbegrenzt, auch die Ehrungen, die ihm seitens der Russen schon im Vorfeld der Berufung zuteil werden, lassen darauf hoffen, daß Kammerer endlich seinem Ziel nahe ist: die ihm gemäße Position einzunehmen.

Im Mai 1926 tritt er die Reise nach Moskau an, lernt sein künftiges Wirkungsfeld kennen. Daß er nach nur einem Monat wieder nach Wien zurückkehrt, um den Sommer in der Heimat zu verbringen, hat nur am Rande mit jenem Gefühl der Fremdheit zu tun, das er in der Hauptstadt der Sowjetunion empfindet: In Wien ist vor der endgültigen Übersiedlung noch vielerlei zu erledigen, auch will er die Bereitstellung der für das Moskauer Institut notwendigen Bücher und Instrumente persönlich überwachen. Für Ende September ist der Abschied von Österreich geplant, mit Beginn des Wintersemesters 1926/27 soll er den Lehr- und Forschungsbetrieb in Moskau aufnehmen.

Da platzt, mitten in all die Vorbereitungen hinein, die Bombe: Aus den USA ist ein gewisser Dr. Gladwyn Kingsley Noble, Kustos der Reptiliensammlung am American Museum of Natural History in New York, angereist und hat, um die seit Jahren schwelenden Zweifel an Kammerers aufsehenerregenden Experimenten mit der Geburtshelferkröte endlich auszuräumen, das letzte der in der Wiener Biologischen Versuchsanstalt noch erhalten gebliebenen Präparate einer exakten Untersuchung unterzogen. Jetzt, in der August-Nummer der weltweit führenden Fachzeitschrift *Nature*, erscheint sein Bericht. Und dieser Bericht des Zweiunddreißigjährigen ist vernichtend: Noble, von Kammerer selbst zu seinem Unternehmen legitimiert, hat herausgefunden, daß die sogenannten Brunftschwielen an den Vordergliedmaßen des von ihm untersuchten Exemplares keineswegs organische Hautwülste, sondern bloß durch plumpe Tusche-Injektionen vorgetäuschte Verfärbungen sind. Paul Kammerer – ein gewissenloser Fälscher? Ein Betrüger? Ein Scharlatan?

Alles spricht dafür, daß der strenge Kollege aus Amerika, der sich schon von Anfang an bei der von England aus gesteuerten Anti-Kammerer-Kampagne hervorgetan hat, recht hat. Auch Kammerers ehemaliger Chef, Prof. Przibram, seinem Adepten nach wie vor in Freundschaft verbunden, muß zugeben: Hier ist mit schwarzer Tuschflüssigkeit manipuliert worden. Daß die Brunftschwielen keine Brunftschwielen, sondern lediglich künstlich applizierte Farbstreifen sind, ist mit bloßem Auge zu erkennen. Ein paar einfache Handgriffe nur – und sie sind eliminiert, im Nu aus dem Gewebe herausgewaschen.

Bleibt also nur die freilich alles entscheidende Frage: Wer hat – und zwar eindeutig erst in allerjüngster Zeit – die Farbe in die Haut des Versuchstieres gespritzt? Wirklich Paul Kammerer? Nur ein Wahnsinniger könnte so naiv sein, einen gewieften Fachmann mit einer derart plumpen Täuschung übertölpeln zu wollen. Und wieso bleiben die von Natur aus mißtrauischen Russen von der »Entlarvung« ihres Kandidaten unbeeindruckt und halten unbeirrt an ihrem Entschluß fest, Kammerer mit einem Spitzenposten an einem ihrer berühmtesten Forschungsinstitute zu betrauen? Es gibt nur *eine* plausible Erklärung dafür: Die verhängnisvolle Manipulation an der Alytes obstetricans stammt nicht von Kammerers, sondern von eines Dritten Hand.

Und da kommen wiederum nur zwei Möglichkeiten in Betracht: Freundschaftsdienst oder Sabotage. Im ersteren Fall wäre an eine in Kammerer verliebte Assistentin der Biologischen Versuchsanstalt zu denken, die angesichts der durch die langjährige Lagerung des schon ruinösen Präparats eingetretenen Rückbildung der Brunftschwielen mit künstlicher Schwärzung »nachhelfen« wollte – ein ebenso wohlgemeintes wie dilettantisches, ja geradezu schwachsinniges Unterfangen.

Die zweite (und näherliegende) Möglichkeit wäre der teuflische Versuch eines seiner zahlreichen Widersacher, Kammerer auf diese Weise zu »erledigen«. Institutsvorstand Prof. Przibram, von der Unschuld seines ehemaligen ersten Assistenten felsenfest überzeugt, neigt dieser zweiten Version zu, glaubt sogar zu wissen, wer von seinen jetzigen Mitarbeitern für den perfiden Sabotageakt in Betracht kommt, wagt sich damit jedoch, da es ihm an eindeutigen Beweisen für dessen Täterschaft mangelt, nicht an die Öffentlichkeit. Die Folge: Dr. Paul Kammerer steht schutzlos unter der Anklage, das schwerste Verbrechen verübt zu haben, das ein Mann der Wissenschaft verüben kann: das Verbrechen, experimentelle Resultate vorsätzlich gefälscht zu haben.

In dieser ausweglosen Situation wird Kammerers Entscheidung, dem Ruf nach Moskau zu folgen, vollends zur Überlebensfrage. Er treibt den Weggang von Wien nun mit doppelter Kraft voran, die Packer, die das Übersiedlungsgut versandfertig machen sollen, sind ebenso schon bestellt wie auch die Schlafwagenkarte für den Zug nach Moskau. Kammerer absolviert seine Abschiedsbesuche bei den Wiener Freunden; mit Tochter Lacerta, inzwischen ein Mädchen von neunzehn Jahren, wohnt er noch einer Burgtheatervorstellung bei. Daß er sich die Wahnidee, eine der von ihm hofierten Frauen – und gar die auf ihre eigene Karriere bedachte Grete Wiesenthal – für liebevolle Gefolgschaft nach Rußland zu gewinnen, aus dem Kopf schlagen muß, scheint er mittlerweile eingesehen zu haben.

Die letzten zwei Tage vor dem endgültigen Aufbruch in die Fremde bleiben für ein besonderes Vorhaben reserviert: Paul Kammerer will noch einmal die Naturschönheiten seiner österreichischen Heimat in vollen Zügen genießen. Und er will dabei ungestört sein, ohne Begleitung, allein. Das Schneeberggebiet südwestlich von Wien, wo er schon so manches Mal Kraft geschöpft hat, scheint ihm dafür das ideale Ziel.

Am frühen Abend des 22. September 1926 trifft er in Puchberg ein. Im Hotel Rode am Fuße des Himbergs, wo man ihn von früheren Aufenthalten her kennt, nimmt er ein Zimmer. Niemand denkt an Gefahr, als der Gast anderntags nach dem Frühstück den Wunsch äußert, zu einer harmlosen Bergwanderung aufzubrechen: Der Fußpfad auf den knapp 1000 Meter hohen Himberg beginnt gleich hinterm Haus, der Aufstieg ist mühelos, alle Klettersteige sind um diese Zeit des Jahres sicher, Kammerer kann bequem zum Mittagessen wieder im Hotel zurück sein. Als Begleitung bittet er sich von den Wirtsleuten den Haushund aus.

Im Hotel wird unterdessen die Mittagstafel vorbereitet. Daß Dr. Kammerers Platz an der Table d'hôte leer bleibt, auch als die letzten Gäste längst aufgebrochen sind, weckt bei niemandem vom Personal Verdacht: Wird der Gast aus Wien eben seinen Ausflug verlängert und seinen Imbiß auf der Gipfelhütte eingenommen haben – nur wenige Tage noch und die Bergwirtschaft stellt ihren Saisonbetrieb ein.

Von dem Schuß, der sich gegen zehn Uhr auf halber Höhe

des Himbergs aus einem Revolver gelöst hat, hat man drunten im Tal nichts gehört – und wenn doch, er hätte niemanden irritiert: Förster, Jäger, Wilderer gehören im Land um den Schneeberg zum Alltag.

FRIEDRICH WILHELM MURNAU

Tabu

Für die Menschen von Tahiti, denen er sich vor zwei Jahren zugesellt hat, ist die Sache klar: Murnaus Unfalltod ist die Rache der beleidigten Götter. Alle Warnungen der Insulaner, sich unter keinen Umständen auf dem Gelände der einstigen Tempelstätte von Punaauia niederzulassen, hat er in den Wind geschlagen.

Und gar erst die Dreharbeiten auf der Nachbarinsel Bora Bora! Wie kann er es wagen, seine Aufnahmegeräte an einem Ort aufzustellen, den nach uralter Überlieferung keines Fremden Fuß betreten darf?

Knapp vierzig ist dieser Friedrich Wilhelm Plumpe aus Bielefeld (der sich Murnau nennt), als er, schwer frustriert von den Zwängen Hollywoods, eine Segelyacht erwirbt, mit ihr Kurs auf Tahiti nimmt und sich in den Zauber der Südsee und ihrer Menschen verliebt.

Seine Liebe wird erwidert: Die Eingeborenen gehen Murnau nicht nur beim Bau seines Palastes und seiner Plantage willig an die Hand, sondern sie lassen sich sogar dazu überreden, vor die Kamera zu treten:

Der Meister des Stummfilms führt zum letzten Mal Regie. *Tabu* ist eine zartbittere Liebesgeschichte vor dem Hintergrund

Szene aus Murnaus Meisterwerk Tabu. *Rechts im Bild Reri, die noch lange nach dem Tod des Regisseurs mit dessen Mutter Kontakt hielt*

eines von den Umwälzungen der neuen Zeit bedrohten Naturparadieses.

Aber gerade, weil sie dem Mann aus Deutschland, der da seine Zelte bei ihnen aufgeschlagen hat, zugetan sind, dürfen sie ihn nicht ins Verhängnis schlittern lassen, sie warnen ihn: Wenn er sich über den Fluch der Inselgötter hinwegsetze, werde der Todesvogel aufkreuzen und seinen unheilkündenden Schrei ausstoßen – und dann sei es zu spät.

Doch Friedrich Wilhelm Murnau hält nichts von bösen Geistern und düsteren Prophezeiungen. Er ist ein aufgeklärter, mit allen Wassern der westlichen Zivilisation gewaschener Intellektueller, für den die Menetekel der Südseeinsulaner nichts als Aberglaube sind, Irrwitz, Spuk. Die Gebote der Naturreligionen mögen den Eingeborenen heilig sein, für ihn haben sie keine Geltung. Nicht, daß er sie mit einem hochmütigen Lächeln abtäte, o nein! Er respektiert durchaus, was sie ihm da vom Ungeheuer Orama-tua-hiaro-roroa zuraunen, das den Spruch der Rachegötter vollstrecke. Nur sind es nicht seine Götter, sondern die ihren. Er, der weiße Mann aus fernen Landen, untersteht anderen Mächten, von denen wiederum sie, die heidnischen Polynesier, nichts wüßten.

Aber die Stimmen der Warner wollen und wollen nicht verstummen: Sei es denn nicht böses Omen genug, daß bei den Dreharbeiten auf jenem Korallenriff, über dem ein besonders schlimmer Fluch walte, eine plötzliche Sturmflut die Kanus mit den Filmrollen zum Kentern gebracht und einen Großteil des belichteten Materials ins Meer versenkt hat?

Und was ist mit jenem Komparsen, der, für eine der Nachtszenen des Films mit einer lodernden Magnesiumfackel hantierend, Feuer fing und mit schweren Brandwunden den Medizinmännern überantwortet werden mußte? Auch der mysteriöse Tod des chinesischen Kochs durch Ertrinken, der das Filmteam bei den Außenaufnahmen begleitete und ihnen die Mahlzeiten bereitete, ist kein gutes Vorzeichen.

Und natürlich holen sie nun auch all die alten Schauergeschichten wieder hervor, die zum festen Bestand der Katastrophenchronik von Tahiti zählen – etwa die von dem furchtlosen Jüngling, der das Betreten verbotenen Gebiets mit dem Tod im Rachen eines Haies habe bezahlen müssen.

Murnau bleibt von den Drohungen der weisen Männer unbeeindruckt. Nur ein Teil der Statisten steigt aus: Ihr Seelenfriede ist ihnen wichtiger als ein noch so fettes Honorar.

Tabu wird trotzdem nach Plan fertiggestellt: Nichts kann den von seiner Vision besessenen Regisseur davon abbringen, das begonnene Werk zu vollenden. Und gibt ihm denn nicht auch der Erfolg recht? Die Paramount, die den Streifen in die Kinos bringt, landet mit Murnaus Film einen Hit, der zwischen San Francisco und New York, zwischen Miami und Seattle die Kassen zum Klingeln bringt. Die nervenkitzelnden Background-Stories, die von den PR-Agenten mit voller Absicht in der Presse lanciert werden, tun ein übriges, die Movie-Fans in Scharen anzulocken.

Nur Murnau selbst bleibt es versagt, die Früchte seiner Arbeit zu genießen: Eine Woche vor der Premiere verunglückt der mittlerweile Zweiundvierzigjährige mit dem Auto, fährt am 11. März 1931 bei Santa Barbara in Kalifornien in den Tod ...

Die Filmwelt hält den Atem an, als die Schreckensmeldung von dem Packard, der in einen ihm entgegenkommenden Lkw gerast und über die Böschung gestürzt ist, über die Fernschreiber der Nachrichtenagenturen in die Zeitungsredaktionen und Rundfunkstudios rattert. Nur auf Tahiti hält sich die Überraschung in Grenzen. Hier hat mans von Anfang an gewußt: Die Götter lassen sich nicht ungestraft provozieren. Einen Film zu drehen, der von den Tabus ihrer Insel handelt, diese Tabus sogar zum Filmtitel zu erheben und dann selbst aufs massivste gegen sie zu verstoßen – so viel Hybris kann nicht ohne Folgen bleiben. Es ist ohne Zweifel der Todesvogel Toerau, der an diesem Märztag 1931 über dem US-Highway 101 kreist.

Keine Murnau-Biographie kommt ohne Dämonen-Kapitel aus: Wer könnte der Versuchung widerstehen, auf die flagranten Tabu-Verletzungen des *Tabu*-Regisseurs einzugehen und ihre vermeintlichen Folgen zumindest zur Diskussion zu stellen? Einer, der diese Folgen über Murnaus Tod hinaus zu spüren bekommt, ist sein ein Jahr älterer Bruder Robert. Als er einige Zeit nach der Katastrophe sich anschickt, an Murnaus vormaliger Wirkungsstätte nach dem Rechten zu sehen und die Hinterlassenschaft aufzulösen, fällt ihm schon, als das Postschiff im Hafen von Papeete anlegt, unangenehm auf, daß er unter allen Ankömmlingen der einzige ist, der von den Einheimischen geschnitten wird: Niemand begrüßt den Gast aus Deutschland, niemand legt ihm eine jener Girlanden aus duftenden Gardenienblüten um den Hals, mit denen die Besucher von Tahiti nach alter Tradition willkommen geheißen werden, niemand mag mit ihm auch nur ein Wort wechseln. Erst der Verwalter der nunmehr verwaisten Murnau-Plantage, den er gleich nach seiner Ankunft aufsucht, klärt ihn auf. Noch immer verübeln die Insulaner ihrem einstigen Gast, daß er sich auf den Trümmern der Tempelstätte von Punaauia niedergelassen, daß er die Reste des Thronsitzes und der Richtstätte bedenkenlos beiseite geräumt, das Gelände eingeebnet und mit der Errichtung seiner Residenz den Ort entweiht hat.

Ihn selbst, Murnau, habe dafür die Rache der Götter ereilt, nun fürchten sie, daß der Besuch des Bruders neues Unheil heraufbeschwört: Sie meiden ihn auf Schritt und Tritt. Robert Plumpe spürt, daß er es seinem Bruder schuldig ist, ihn von etwaigem Fehlverhalten reinzuwaschen. Tatsächlich gelingt es ihm gegen Ende seines Aufenthalts in zahlreichen ebenso zähen wie einfühlsamen Gesprächen, den alten Frieden wiederherzustellen, und als der Tag seiner Abreise näherrückt, ist er überglücklich, zu erleben, wie der Häuptling von Punaauia, gefolgt von den Alten und Edlen des Hohen Rates in deren historischen Stammeskostümen, dem Scheidenden seine Aufwartung macht und ihm mit Chorgesang und Freundschaftsspruch seine Ehrerbietung erweist. Robert Plumpe revanchiert sich für die ergreifende Zeremonie mit einem allgemeinen Umtrunk, zum Schluß stimmen alle in ein eigens Friedrich Wilhelm Murnau gewidmetes Lied ein und singen ihr »Ja orana oe Murnau tane«.

Auch daheim in Deutschland bleibt Robert Plumpe nicht untätig. Er wird nicht nur die bewegenden Eindrücke, die er von Tahiti mitgebracht hat, sondern auch seine Erinnerungen an die gemeinsame Jugend in der Heimat zu Papier bringen. Wir erfahren also vom Elternhaus in der westfälischen Industriestadt Bielefeld, wo am 28. Dezember 1888 Friedrich Wilhelm Plumpe zur Welt kommt, von der behüteten Kindheit im Schoß der begüterten Patrizierfamilie, von dem Capitol-Filmtheater, das in späteren Jahren – welch beziehungsvolle Fügung! – in ebenjenem Haus Bahnhofstraße 4 seine Pforten öffnen wird, und vor allem vom frühen Erwachen des künftigen Talents, das sich bereits ankündigt, wenn der Fünfjährige an der Seite des älteren Bruders und begleitet vom Bernhardinerhund Tell, der den Korb mit dem Frühstück in der Schnauze trägt, den morgendlichen Gang zu »Ännchen Jägers Kinderschule« antritt und seinem Weggenossen anvertraut, was er in der Nacht davor geträumt hat. Ja, ein Träumer – das ist er so sehr, daß ihn der Vater auf den gemeinsamen Familienspaziergängen immer wieder zur Ordnung rufen muß: »Achte auf den Weg, wo bist du denn schon wieder mit deinen Gedanken?«

Auch während der Volksschuljahre – die Plumpes sind unterdessen nach Kassel übersiedelt – gibt sich Wilhelm mehr als andere seines Alters ausschweifenden Phantasien hin, er ist ein leidenschaftlicher Leser, und hat er gerade kein Buch zur Hand, so tun es auch die »Lesezirkel«-Hefte – nichts Gedrucktes ist vor ihm sicher. Auf dem Dachboden der elterlichen Villa wird eine Theaterbühne errichtet, und wieder ist es Wilhelm, der beim Einstudieren der Märchenspiele und selbstverfaßten Dramen das Wort führt. Als er zu Weihnachten ein Puppentheater geschenkt bekommt, wird dieses mit Hilfe der Geschwister und Freunde zu einer richtigen Bühne mit Beleuchtung, Versenkung und Schnürboden ausgebaut, man malt Kulissen, bastelt Requisiten und schneidert Kostüme, und bald schon stehen nicht mehr nur die Märchen von Andersen und den Brüdern Grimm auf dem Programm, sondern auch Schillers *Räuber* und *Wilhelm Tell*. Im Bekanntenkreis der Familie wird um Publikum für die allsonntäglichen Aufführungen geworben, vom Erlös der Eintrittskarten kauft man Reclam-Hefte, und aus den Reclam-Heften werden Rollenbücher fürs nächste Projekt.

Die Geburtsstunde des Filmkünstlers aber schlägt, als eines Tages der erste Photoapparat ins Haus kommt: Während die

Geschwister sich mit konventionellen Schnappschüssen von Personen, Gebäuden und Landschaften begnügen, holt Wilhelm schon bald allerlei Extravagantes aus der primitiven 4 mal 4-Kamera heraus, erprobt ausgefallene Perspektiven und raffinierte Lichteinfälle. Um seinem Hobby nach Lust und Laune frönen zu können, vernachlässigt der nunmehrige Gymnasiast seine Hausaufgaben, erscheint mit Verspätung zu den Mahlzeiten, hält sich vom sportlichen Zeitvertreib der Kameraden fern und hat auch keine Augen für die Mädchen, für die sich die anderen zu interessieren beginnen. Um so mehr aber zieht es ihn zu ausgedehnten Wanderungen in die Natur hinaus, auch erste Reisen kommen zustande, und die Sommerferien in Frankreich werden vorwiegend zu emsigem Besuch der vielen Pariser Kulturdenkmäler genutzt.

1905 übersiedelt Friedrich Wilhelm Plumpe nach Berlin und nimmt sein Universitätsstudium auf: Kunstgeschichte und Philologie. Seine Studentenbude geht über von moderner Malerei. Damit der strenge Vater, auf »Inspektionsbesuch« in der Reichshauptstadt, nicht vielleicht die monatlichen Zahlungen einstellt, wird alles, was den Unmut des Sparsamen erregen könnte, vorsorglich beiseite geschafft, und als sowohl die Zimmervermieterin wie auch der Schneider, der den jungen Dandy nach dessen extravaganten Wünschen einkleidet, auf Begleichung all der offenen Rechnungen dringen, muß Vater Plumpe ein Machtwort sprechen: »Wenn du nicht bereit bist, dich einzuschränken, ist es mit dem Studium vorbei und du kannst Dorfschullehrer werden.«

Doch da ist der Zug längst abgefahren. Wilhelm ist der Metropole verfallen, stürzt sich ins Berliner Kulturleben, peilt zielstrebig die eigene künstlerische Verwirklichung an. Als die Eltern in Kassel eines Tages Besuch von Bekannten erhalten, die auf einer Berlin-Reise einer Aufführung des Deutschen Theaters beigewohnt und unter den Mitwirkenden – trotz veränderten Namens auf dem Programmzettel – den jungen Plumpe erkannt haben, ist es mit dem Monatswechsel von daheim vorbei, und nur mit viel Glück gelingt es, für die künftigen Geldüberweisungen den Großvater einzuspannen.

Wie ist es dem Zweiundzwanzigjährigen gelungen, an der berühmten, seit 1905 von Max Reinhardt geleiteten Bühne unterzukommen? Wilhelm ist für einige Semester an die Universität Heidelberg übergewechselt, wirkt am dortigen Studententheater mit, und in einer der Premieren sitzt nicht nur der Großherzog von Baden im Zuschauerraum, sondern auch der Großregisseur aus Berlin. Reinhardt wird auf das junge Talent aufmerksam, offeriert ihm – unter der Bedingung, daß er sich für sechs Jahre an sein Haus bindet – Gratisunterricht an der von ihm soeben gegründeten Schauspielschule und setzt ihn auch in mehreren seiner Inszenierungen ein: *Prinz Friedrich von Homburg, Emilia Galotti, Was ihr wollt* und *Jedermann*. Mit *Gyges und sein Ring, König Heinrich IV.* und *Das Mirakel* geht die Truppe sogar auf Tournee. Mutter Plumpe, die nunmehr die einzige Verbindung zur Familie darstellt, wird mit Post aus Salzburg, Wien und Budapest auf dem laufenden gehalten.

Auch zu den alten Freunden aus der Heimat hat Wilhelm den Kontakt abgebrochen. Ihn interessiert nur noch, was vor ihm liegt. Und das ist nicht wenig: Noch während der Ausbildung bei Max Reinhardt wird er bereits zu Regiearbeiten herangezogen, und das liegt ihm weit mehr, als selbst auf der Bühne zu stehen, wo er seiner extremen Körpergröße wegen ohnedies nur begrenzt einsetzbar ist. Zur radikalen Abnabelung von Kindheit und Jugend tragen außerdem die Künstlerfreundschaften bei, die er in Berlin eingeht: Der Maler Franz Marc und die Bildhauerin Renée Sintenis nehmen den Mittzwanziger in ihre Reihen auf; mit der Schriftstellerin Else Lasker-Schüler kommt es zu einem intensiven Briefwechsel, bei dem sie als Prinz Jussuf von Theben und er unter dem nicht minder klangvollen Pseudonym Ulrich von Hutten figuriert.

Auch während des Krieges – Friedrich Wilhelm Plumpe wird 1914 eingezogen und zunächst, seiner 1,90 Meter wegen, dem 1. Garderegiment in Potsdam zugeteilt, ehe er, nach gründlicher Ausbildung zum Kampfpiloten, bei den Fliegeroffizieren landet – kommt sein künstlerisches Talent nicht gänzlich zum Erliegen: Bei den abendlichen Zusammenkünften im Offizierskasino – seine Einheit hat seit kurzem in einem verlassenen Schloß nahe Verdun Quartier bezogen – fällt ihm die Aufgabe zu, martialische Balladen zu rezitieren, die den Kampfgeist der Truppe stärken sollen: »An des himmlischen Kamines Flammen / saßen drei alte Landsknecht' beisammen ...«

Leutnant Plumpe überlebt Verdun, überlebt sogar eine Reihe von Abstürzen, nur bei seinem letzten Flug verirrt er sich im dichten Nebel und landet auf Schweizer Boden. Welch glückliche Fügung: Obwohl vorübergehend in Andermatt interniert, erhält der inzwischen knapp Dreißigjährige die Möglichkeit, sich an einem von den Eidgenossen ausgeschriebenen Theaterwettbewerb zu beteiligen, bei dem es um den besten Entwurf für die Inszenierung des Schweizer Volksschauspiels *Marignano* geht. Alle Kantone reichen ihre Beiträge ein, doch der erste Preis geht an einen Ausländer: Friedrich Wilhelm Plumpe. Die Premiere im Stadttheater von Luzern wird für den jungen Deutschen zum persönlichen Triumph.

Da wird sich doch wohl auch in Berlin, wo er ab 1919 wieder ansässig ist, ein Betätigungsfeld für ihn finden? Beim Film werden neue junge Talente gebraucht – und Friedrich Wilhelm Plumpe ist unter ihnen eines der verheißungsvollsten. Zuvor muß allerdings noch eine kleine Korrektur vorgenommen werden. Als »Herr Plumpe« kann man kaum Karriere machen. Der Debütant wechselt den Namen, nennt sich fortan Murnau – nach jenem bayerischen Marktflecken, in dem *Der blaue Reiter*, die ihm nahestehende Expressionistengruppe um Wassilij Kandinsky und Gabriele Münter, eines seiner Zentren hat.

Die ersten Streifen, die man ihn drehen läßt, sind noch anspruchslos Dokumentarisches, dann folgt bereits ein Spielfilm: *Der Knabe in Blau*. Zum Leidwesen aller Stummfilm-Fans bis heute als verschollen geltend, erlebt Murnaus Erstling allerdings auch zur Zeit seiner Fertigstellung keine öffentliche Aufführung, und Gerüchte besagen, dies habe mit einer Affäre zu tun, auf die sich der Regisseur mit seinem bildhübschen Hauptdarsteller eingelassen habe. Sein Pech: Auch der Produzent des Films ist in den »Knaben in Blau« verliebt, es kommt zu Eifersuchtsszenen, und um ein drohendes Gerichtsverfahren abzuwenden, wird der sich anbahnende Skandal nach Kräften vertuscht. Die Folge: Der Film, nur mühsam zu Ende gedreht, bleibt in den Archiven.

Erst 1921 – inzwischen sind dem *Knaben in Blau* nicht weniger als fünf Streifen mit dem Berliner Stummfilmstar Conrad Veidt gefolgt – wird Murnaus gleichgeschlechtliche Veranlagung, die zu Zeiten der Weimarer Republik mit Strafe bedroht

Delikates Mißverständnis: Die junge Olga Tschechowa

ist, neuerlich zum Thema. Für die weibliche Hauptrolle in dem Kriminalfilm *Schloß Vogelöd* hat er die junge Olga Tschechowa engagiert, die verliebt sich in ihren Regisseur, und prompt machen in den tratschsüchtigen Filmateliers hämische Bemerkungen von der mannstollen Exilrussin die Runde, die es nicht geschafft habe, den Chef »umzuschulen« ...

1922 entsteht der Vampir-Film *Nosferatu,* es folgen unter anderem das Inflationsdrama *Phantom* und die Satire *Die Finanzen des Großherzogs,* sodann die Meisterwerke *Der letzte Mann* und *Tartüff,* mit denen Hauptdarsteller Emil Jannings seinen Weltruhm begründet, und schließlich, 1926, *Faust.* Der Schwede Gösta Ekman verkörpert die Titelfigur, Camilla Horn das Gretchen, für die Rolle der Marthe Schwertlein holt er sich die französische Diseuse Yvette Guilbert, Emil Jannings ist der Mephisto. Auch in den vorangegangenen Filmen steht Murnau die allererste Schauspielergarnitur zur Verfügung: Fritz Kortner, Otto Gebühr, Eugen Klöpfer, Paul Hartmann, Erna Morena, Lya de Putti, Paul Bildt, Adele Sandrock, Lil Dagover, Harry Liedtke, Lucie Mannheim, Werner Krauß. Und immer wieder Conrad Veidt. Aber was ihn mehr interessiert als klingende Darstellernamen, ist die expressionistisch entfesselte Kamera, aus der er das Äußerste an Ausdruckskraft herausholt. Als ihn 1924 die Fachzeitschrift *Filmwoche* nach seinem Neujahrswunsch fragt, antwortet Murnau, sein Ideal sei »die fließende Architektur durchbluteter Körper im bewegten Raum, das Spiel der auf- und absteigenden Linien, der Zusammenprall der Flächen, Erregung und Ruhe, Aufbau und Einsturz, Werden und Vergehen eines bisher erst erahnten Lebens, die Symphonie von Körpermelodie und Raumrhythmus«.

Das ist die Sprache des deutschen Spätexpressionismus, der dem Stummfilm vor seiner Ablösung durch den Tonfilm noch

Murnau, im Friseurstuhl sitzend, ein Drehbuch auf den Knien

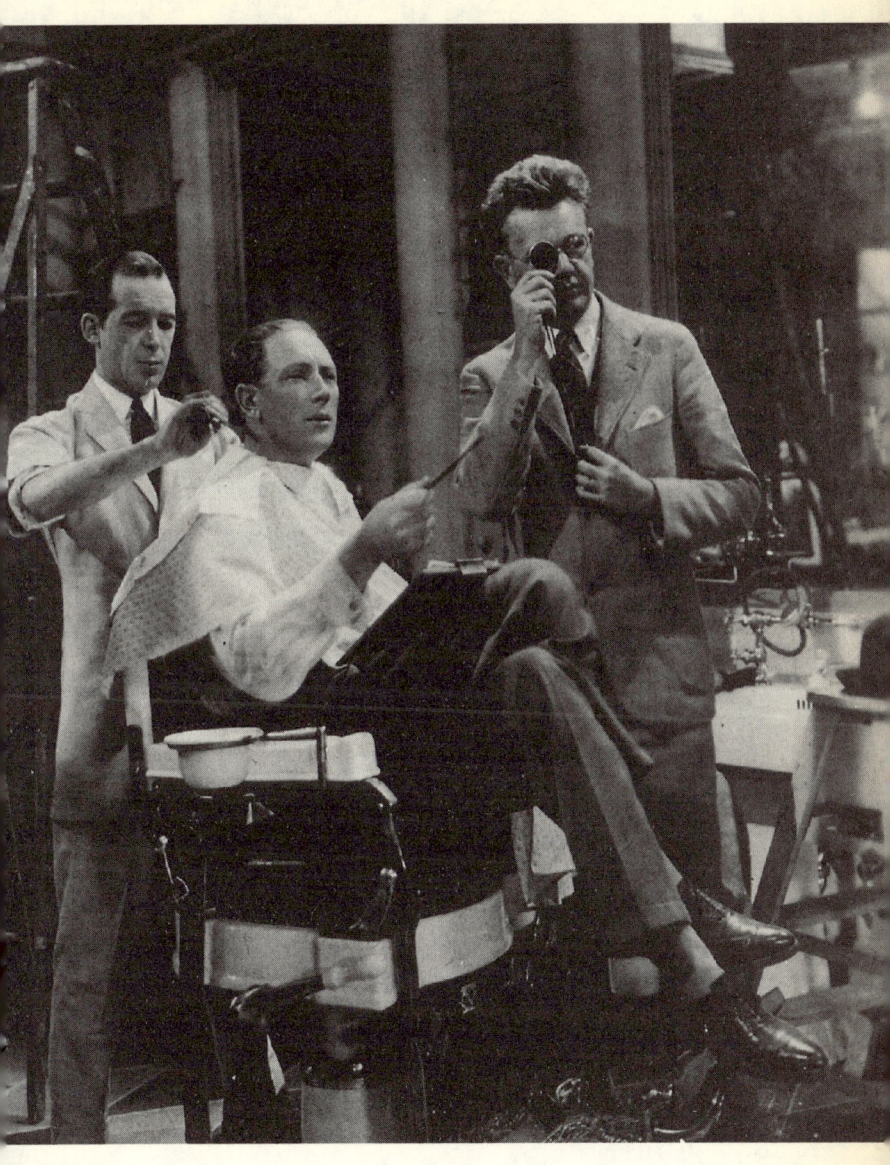

einen letzten einsamen Höhepunkt beschert. Er ist im wesentlichen mit vier Namen verknüpft: Fritz Lang, Ernst Lubitsch, Georg Wilhelm Pabst und Friedrich Wilhelm Murnau. Daß Murnau bei seinem opus magnum *Der letzte Mann* (mit einer einzigen Ausnahme) ohne Zwischentitel auskommt, ist der eindrucksvolle Beweis seiner besonders konsequenten Ausschöpfung rein filmischer Mittel. Da muß wohl auch Hollywood hellhörig werden und seine Fühler ausstrecken – und das, obwohl die Tragödie von dem preußischen Hotelportier, der auf seine alten Tage zum Toilettenmann degradiert wird, nicht unbedingt den Geschmack des Happy-End-süchtigen amerikanischen Kinopublikums trifft.

Der Mann, der 1926 Murnau – und mit ihm dessen bewährten Drehbuchautor Carl Mayer – in die USA holt, ist zu dieser Zeit einer der Allmächtigen von Hollywood: William Fox. Wichtiger als die ungleich höheren Gagen, die Regisseuren hier gezahlt werden, ist Murnau die Zusicherung des Produzenten, er verbürge sich für unumschränkte künstlerische Freiheit. Beim ersten der Projekte wird dies auch tatsächlich eingehalten: Niemand redet dem Newcomer bei *Sunrise* ein Wort drein – der auf Hermann Sudermanns Erzählung *Die Reise nach Tilsit* basierenden Geschichte von der femme fatale, die ein bis dahin friedliches Provinznest mit ihren Eskapaden aus dem Gleichgewicht bringt. Aber schon bei Nr. 2, dem Artistenfilm *Four Devils*, kommt es zu erheblichen Meinungsverschiedenheiten mit den Geldgebern. Sie entzünden sich an dem von Murnaus Landsmann Carl Mayer eingereichten Drehbuch: »Lieber Herr«, versuchen die Direktoren dem in ihren Augen Weltfremden den Kopf zurechtzurücken, »was Sie da schreiben, mag ja vielleicht für den Kurfürstendamm gut sein. Aber der Kurfürstendamm ist nicht identisch mit Deutschland, nicht einmal mit Berlin. Und was ist mit den Kinobesuchern in Görlitz oder Gießen? So – und jetzt nehmen Sie gefälligst zur Kenntnis: Sie sind hier in Amerika, wir machen Filme für Amerikaner!«

Filme für Amerikaner – und das mit einem Autor, der sich mit seinen Auftraggebern in einem Kauderwelsch zu verständigen versucht, das mit dem Deutschen mehr Ähnlichkeit hat als mit dem Englischen. Mayer wird ausgebootet, abgefunden, abgeschoben. Und ein neuer Name tritt auf den Plan: Berthold Viertel. Der gebürtige Wiener, Gründer der dortigen Volksbühne und einer der Mitarbeiter von Karl Kraus' *Fackel*, schreibt das Drehbuch für Murnaus dritten Hollywood-Film: *City Girl*. Autor und Regisseur verstehen sich prächtig, mit Viertels Frau Salka bahnt sich gar eine Lebensfreundschaft an. Nur ist Murnau mittlerweile selbst drauf und dran, an den Gesetzen der Traumfabrik zu verzweifeln: Da sind die Produktionsleiter, die ihm dreinreden, die Schauspieler, die Textänderungen durchsetzen, die Cutter, die ihn ihre gewerkschaftlich abgesicherte Allmacht spüren lassen.

Doch das Handtuch werfen und nach Deutschland zurückkehren? Nein, Murnau blickt weiterhin nach vorn. Außerdem ist da ein neuer Traum, der ihn ganz und gar beseligt und der nach Verwirklichung drängt: Bei einer Reise nach Tahiti hat er sich in die unberührte Natur der Südsee und in die unbekümmerte Lebensfreude ihrer Menschen verliebt. Schon bald liegen die ersten Entwürfe für *Tabu* auf dem Schreibtisch; als Koautor kann er den Amerikaner Robert Flaherty gewinnen, der sich seinerseits mit Naturfilmen wie *Nanuk, der Eskimo* und *Moana* einen Namen gemacht hat. Man beschließt, ohne Schauspieler auszukommen, will nur mit den Eingeborenen drehen. Klar, daß da die Hollywood-Moguln, die es gewohnt sind, ganz auf Stars zu setzen, die Nase rümpfen: Um Himmels willen, das riecht ja ganz nach Kulturfilm! Fox sagt nein, Paramount sagt nein, Metro-Goldwyn-Mayer sagt nein.

Aber braucht er sie denn überhaupt zur Realisierung seines Projekts? Murnau ist zwar nicht unbedingt ein reicher Mann, aber er hat in den Jahren in Amerika einiges an Ersparnissen angesammelt. Er löst also sein Bankkonto auf, erwirbt eine Segelyacht und fährt los. Läßt sich auf der Pazifikinsel Tahiti nieder, legt sich auf dem Gelände des einstigen Tempelheiligtums von Punaauia einen mit allen Annehmlichkeiten ausgestatteten Besitz zu, inspiziert auf der Nachbarinsel Bora Bora Drehorte, schart massenweise Einheimische um sich, um sie auf ihre Aufgaben als Laiendarsteller vorzubereiten, und vor allem: Er läßt sich Zeit. Fast zwei Jahre dauert es, bis *Tabu* – die Geschichte von dem verschworenen Liebespaar, das gegen die Stammesgesetze verstößt und dafür vom Fluch des Oberpriesters getroffen wird – fertiggestellt ist. Aber Murnaus Traum von einem Hymnus auf die Schönheit der Südsee und ihrer Menschen ist Wirklichkeit geworden! Freilich um einen sehr hohen Preis: Werden ihm die an ihrem strengen Naturglauben festhaltenden Stammeshäuptlinge von Tahiti jemals verzeihen, daß er weder bei der Wahl seines Wohnsitzes noch bei der Wahl der Drehplätze auf den Nimbus ihrer geheiligten Stätten Rücksicht genommen hat? Für sie ist, was sich kurz darauf, als Murnau zu neuen Filmverhandlungen nach Kaliformen reist, ereignen wird, kein unvorhersehbares Unglück, kein banaler Zufall, keine Karambolage wie jede andere, sondern die Rache der beleidigten Götter, die Bestrafung eines Frevlers, das unausbleibliche Jüngste Gericht.

März 1931. Der zweiundvierzigjährige Friedrich Wilhelm Murnau steht vor seinem größten Triumph: Dieselben Leute, die sich noch vor zwei Jahren vehement gegen das *Tabu*-Projekt gewehrt haben und die auch jetzt, wo er es als sein eigener Financier zu einem glücklichen Ende gebracht hat, nur mit Mühe dazu zu überreden sind, sich die fertige Kopie anzusehen, sind von dem Resultat begeistert. Paramount-Chef Adolph Zukor bricht in Tränen aus. Um den Film in die amerikanischen Kinos zu bringen, muß man sich nur noch etwas einfallen lassen, um einen einzigen, aber dafür gravierenden Mangel zu beheben: In Hollywood ist inzwischen das Tonfilmzeitalter angebrochen, und *Tabu* wurde noch als Stummfilm gedreht. Man einigt sich darauf, die Zelluloidbänder mit Eingeborenenmusik zu unterlegen. Wunderbar! Noch vor der für Ende März vorgesehenen Premiere hat Murnau einen Zehnjahresvertrag der Paramount in der Tasche.

Jetzt, am 11. März 1931, noch braungebrannt von den Tagen in der Südsee und auch sonst guter Dinge, ist er auf dem Weg nach Carmel del Monte, um mit dem dort ansässigen Filmautor William Morris Gespräche über eine erste gemeinsame Arbeit aufzunehmen. Kurz zuvor hat er sich, um für das neue Sujet gerüstet zu sein, eigens seine Bibliothek aus Berlin nachkommen lassen.

Bei der Tanner Motors Livery Inc. in Los Angeles wird für den Sechsstundentrip in Richtung Norden eine Packard-Limousine gebucht, John Freeland heißt der Mann am Steuer des Leihwagens. Bei Freund Berthold Viertel in Beverly Hills wird das Frühstück eingenommen, Hausfrau Salka bereitet die Sandwiches für unterwegs.

Kurz vor der Ortschaft Santa Barbara wird angehalten:

Chauffeur John Freeland läßt den Wagen volltanken, die Reifen überprüfen, die Windschutzscheibe putzen. Als er nach Begleichung der Rechnung zum Wagen zurückkehrt, um die Fahrt fortzusetzen, findet er den Lenkersitz besetzt: Der junge Filipino Garcia Stevenson, den Murnau als Begleitung mitgenommen hat, äußert den Wunsch, für eine kurze Strecke ans Steuer zu dürfen. Mietwagenchauffeur Freeland, der für Fahrzeug und Mitfahrer verantwortlich ist, weigert sich, den Burschen ans Volant zu lassen. Doch Murnau, seinem neuen Kammerdiener mehr als nur beruflich zugetan, will kein Spielverderber sein und redet dem Chauffeur zu, ein Auge zuzudrücken, er übernehme die Verantwortung.

Garcia will zeigen, was er kann. Er fährt zu schnell. Viel zu schnell. Verliert die Herrschaft über das Fahrzeug und rast damit in einen entgegenkommenden Lkw: Der Packard stürzt die Böschung hinunter. Garcia Stevenson, John Freeland und auch der mit Murnau den Rücksitz teilende Schäferhund bleiben unverletzt; Murnau selbst, mit dem Hinterkopf gegen einen Leitungsmast geschleudert, wird ins nächstgelegene Krankenhaus eingeliefert. Wenige Stunden später ist er tot. Salka Viertel, die auf den Telefonanruf hin sofort an den Unglücksort eilt, kommt gerade noch zurecht, dem Freund die Augen zu schließen ...

Eine Woche darauf, am 18. März 1931, nehmen die Filmleute in Hollywood von einem Großen der Branche Abschied, der niemals wirklich einer der Ihren, der in der Traumfabrik Kaliforniens immer ein Fremdling geblieben ist. Ganze elf Personen werden bei der Trauerfeier in dem Funeral Saloon gezählt, dem

Bei der Trauerfeier in Hollywood zugegen: Greta Garbo

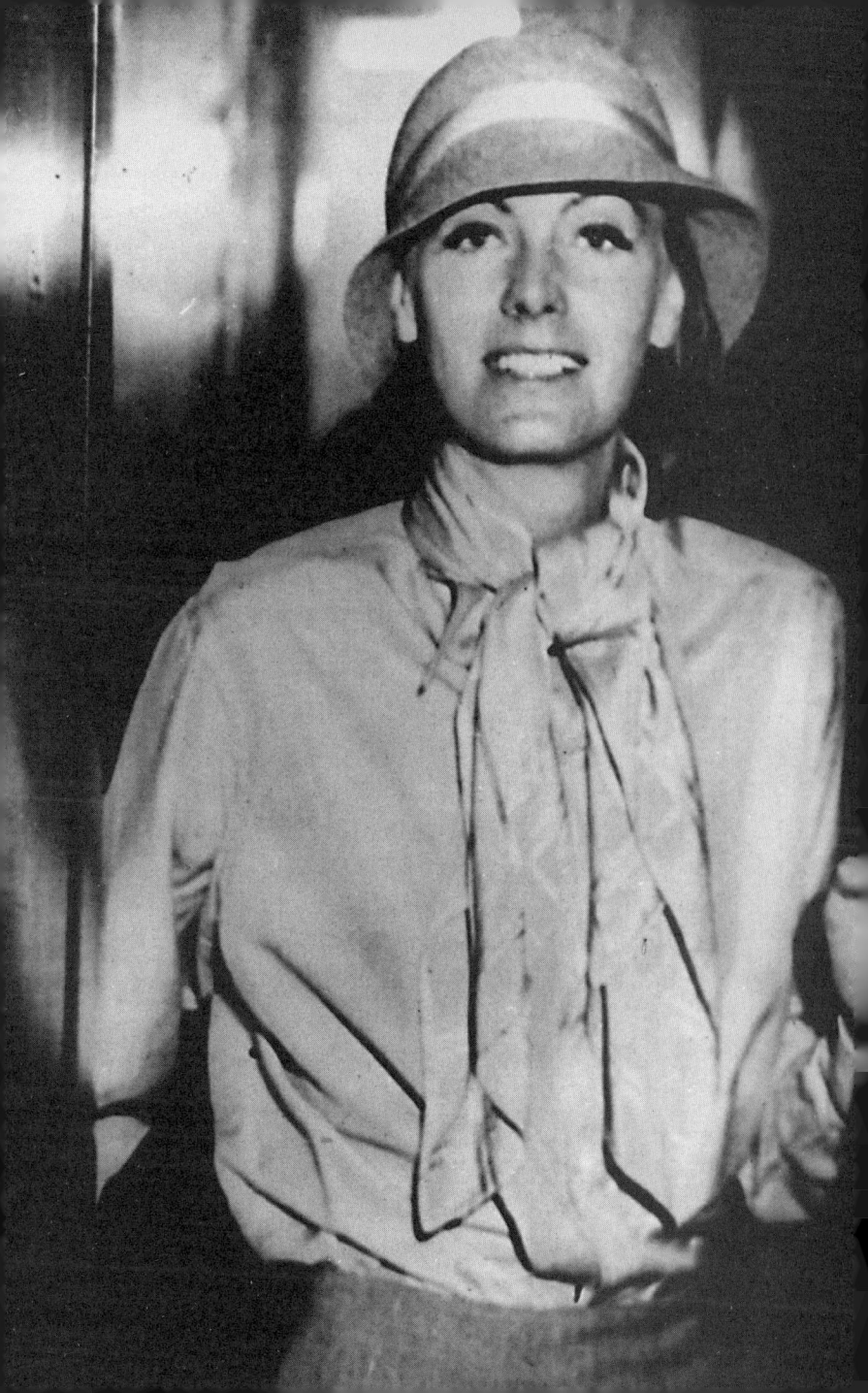

der Leichnam übergeben worden ist: Berthold und Salka Viertel; der Rest sind Namen, die heute keiner mehr kennt. Einzige Ausnahme: Greta Garbo. Sie, die in keinem seiner Filme mitgewirkt hat, wird sich sogar um einen Abguß von Murnaus Totenmaske bemühen. Die große Einzelgängerin von Hollywood muß gespürt haben, wieviel Einsamkeit um diesen Mann gewesen ist.

Daß all die vielen anderen, die Murnau gekannt und mit ihm zusammengearbeitet haben, der Aufbahrungszeremonie fernbleiben, ist ein trauriges Beispiel für jene heuchlerische Prüderie, die nirgends schäbigere Blüten treibt als im Amerika der dreißiger Jahre: Der durch den schönen jungen Filipino Garcia Stevenson verschuldete Tod hat erneut das Thema Homosexualität aufs Tapet gebracht, und mit diesem Tabu-Verstoß des *Tabu*-Regisseurs will niemand etwas zu schaffen haben.

Am 24. März verläßt der Sarg mit den sterblichen Überresten Friedrich Wilhelm Murnaus die Vereinigten Staaten, zwei Wochen später trifft er – an Bord des Ozeandampfers »Europa« – in Bremerhaven ein. Bis zur Beisetzung auf dem Südwestfriedhof in Berlin-Stahnsdorf wird er in der Murnau-Villa in Grunewald, Douglasstraße 22, aufgestellt.

Berlin ist anders als Hollywood: Hier ist alles, was in der Filmwelt Rang und Namen hat, zur Stelle, um von dem so jäh aus seinem Schaffen Gerissenen Abschied zu nehmen: von Erich Pommer bis Fritz Lang. Auch Emil Jannings ist gekommen, desgleichen Robert Flaherty, der gerade in Berlin weilt. Carl Mayer, Autor mehrerer Murnau-Filme, und Kollege Fritz Lang halten die Grabreden, der Friedhofschor singt Beethovens *Die Himmel rühmen*.

Kurz vor Schluß der Zeremonie kommt es zu einem Zwischenfall, der ein bezeichnendes Licht auf die abgeschmackthohlen Bestattungsrituale Amerikas wirft. Durch eine versehentliche Handbewegung eines der Trauergäste wird der Mechanismus des Sargdeckels in Gang gesetzt, das Gehäuse klappt auf, und die Umstehenden blicken voll Entsetzen auf einen nach allen Regeln amerikanischer Funeralkosmetik herausgeputzten Toten. Murnau im Frack, rote Wangen, geschminkte Lippen, ein künstliches Lächeln im Gesicht. Den Freunden in Hollywood ist es trotz Einspruchs nicht gelungen, die lächerliche Maskerade abzuwenden.

Und als wollte es mit den Entgleisungen rund um Murnaus letzte Ruhe kein Ende nehmen, ist auch das Grabmal, das ihm errichtet werden wird, weit von dem entfernt, was einem Mann wie ihm gemäß wäre: Fatal, ja gespenstisch, wie sich in diesem den späteren nationalsozialistischen Heldenmalen artverwandten Monument die »neue Zeit« ankündigt – eine Zeit, die mit Sicherheit nicht die seine gewesen wäre. Denn Murnau und sein Werk stehen für all das, was von den Nazis als »artfremd« bekämpft werden wird. Der Familie Plumpe ist aus diesem Fehlgriff gewiß kein Vorwurf zu machen. Sie sind einfach an den falschen Bildhauer geraten.

Falsche Berater treten auch noch in einer anderen Angelegenheit auf den Plan: Sie reden der Mutter des Toten ein, sie solle jenes kalifornische Mietwagenunternehmen verklagen, dessen Chauffeur den verhängnisvollen Fahrerwechsel zugelassen und damit das Unglück von Santa Barbara verschuldet habe. Wie nicht anders zu erwarten, schlägt der Versuch, das folgenreiche Vergehen von Deutschland aus zu sühnen, fehl: Was bleibt, sind horrende Anwaltskosten.

Auch sonst kann sich die Familie der finanziellen Forderungen, die plötzlich aus Amerika eintreffen, nicht erwehren: Da ist von unbeglichenen Rechnungen die Rede, Murnaus Yacht »Bali« wird beschlagnahmt, seine Konten werden gesperrt. Die einzige Genugtuung, die der grambgebeugten Mutter bleibt: Es gelingt der Siebzigjährigen, die Hauptdarstellerin aus Murnaus Meisterwerk *Tabu* für einige Zeit nach Deutschland zu holen und in ihrem Haus zu beherbergen. Reri, das bezaubernde Naturkind von Tahiti, hat bis zuletzt in Murnaus Inseldomizil ausgeharrt – jetzt soll sie der vereinsamten Ottilie Plumpe in Berlin den Sohn ersetzen.

Auch als sie, in Erfüllung eines unterdessen eingegangenen Gastspielvertrages, auf Reisen geht, bleiben die beiden in brieflichem Kontakt – erst mit dem Ausbruch des Zweiten Weltkriegs reißt die Verbindung ab.

Als Ottilie Plumpe 1944 stirbt, hat man in Deutschland andere Sorgen, als Stummfilm-Pioniere à la Friedrich Wilhelm Murnau zu feiern. Erst lange nach dem Krieg wird eine Generation heranreifen, die sich seines Werks besinnt und Murnau auf ihre Weise huldigt: Nouvelle-Vague-Regisseur Jean-Luc Godard gibt einer der Figuren seines Films *Alphaville* den Namen »Professor Nosferatu«, der deutsche Jungfilmer Klaus Lemke nennt den rastlos Reisenden in seinem Acapulco-Streifen »Murnau«, und sein Kollege Niklaus Schilling läßt in einer der Szenen seines Films *Die Vertreibung aus dem Paradies* den Hauptdarsteller vor einem Wegweiser haltmachen, der die Aufschrift »Nach Murnau« trägt.

Auch die 1988 in seiner Vaterstadt Bielefeld ins Leben gerufene Murnau-Gesellschaft ist in vorbildlicher Weise bemüht, Namen und Werk des von ihr posthum Betreuten nicht in Vergessenheit geraten zu lassen: Zu seinem hundertsten Geburtstag veranstaltet sie eine Gedenkausstellung, sie stiftet einen alle zwei Jahre vergebenen Murnau-Filmpreis, sie sammelt, soweit sie nicht unwiederbringlich verschollen sind, Kopien seiner Filme, sie organisiert Retrospektiven und Symposien, fördert Publikationen, vergibt Aufträge an junge Komponisten, die alten Stummfilme mit heutiger Musik zu unterlegen. Nur eines tut sie zum Glück nicht: Wallfahrten nach Santa Barbara organisieren, auf daß die Fans – wie das in Amerika gut denkbar wäre – bei der Unglücksstelle am Highway 101 ihre Sensationsfotos schießen und in der Würstchenbude nahebei ihren Murnau-Memorial-Cheeseburger mampfen.

ÖDÖN VON HORVÁTH

Kein Tag wie jeder andere

»Ich sehe zum Fenster hinaus, es ist trüb. Ich muß das anzünden, obwohl es Mittag ist. So gehts schon seit langer Zeit, der Nebel will nicht weichen, er hat sich eingehängt. Wann kommt die Sonne?«

Die Sonne kommt nur sehr spärlich an dieser Jahreswende 1937/38. Und auch sonst ist die Stimmung gedrückt: Ödön von Horváth, soeben sechsunddreißig geworden, wäre voller Ideen, hätte Pläne zuhauf, doch fehlt es an der inneren Ruhe, sie umzusetzen. Sein Stück *Himmelwärts,* an einer Wiener Matinee-Bühne uraufgeführt, bringt es gerade noch zu einer einzigen Vorstellung; *Der jüngste Tag* muß überhaupt aufs Deutsche Theater von Mährisch-Ostrau ausweichen; für die Veröffentlichung des vor kurzem abgeschlossenen Romans *Ein Kind unserer Zeit* bleibt man auf den vertriebsschwachen Amsterdamer Exilverlag Allert de Lange angewiesen.

Bundeskanzler Schuschniggs Treffen mit Hitler auf dem Obersalzberg endet mit der Unterzeichnung des Berchtesgadener Abkommens, am 1. März setzen in Wien die Großkundgebungen der Nationalsozialisten ein, Horváths Freunde fliehen einer nach dem anderen vor dem braunen Terror: Franz Theodor Csokor in Richtung Polen, die Zuckmayers gehen in die Schweiz, Hertha Pauli nach Paris.

Am 13. März, dem Tag des Rücktritts von Bundespräsident Miklas und achtundvierzig Stunden vor dem Hitler-Spektakel auf dem Heldenplatz, verläßt auch Horváth Wien. Er folgt zunächst einer Einladung seines Bruders Lajos nach Budapest, dann stattet er der Schauspielerin Lydia Busch in Teplitz-Schönau einen Besuch ab, Kurzaufenthalte in seiner Geburtsstadt Fiume, in Triest, Venedig, Mailand und Prag summieren sich zur Irrfahrt eines Unschlüssigen, der zwar immer noch vom Renommee des Erfolgsautors zehren, aber nirgendwo eine dauerhafte Bleibe, geschweige denn Muße zum Dichten finden kann. Mit dem Stückeschreiben ist es vorderhand sowieso vorbei. Kein deutschsprachiges Theater kann es wagen, einen Autor aufzuführen, der das Publikum vor den neuen Demagogen warnt.

Wäre die Schweiz ein mögliches Refugium? Ende April trifft Ödön von Horváth – wie gewohnt im salopp-eleganten Outfit, ansonsten fast ohne Gepäck – in Zürich ein. Den Status des Emigranten in Rechnung stellend, entscheidet er sich für ein einfaches Quartier beim Bellevue. Über dem von einem Italiener bewirtschafteten Restaurant Terminus werden billige Pensionszimmer vermietet. Kollege Ulrich Becher, Schwiegersohn des Humoristen Roda Roda und als gebürtiger Berliner schon seit 1933 heimatlos, nimmt sich liebevoll des acht Jahre Älteren an. Man trifft sich zu gemeinsamen Wanderungen auf dem Zürichberg, kehrt in belebten Weinschenken ein, sogar Horváths Vorliebe für das Rummelplatzmilieu und für grotesk-skurrile Außenseiterexistenzen, nicht gerade eine der Stärken des biederen Gastlandes, findet Nahrung: Becher entsinnt sich einer Tante in einem abgelegenen Dorf des Kantons Schwyz, die, eine kleine

Mit dem Einmarsch der Hitlertruppen in Österreich blieb vielen Schriftstellern des Landes nur mehr der Weg in die Emigration

Schnapsbrennerei betreibend, fünf hochmusikalische Töchter hat. Die eine sitzt an der Handorgel, die andere am Schlagzeug, eine weitere, mit einem mächtigen Kropf ausgestattet, ist eine weithin berühmte Solojodlerin; Ulrich Becher bedient das Klavier, eine Jugendfreundin mit Hollywood-Vergangenheit, die als junges Ding in Revuefilmen mitgetanzt hat, versetzt die männlichen Gäste (und allen voran Horváth) mit ihren Step-Nummern in Ekstase, dieser selbst steuert eine Auswahl seiner Kartenkunststücke bei.

Für ein paar Stunden fühlt sich Horváth so sehr in seinem Element, daß er lauthals verkündet, hier werde er sich künftig häuslich niederlassen, zuvor sei nur noch eine kurze Reise nach Holland zu absolvieren. In Amsterdam warte sein Verleger auf ihn, auch habe er von einem renommierten Wahrsager gehört, den er dort konsultieren wolle, in unsicheren Zeiten wie diesen lege er auf dessen Diktum größten Wert.

Jawohl, Ödön von Horváth ist abergläubisch. Und er ist es in einem Maße, daß er sich von Berichten über seltsame Heimsuchungen, über Wahrträume und Vorahnungen, über Hellseherei und Spuk, über Zahlenmystik und Orakel nicht nur als Zuhörer gepackt zeigt, sondern diese auch, mit eigenen Erfahrungen aus dem Okkulten angereichert, enthusiastisch weitergibt – und nicht etwa in bangem Flüsterton, sondern in temperamentvoller Rede, die selbst den hartnäckigsten Skeptiker mitzureißen und umzustimmen vermag.

Dieser Hüne von einem Mann, dieses Inbild robuster Gesundheit und schier grenzenloser Genußfähigkeit, sollte sich wahrhaftig vor Autos und Flugzeugen fürchten, Aufzüge meiden, um eingerüstete Häuser und bestimmte Straßen einen Bogen machen?

Am 17. Mai trifft er in Brüssel ein, von da gehts weiter nach Amsterdam. Die Verhandlungen mit Horváths Exilverleger Walter Landauer, der soeben den Roman *Jugend ohne Gott* herausgebracht hat und sich auch an dem Folgeband *Ein Kind unserer Zeit* interessiert zeigt, nehmen den gewünschten Verlauf; mit Klaus Mann, der beim konkurrierenden Querido-Verlag als Lektor tätig ist, verzehrt man auf der Terrasse des Hotels Américain frischen Hering und alten Genever. Ihm, dem fünf Jahre jüngeren, vertraut er zu dessen Befremden an, er fürchte sich vor den Nationalsozialisten weniger als vor »der Straße«: »Es gibt Dinge, vor denen man Angst hat, ohne zu wissen warum. Straßen können einem übelwollen, können einen vernichten. Straßen machen mir Angst.«

Am vorletzten Tag seines Amsterdamer Aufenthalts sucht Ödön von Horváth jenen ominösen Hellseher auf, den man ihm anempfohlen hat. Der Bekannte, der ihn dabei begleitet, wird später von der eigentümlichen Erregung berichten, die das Medium, ins Studium der Handlinien seines Klienten vertieft, erfaßt und sich nach und nach zu einer Art Trance gesteigert habe, in der er wieder und wieder die Worte hervorgestoßen habe: »Sie müssen nach Paris. Sie müssen unbedingt nach Paris – und zwar auf der Stelle. Es erwartet Sie dort das entscheidende Ereignis Ihres Lebens.«

Die Auskunft des weisen Mannes fügt sich vortrefflich zu Horváths eigenen Plänen: Regisseur Robert Siodmak, der seit 1933 keinen Film mehr gedreht hat – Goebbels hat sein letztes Werk, die Verfilmung der Stefan-Zweig-Novelle *Brennendes Geheimnis*, nicht nur aus rassischen Gründen, sondern auch seines womöglich frech auf den Reichstagsbrand anspielenden Titels wegen aus dem Verkehr ziehen lassen –, peilt für seine künftige Arbeit Hollywood an und hält sich zur Zeit in Paris auf. Horváth, der mit ihm bereits bezüglich einer Verfilmung seines Romans *Jugend ohne Gott* korrespondiert hat, greift Siodmaks Einladung zu einem persönlichen Zusammentreffen auf. Ist es das, was der Hellseher mit seinem Ratschlag gemeint hat? Sollte es endlich doch mit einem dieser Filmleute, die einem sonst immer nur das Blaue vom Himmel versprechen, ohne daß dabei jemals etwas Konkretes herauskommt, zu einem Abschluß kommen?

Freundin Hertha Pauli, Wiener Emigrantin wie Horváth und gegenwärtig auf Zwischenstation in Paris, läßt für den Ankömmling in ihrem Quartier, dem preiswerten Hôtel de l'Univers in der Rue Monsieur-le-Prince nahe dem Jardin du Luxembourg, für die nächsten paar Tage ein Zimmer reservieren.

Außer der Begegnung mit Robert Siodmak steht noch ein Wiedersehen mit einer russischen Literaturagentin auf Horváths Pariser Programm; auch will er mit dem Berliner Theaterdirektor Ernst Josef Aufricht, der seinerzeit – mit Luise Ullrich in der weiblichen Hauptrolle – *Kasimir und Karoline* herausgebracht hat, über ein neues Stück verhandeln sowie Armand Pierhal kennenlernen, der gerade dabei ist, den Roman *Jugend ohne Gott* ins Französische zu übersetzen. Wenn schon, bedingt durch die politischen Verhältnisse, der deutschsprachige Markt für ihn ausfalle, sei es um so wichtiger, an der sich anbahnenden Weltkarriere zu basteln. Horváth denkt dabei nicht nur an jene seiner Werke, die bereits vorliegen und in Deutschland, Österreich und der Schweiz ihren Weg gemacht haben, sondern auch an Neues – etwa einen Roman aus dem Emigrantenmilieu, dem er den Titel *Adieu Europa* geben will.

Das Hôtel de l'Univers, wo neben Hertha Pauli noch ein weiterer Schicksalsgenosse aus Wiener Tagen logiert, der zehn Jahre jüngere Karl Frucht (der sich in Paris mit der Vermittlung von Texten deutschsprachiger Autoren an ausländische Zeitungen über Wasser hält), ist überfüllt: Horváth muß mit Zimmer Nr. 13 vorliebnehmen. Es kostet die Freunde alle ihre Überredungskunst, die Besorgnisse des notorisch Abergläubischen zu zerstreuen. Man veranstaltet eine Begrüßungsparty für ihn, lädt

Für Okkultes stets empfänglich: Ödön von Horváth

dazu auch die Kollegen Walter Mehring und Joseph Roth ein, der Alkohol fließt in Strömen. Als man schon ziemlich angeheitert ist, erhebt Horváth plötzlich die Stimme und sagt seelenruhig: »Ich wünsche diesem verdammten Hitler-Deutschland vierzig Millionen Tote.« Die Runde zeigt sich entsetzt. Doch Horváth ist nicht bereit, von seinem Fluch auch nur eine Silbe zurückzunehmen. Einige Stunden später – alle sind mittlerweile zu Bett gegangen, die Uhr zeigt vier Uhr früh – klopft es heftig an Hertha Paulis Tür. Sie wacht auf und öffnet: Horváth will das Gespräch von vorhin wieder aufnehmen, begnügt sich jetzt aber mit zwanzig Millionen Toten. Hertha Pauli schaudert es von neuem. Sie wird an diesem Morgen alle Mühe haben, nochmals Schlaf zu finden.

Die Unruhe, die Ödön von Horváth unter den Kollegen verbreitet, steigert sich noch, als der vierte Tag seines Paris-Aufenthaltes naht. Es ist der 31. Mai. Vertauscht man die beiden Ziffern, so entsteht die Unglückszahl 13: Karl Frucht darf an diesem Tag dem Freund keinen Augenblick von der Seite weichen. Man durchstreift gemeinsam Paris, kehrt da und dort in einem Bistro ein. Im Montmartre-Viertel wird Ernst Josef Aufricht die vereinbarte Visite abgestattet, die sieben Stockwerke zu Robert Siodmaks Wohnung werden aus Furcht vor dem pneumatischen Aufzug zu Fuß zurückgelegt, auch Métro und Bus sind an diesem Tag streng tabu. Das Bordell, zu dem sie sich Zutritt verschaffen, verlassen sie gleich wieder: ein Glas Wein im Empfangssalon, mehr nicht.

Freitag, 1. Juni 1938. Es ist kein Tag wie jeder andere: Schon am Morgen schlägt ein Blitz aus heiterem Himmel in die Kuppel des Panthéons ein. Karl Frucht hat gerade im Café Capoulade an der zum Ruhmestempel der Franzosen hinaufführenden Rue Soufflot Platz genommen, um sein Frühstück zu verzehren; der dem Blitz folgende Donnerschlag bringt das Geschirr zum Klirren. Dann wechselt er, von heftigen Windstößen getrieben, ins Café de la Poste über, um mit Hertha Pauli zusammenzutreffen. Joseph Roth, der mit seiner Trinkerrunde ebenfalls zur Stelle ist, macht der Kollegin Vorwürfe, weil sie auf der überstürzten Flucht aus Wien ihre Handschuhe zurückgelassen hat: Einem Gentleman wie Horváth, mit dem sie nachmittags verabredet ist, könne sie unmöglich »blank« gegenübertreten. Doch zu der vereinbarten Begegnung kommt es ohnehin nicht: Hertha Pauli zieht es vor, angesichts des sich ankündigenden Unwetters im Hotel zu bleiben.

Vierhundert Kilometer vom Ort des Geschehens entfernt, in dem zwischen steil ansteigenden Weinbergen und den bewaldeten Höhen des Mont Pélerin gelegenen Dörfchen Chardonne, verläßt vor dem Abendessen Horváths Freund Carl Zuckmayer sein Appartement im Hôtel Bellevue, um, begleitet von seiner Tochter Winnetou, am nahen Berghang Alpenblumen zu pflücken: Für Pfingstsonntag wird Ödön von Horváth zu Besuch erwartet, Zuckmayer will ihm das Areal oberhalb des Genfer Sees als künftigen Wohnsitz schmackhaft machen, da soll das für ihn bestellte Zimmer so anheimelnd wie möglich geschmückt sein.

Das Wetter ist nicht schlecht, nur etwas drückend, ein Gewitter könnte im Anzug sein. Da verfinstert sich plötzlich – Vater und Kind überqueren gerade eine mit blühenden Narzissen übersäte Bergwiese – der Himmel, und ein wilder Sturm bricht los. Mit solcher Urgewalt prasselt der Regen nieder, daß man auf einmal sein eigenes Wort nicht mehr versteht, aus dem nahen Wald hört man nur das Krachen der morschen Bäume. So rasch sie können, flüchten die beiden einsamen Wanderer zu einem geschützt gelegenen Heustadel, um das Ende des Unwetters abzuwarten. Es ist der gleiche Sturm, der, vom Atlantik her, kurz zuvor über ganz Frankreich hinweggegangen ist. Etwa eine Stunde, nachdem Zuckmayer und Tochter Winnetou wieder in ihr Hotel zurückgekehrt sind, klingelt das Telephon. Es ist ein Anruf aus Paris: Zuckmayer ist unter den ersten, die die Schreckensnachricht erfahren ...

Ödön von Horváth ist nur eines der vielen Opfer, die die Sturmkatastrophe vom 1. Juni 1938 gefordert hat: Im Ärmelkanal bringt sie einen Fischkutter zum Kentern, die gesamte Besatzung ertrinkt in den sich meterhoch aufbäumenden Wellen, unbemannt strandet das Boot an der Küste. Und das mit Abstand Unheimlichste von allem: Auf dem ersten und einzigen Manuskriptblatt seines geplanten neuen Romans, das die Freunde später in seinem Hotelzimmer finden werden, hat Ödön von Horváth die unheilschwangeren Worte niedergeschrieben: »Gestern war der Sturm noch stärker. In der Nacht sind die Netze zerrissen, und ein Kahn kam nicht mehr zurück ...«

Zufall oder Vorahnung – wer wollte das entscheiden?

Doch zurück zu den Stunden davor.

Horváth hat im Hôtel de l'Univers eine Nachricht für Hertha Pauli hinterlassen: Er sei auf dem Weg zu Robert Siodmak, anschließend wolle man sich gemeinsam in der Nachmittagsvorstellung des Cinéma Champs-Elysées Walt Disneys Schneewittchen-Film ansehen. Wenn sie Lust habe, solle sie nachkommen. Ansonsten beim Armenier.

Der Armenier – das ist das dem Hotel benachbarte kleine

Speiserestaurant, wo man häufig die Mahlzeiten einnimmt und wo man bei leerer Geldbörse »anschreiben« lassen kann. Hier also sitzen Hertha Pauli und Karl Frucht vor ihrem Hammelspieß, gleich wird das Dessert serviert werden: Erdbeeren mit Crème fraîche. Die Kinovorstellung muß längst aus sein – wieso ist Horváth an diesem Abend so unpünktlich?

Da kommt, außer sich vor Aufregung, die Concierge des Hotels ins Lokal hereingestürzt, läuft geradewegs auf den Österreicher-Tisch zu und flüstert Karl Frucht ins Ohr: »Schnell, schnell, kommen Sie! Die Polizei hat angerufen, es ist etwas mit Monsieur Horváth!« Frucht folgt der Hotelangestellten auf dem Fuß, kreidebleich kehrt er nach wenigen Minuten zurück: »Hertha, wir müssen sofort ins Spital – ein Unfall!«

Ein Unfall? Karl Frucht bestellt ein Taxi, Hertha Pauli läßt sich unterdessen an der Rezeption Horváths Post aushändigen, um sie mitzunehmen. Der Wagen fährt vor – verängstigt steigt Hertha Pauli ein. Ein Taxi – das grenzt für sie in diesen bittern Notzeiten an sträflichen Luxus, die Sache muß also sehr ernst sein.

»Ist er – tot?«

Karl Frucht verweigert die Antwort.

Als sie vor dem Hôpital Marmottan, dem großen Rohziegelbau in der Rue d'Armaillé, aussteigen, werden sie vom Pförtner ans Leichenschauhaus verwiesen. In dem klimatisierten, weißgekachelten Raum schlägt ein Bediensteter das Tuch zurück, das über den auf einem steinernen Tisch ruhenden Körper gebreitet ist.

»Sind Sie verwandt?«

»Nein, nur befreundet.«

»Monsieur Horváth ist tot. Erschlagen von einem Baum.«

Hertha Pauli wird ersucht, den nur von ein paar blutigen Schrammen entstellten Leichnam zu identifizieren. Horváth hat keine Ausweispapiere bei sich getragen, nur einen Brief mit seiner Pariser Adresse – daher der Anruf der Polizei im Hotel.

Schon draußen auf der Straße erfahren sie erste Details, den Rest schließlich im Hotel:

Horváth hat kurz nach neunzehn Uhr das Kino verlassen, verabschiedet sich von Robert Siodmak, will auf der Höhe des Théâtre Marigny die Champs-Elysées überqueren, der über die Stadt hinwegfegende Sturm wirft einen der das Trottoir säumenden Kastanienbäume um, einer der Äste trifft den Passanten mit voller Wucht an Hinterkopf und Nacken. Binnen kurzer Zeit sind Sanitäter zur Stelle, schaffen den Verunglückten in die Notaufnahme der Fondation Paul Marmottan. Sieben Personen sind es insgesamt, die in die Klinik eingeliefert werden. Sechs von ihnen überleben, Ödön von Horváth ist der siebente. Für ihn gibt es keine Hilfe mehr: Er ist auf der Stelle tot. Regisseur Robert Siodmak, begleitet von seiner Frau, ist der letzte, der den Dichter lebend angetroffen hat.

In der Präfektur des Distrikts Seine stellt Jules Henri Leclerc, Beigeordneter des Bürgermeisters des siebzehnten Pariser Stadtbezirks, am 4. Juni den Totenschein aus – die trockenen Behördendaten rufen immerhin in Erinnerung, daß Horváths Geburtsort Fiume bis 1918 Ungarns Adriahafen gewesen und Ödön die hungarisierte Form von Edmund ist.

Den Freunden, die sich des Toten annehmen, ist allerdings anderes wichtiger: Eingedenk seiner Vorliebe für alles Mystisch-Okkulte, setzen sie sich in ihrem Hotel zusammen und bringen eine volle Nacht damit zu, nach den Regeln des Tibetischen To-

1464
VILLE DE PARIS

MAIRIE ANNEXE
du 17e Arrondissement

de Horvath Edmond   1er. 06.1938
64220

EXTRAIT
des minutes des actes de décès

AL/ACTE N° 1144

Le premier juin mil neuf cent trente-huit, vers 19 heures 30, est décédé 19, rue d'Armaillé : Edmond de HORVATH, domicilié 63, rue Monsieur le Prince, né à Fiume (Hongrie) le 9 décembre 1901, Ecrivain, fils de Edmond de HORVATH, et de Marie* * PREHNAL, époux sans profession, domiciliés à Munich (Allemagne). Divorcé de * * * (sans autres renseignements connus du déclarant) Dressé le 4 juin 1938./. * * * * POUR EXTRAIT CONFORME, Paris le 15 avril 1980./.

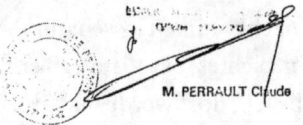

M. PERRAULT Claude

Auszug aus der Urschrift von Horváths Sterbeakte

tenbuches mit Horváths Geist in Verbindung zu treten – mit verteilten Rollen sagen sie die Texte auf, mit denen im Lamaismus die Wiedergeburt der Verstorbenen beschworen wird.

Es wäre nicht Ödön von Horváths Ableben, würden nicht auch sogleich die merkwürdigsten Beobachtungen rund um den grausigen Vorfall zur Sprache kommen. Kann es beispielsweise Zufall sein, daß er zwei Tage vor der Katastrophe eine Ansichtskarte von den Champs-Elysées verschickt, die im Bildhintergrund jenes Hôpital Marmottan zeigt, in das der Verunglückte eingeliefert wird? Und was soll man davon halten, daß er erst vor kurzem einem der Freunde anvertraut hat, er verstehe nicht, wieso sich manche Menschen vor dem finstern Wald fürchten, die Straße sei doch das viel gefährlichere Terrain? Da fehlt eigentlich nur noch das einschlägige Zitat aus Horváths Werk, und siehe da, auch das findet sich. 1937 hat er es zu Papier gebracht: »Er lag in einem Graben unweit der Lichtung – mit einer klaffenden Kopfwunde. Ein Stein mußte ihn getroffen haben oder ein Schlag mit einem stumpfen Gegenstand, meuchlings von hinten ...«

Einer von Horváths engsten Freunden ist der Dramatiker Franz Theodor Csokor. Selbst vor wenigen Wochen in Polen untergetaucht, will der sechzehn Jahre Ältere den unschlüssigen Kollegen nachkommen lassen; für ihn mit seinem ungarischen Paß sei es ein leichtes, ein Visum zu erhalten und von Paris nach Krakau zu fliegen; dort werde man ihn mit dem Auto abholen. Und sollte er wirklich an dem Plan festhalten, Europa den Rücken zu kehren, könne er nach einigen Wochen des Beisammenseins das Schiff nehmen, die »Stefan Bathory« kreuze regelmäßig zwischen Danzig-Gdingen und den USA. Da sein Roman *Jugend ohne Gott* auch in Polen angenommen sei, könne von dem zu erwartenden Verlagsvorschuß die Passage bezahlt werden.

Doch Csokors Brief erreicht Horváth nicht mehr. Dafür ist auf Gut Ludwigshof in Mikolow, von Hertha Pauli am 4. Juni in Paris in den Briefkasten eingeworfen, die Todesnachricht eingetroffen. »Ich bin völlig erledigt!« greift Csokor seinerseits zur Feder und gibt sein Wissen an den im New Yorker Exil weilenden Kollegen Ferdinand Bruckner weiter – zugleich verzweifelt bemüht, noch in dem ganz und gar Unfaßbaren einen tieferen Sinn zu ergründen: »War dieser Tod ein stupider Zufall? Und wenn nicht: Welche Mächte stehen dahinter?« Und schließlich Csokors prophetische Conclusio:

»Heute kann ein vorzeitiger Tod auch Rettung vor weit Schlimmerem bedeuten ...«

Unterdessen ist in Paris alles für die Bestattung Nötige in die Wege geleitet. An der Gare du Nord holt Hertha Pauli Horváths Familienangehörige vom Zug ab. Der Vater geht am Stock, die Mutter, ihr Taschentuch an die Augen drückend, weint still in sich hinein. Bruder Lajos wird von den Bediensteten des Leichenschauhauses der Mantel ausgehändigt, den Horváth am Unglückstag getragen hat. Quer über den Rücken läuft eine Blutspur. Aus einer der Manteltaschen löst sich ein kleines Päckchen: Fotos, wie man sie überall bei den fliegenden Händlern am linken Seine-Ufer kaufen kann, Nuditäten beim Liebesspiel. Lajos schafft den Fund beiseite: »Die Mutter brauchts nicht zu sehen ...«

Für den 7. Juni ist das Begräbnis angesetzt. Die Schauspielerin Wera Liessem, aus Hamburg stammend und zuletzt in der Schweiz tätig, trifft in Paris ein – Horváth und sie hatten heiraten wollen. Er nannte sie »die Katze«, sie ihn »den Dicken«. Freund Csokor hingegen kann an der Beerdigung nicht teilnehmen: Als Österreicher in Polen hat er keine Aussicht auf ein Visum für Frankreich. Dafür ist die Pariser Emigrantenszene vollzählig zur Stelle: Franz und Alma Werfel, Joseph Roth und sein Stammtisch, Alfred Neumann, Hermann Kesten, Erwin Piscator, Walter Mehring, Robert Siodmak. Die Zuckmayers stoßen, aus der Schweiz anreisend, hinzu.

Eine lange Taxi-Kolonne bewegt sich von der Kirche St. Fernand des Ternes, wo die Einsegnung erfolgt ist, zum Vorstadtfriedhof von St. Ouen. Grotesk die näheren Umstände der Begräbniszeremonie: Etliche der Teilnehmer sind untereinander wüst zerstritten; erst als Zuckmayer für alphabetische Reihenfolge plädiert, kann man sich bezüglich der Grabreden einigen. Dem ortsansässigen Geistlichen assistiert ein aus Budapest eingeflogener Kaplan, er ist mit der Familie Horváth befreundet, trägt ein Klümpchen ungarischer Heimaterde bei sich.

Der Friedhof ist voll belegt, nur am äußersten Rand findet sich noch eine Grabstelle – dicht neben den Gleisen eines Rangierbahnhofs. Die Nachrufe gehen zum Teil im Rattern und Bremslärm der Güterwaggons, im Stimmengewirr der Bahnarbeiter unter. In dem Glas, an dem Joseph Roth während seiner Abschiedsworte nippt, ist nicht Wasser, sondern Slibowitz. Das Wasser kommt von oben: Es regnet. Zuckmayer kann sich bei aller Trauer ein leises Lächeln nicht verwehren. Welch ein Spektakel! Horváth würde sich, könnte er dies alles mitansehen, sicherlich vor Lachen biegen.

Und gar, käme ihm die Geschichte von dem »Bestattungsspezialisten« zu Ohren, der einige Tage vor dem Begräbnis im Hôtel de l'Univers vorspricht und den Hinterbliebenen – auch die Familie Horváth ist im selben Quartier abgestiegen – seine Dienste anbietet.

Es ist ein Invalide mit Holzbein, er trägt Trauerkleidung und macht auch sonst einen absolut vertrauenerweckenden Eindruck. Von dem Unglück habe er aus der Zeitung erfahren, es schmerze ihn zutiefst. Mutter Horváth, auch gerührt von der eigenen Lebensgeschichte des Fremden, der im Ersten Weltkrieg sein Bein verloren und eine reizende Deutsche zur Frau habe, gibt die ihr offerierten Blumenarrangements in Auftrag und leistet die erbetene Anzahlung. Nach nochmaliger wortreicher Kondolenz und einer devoten Verbeugung zieht er sich zurück:

Das Grab des Schriftstellers in St. Ouen

Er verspreche, sein Bestes zu tun, man werde sehr zufrieden mit ihm sein.

Einen Tag nach dem Begräbnis erhalten die Eltern Horváth Besuch von der Polizei. Man bittet um Angaben über den ominösen »Pompfüneberer«. Es handele sich bei ihm nämlich um einen stadtbekannten Schwindler; soeben sei der Kerl verhaftet worden. Schon seit Jahren mache er sich nach Unfällen, von denen er in der Zeitung gelesen habe, an die Hinterbliebenen heran, besonders wenn es sich um Landesfremde handelt. Er kassiere dann stets eine Akontozahlung auf die Begräbniskosten und verschwinde mit seiner »Beute« auf Nimmerwiedersehen. Diesmal aber habe man ihn fassen können, weil er ausnahmsweise die vereinbarte Leistung erbracht habe. Nun wolle man von den Hinterbliebenen Näheres über die betrügerischen Praktiken dieses Gewohnheitsverbrechers erfahren.

Herr und Frau Horváth zeigen sich entrüstet über das Einschreiten der Behörde: »Wir können nur das Beste über den Mann sagen. Uns jedenfalls hat er nicht hereingelegt. Wir möchten Sie ausdrücklich ersuchen, von einer Bestrafung abzusehen.«

Der Polizist hört sich geduldig alles an, macht sich Notizen, murmelt verständnisvoll von mildernden Umständen. Doch das ist den Horváths nicht genug: Sie beschaffen sich die Adresse des Gefängnisses, in dem der Arretierte einsitzt, um ihm eine ansehnliche Geldspende zukommen zu lassen. Aber die Sendung kommt als unzustellbar zurück. Der Mann mit dem Holzbein bleibt verschwunden. Noch lange danach wird er in Ödön von Horváths Freundeskreis eines der Gesprächsthemen bilden, und alle miteinander sind sich darin einig: Eine hundertprozentige Horváth-Figur, wie einem seiner Stücke entstiegen ...

Bevor Dr. Edmund, Frau Marie und Sohn Lajos Horváth die Heimreise nach München bzw. Budapest antreten, wird in Paris noch rasch eine Gedächtnisfeier organisiert, bei der die Freunde des Dichters – nach Durchsicht seiner hinterlassenen Schriften – ausgewählte Werkproben zu Gehör bringen: Wera Liessem und Hertha Pauli, Armand Pierhal und Jacques Maritain, Egon Erwin Kisch und Joseph Roth.

Auf dem Trottoir nahe dem Rond Point sind unterdessen die

Reste der todbringenden Kastanie beseitigt und ein frischer Baum ist gepflanzt worden. Nur bis zur Anbringung einer Gedenktafel an dem der Unglücksstelle nächstgelegenen Haus werden nicht weniger als sechzig Jahre verstreichen: Am 14. Juni 1940 wird Paris von deutschen Truppen eingenommen, und für sie ist ein Systemgegner wie Ödön von Horváth eine Unperson. Nur das Grab auf dem während des Zweiten Weltkriegs von Bomben und Artillerie-Einschüssen verwüsteten Friedhof von St. Ouen ist eines der wenigen, die unversehrt bleiben: Abteilung 31, Reihe 14, Nr. 9. Zum fünfzigsten Todestag am 1. Juni 1988 werden Ödön von Horváths Gebeine exhumiert, in einer Holzkiste von der Größe eines Kindersarges nach Österreich transferiert und in einem Ehrengrab der Stadt Wien – Seite an Seite mit den Seinen – auf dem Heiligenstädter Friedhof beigesetzt. Der Vater hat ihn zwölf, die Mutter einundzwanzig, Bruder Lajos dreißig Jahre überlebt.

MUSTAFA KEMAL ATATÜRK

Der Paravent

Ich kann, wenn ich es nur früh genug bestelle, das Greta-Garbo-Zimmer haben: Es befindet sich in der ersten Etage und hat die Nummer 103. Oder wäre mir 104 lieber? Dort hat die holländische Nackttänzerin Margarete Gertrude Zelle logiert, besser bekannt unter dem Künstlernamen Mata Hari. Da wäre vielleicht auch gleich ein Hauch Spionageflair inkludiert. Auch die Suite im zweiten Stock, in der Italiens vorletzter König, Vittorio Emmanuele III., sein Haupt zur Ruhe gebettet hat, steht zur Wahl. Schwieriger ist es mit 411: Das Zimmer, in dem Agatha Christie 1926 ihren Roman *Mord im Orient-Express* geschrieben hat, ist seit Jahren der große Renner, da ist die Warteliste lang.

Nur Nummer 101 kann ich mir aus dem Kopf schlagen: Es ist das einzige Appartement im Istanbuler Luxushotel Pera Palas, das niemals und an niemanden vermietet wird. Selbst wenn ich dem Beispiel jenes steinreichen griechischen Mühlenbesitzers Anastassiadis Bodokassi folgen wollte, der sich Anno 1915, seines groben Auftretens wegen von der Rezeption abgewiesen, den Zutritt zu der Nobelherberge erzwang, indem er sie kurzerhand (zu einem aberwitzig überhöhten Preis) kaufte, wäre keineswegs ausgemacht, daß ich es mir hinter dem Türschild mit der Nummer 101 gemütlich machen kann: Mit großer Wahrscheinlichkeit bekäme ich es mit dem türkischen Nationalstolz zu tun. Denn Nummer 101 ist die Atatürk-Suite: Hier hat Staatsgründer Mustafa Kemal, den sein Volk seit 1934 als »Vater der Türken« verehrt, zu wiederholten Malen residiert. Und vor allem: Hier ist alles ganz genau so geblieben, wie er es zurückgelassen hat. Ein Hotelzimmer, das zum Heiligtum umgewandelt worden ist, zur Tabuzone, zum mystischen Ort. Und das hat nicht zuletzt mit jenem geheimnisvollen Paravent zu tun, der, eine erlesene Stickarbeit aus Indien, dem hohen Gast auf die Minute exakt sein Sterbedatum prophezeit hat – zwölf Jahre vor seinem Tod. Doch davon später.

Mustafa Kemal, genannt Atatürk, stirbt am 10. November 1938. In den sechzig Jahren seither hat sich die Türkei beträchtlich verändert, und im Zuge der neuerdings in Gang gekommenen Re-Islamisierung hat auch der Ruhm ihres »Übervaters«, der sein Land für die westliche Zivilisation geöffnet und die Lebensgewohnheiten seines Volkes total auf den Kopf gestellt hat, so manche Schramme abbekommen. Aber unter allen Wandbild-, Denkmals- und Nippesmotiven landauf, landab ist sein Konterfei unverändert und mit Abstand die Nummer 1: In unzähligen Amtsstuben, Lokalen, Werkstätten und Geschäften, in Privathäusern wie auf öffentlichen Plätzen, ja sogar von den Geldnoten blickt Atatürks herrisch-ernstes Antlitz seine Landsleute an. Kein Tito, kein Nehru, nicht einmal Mao haben es in ihren besten Zeiten zu so massiver ikonenhafter Allgegenwart gebracht.

Staatsgründer Mustafa Kemal, genannt Atatürk

Wo landet die Maschine, mit der ich nach Istanbul fliege? Auf dem Atatürk-Airport. Und welches Maskottchen ist am Handschuhfach des Taxis befestigt, das mich zu meinem Quartier bringt? Ein Atatürk-Porträt. Welches sind die Bildmotive des Wandkalenders, den mir der Souvenirhändler in der Hotelhalle zum Kauf anbietet? Atatürk-Schnappschüsse aus drei Jahrzehnten, für jeden Monat ein anderer. Was sehe ich in den Auslagen der Kunstgalerien und Trödlerläden ringsum? Atatürk in allen Lebenslagen. Prunkstück ist eine kolorierte Gipsplastik: der Mittfünfziger in Zivil, behaglich zurückgelehnt in seinem Fauteuil. Und bald werde ich auch erfahren, was sich alle Jahre an Atatürks Todestag in Istanbul abspielt: Pünktlich um 9.07 Uhr heulen in allen Vierteln der Stadt die Sirenen auf, der Autoverkehr steht still, in den Schulen wird eine zusätzliche Pause eingelegt, am Taksim-Platz, dem Zentrum des Europäerviertels Beyoglu, treten die Menschen aus den Geschäften und verharren im stummen Ritual einer gemeinsamen Gedenkminute.

Schon um seine Herkunft ranken sich Legenden: Kein Register, das über Atatürks genaues Geburtsdatum Auskunft gäbe. Man weiß nur das Jahr: 1881 ist der Sohn des Zollbeamten Ali Riza Efendi und der Bauerntochter Zubeyde Hanim in Saloniki zur Welt gekommen. Während der Vater, den miserabel besoldeten Staatsdienst quittierend und sich fortan als Holzhändler durchbringend, Mustafa zum Kaufmann ausbilden lassen will, tendiert die Mutter zu einem geistlichen Beruf und steckt den Buben in die Koranschule. Nach dem frühen Tod des Vaters zieht man aufs Land. Mustafa muß als Viehhüter mithelfen, die kargen Finanzen der Familie aufzubessern. Doch als der mittlerweile Zwölfjährige eines Tages die schmucke Uniform eines Nachbarjungen erblickt, der auf die Militärschule gehen darf, ruht er nicht eher, als bis auch er seinen Willen durchgesetzt hat: Er möchte Soldat werden.

Jetzt geht alles seinen wohlgeordneten Weg: Mustafa Kemal tritt ins Militärgymnasium von Monastir ein, wechselt in die Infanterieklasse der Kriegsschule von Istanbul, schließt als Hauptmann im Generalstab ab und gründet mit fünfundzwanzig die Geheimorganisation »Vaterland und Freiheit«, die sich die Entmachtung der Sultane und die Ausrufung der Republik zum Fernziel gesetzt hat. Sowohl beim italienisch-türkischen wie bei den Balkankriegen von 1912/13 steht er an vorderster Front, er steigt zum Armee-Inspekteur auf, gründet seine eigene »Volkspartei«, läßt sich am 29. Oktober 1923 zum ersten Präsidenten der Türkischen Republik küren und verlegt den Sitz der Regierung von Istanbul nach Ankara.

Unglaublich, was der ungestüme Reformer seinem Volk an Neuerungen zumutet: Die Einehe führt er ebenso ein wie die allgemeine Schulpflicht, das arabische Alphabet wird durch das lateinische, die mohammedanische Zeitrechnung durch den Gregorianischen Kalender, die Freitags- durch die Sonntagsruhe ersetzt. Die moslemischen Religionsseminare werden geschlossen, die Derwisch-Orden verboten, Moscheen in Museen umgewandelt. Um den Männern, denen er das Tragen des traditionellen Fez untersagt hat, mit gutem Beispiel voranzugehen, tritt er in der Öffentlichkeit demonstrativ mit Hut auf; den Frauen verbietet er den Gesichtsschleier und erteilt er das Wahlrecht. Sowohl der Koran wie die Gebetsrufe des Muezzins werden ins Türkische übersetzt. Um den Anschluß an den westlichen Sittenkodex auch legistisch zu verankern, setzt er ein neues

Bürgerliches Gesetzbuch in Kraft, das sich auf das europäische Handels-, das schweizerische Zivil- und das deutsche Strafrecht stützt. Jeder Türke muß fortan einen Familiennamen tragen – der seine lautet ab November 1934 Atatürk. Vater der Türken.

Als er am 10. November 1938 siebenundfünfzigjährig stirbt, ist das Reformwerk des mit diktatorischen Vollmachten ausgestatteten und keine Opposition duldenden Modernisierungsfanatikers zwar so gut wie vollendet, aber die »Kemalisten«, die sein Erbe fortführen sollen, ohne über das Charisma dieses geborenen Potentaten zu verfügen, werden – das ist klar abzusehen – keinen leichten Stand haben.

Doch zuerst einmal gilt es den Schock zu überwinden, der das gesamte Land erfaßt, als die Todesnachricht publik wird. Erste Befürchtungen, das Ende könnte bevorstehen, werden schon im Jahr davor laut. Atatürk arbeitet nicht nur, alle ärztlichen Warnungen in den Wind schlagend, wie ein Berserker, sondern treibt auch, was seinen persönlichen Lebenswandel betrifft, Raubbau an seiner Gesundheit. Die Vorliebe für Raki, den hochprozentigen türkischen Anisschnaps, dem er schon als junger Soldat verfällt, ist längst zur Trunksucht ausgeartet. Jetzt, wo ihm mehr und mehr die Einsicht dämmert, Erfolge auf den Schlachtfeldern seien leichter zu erringen als die radikale Umkrempelung der Mentalität seiner Landsleute, greift er noch zügelloser zur Flasche als früher: Zwei schwere Herzattacken setzen ihn für Monate außer Gefecht.

Seit seiner Scheidung – die »westliche« Ehe mit der ebenso kultivierten wie emanzipierten Latife, die Atatürk seinen Landsleuten vorzuleben versucht, geht in die Brüche, als die Gesponsin eigene politische Ansichten zu entwickeln beginnt – machen abenteuerliche Frauengeschichten die Runde, in denen er als der große Verführer figuriert. Auch das ist nun Vergangenheit: Atatürk zieht es vor, mit Freunden und ausländischen Diplomaten nächtelang zu zechen. Fürs Familienleben sind die fünf Adoptivtöchter da, die er in seinem Landhaus umsorgt. Daß er keinen Sohn hat, ist ihm nur recht. Degenerierten Nachwuchses müßte er sich schämen, und wohlgeratener könnte ihm gefährlich werden, ihn womöglich aus dem Sattel zu heben versuchen. Atatürk ist ein zu Mißtrauen neigender Machtmensch – es wird kein Zufall sein, daß er sich zeit seines Lebens intensiv mit der Biographie Napoleons beschäftigt.

Sein unmäßiger Alkohol-, Kaffee- und Tabakkonsum schädigt nicht nur Herz und Nieren: Leberzirrhose lautet übereinstimmend die Diagnose der Ärzte im Winter 1937/38. Atatürks an blinden Aktionismus grenzende Leistungsfähigkeit läßt ebenso nach wie sein vormals stupendes Gedächtnis, und als er im Frühjahr 1938, von einer schweren Grippe niedergeworfen, zu früh das Krankenlager verläßt, ist das strahlende Lächeln, mit dem er sich in der Öffentlichkeit zurückmeldet, nur mehr aufgesetzt, nur mehr gespielt.

Vorbei die Zeit, da er es sich leisten kann, auf den nächtlichen Schlaf zu verzichten, sich frühmorgens auf sein Pferd zu schwingen und mit einem flotten Ausritt frische Kräfte für den neuen Tag zu tanken ...

Gegen den Rat der Ärzte bricht der Sechsundfünfzigjährige zu einer strapaziösen Reise in den Süden der Türkei auf, die ihn Hunderte von Kilometer über holperige, ausgefahrene Straßen führt: Sein ungebrochener Stolz scheint ihm zu gebieten, jene ausländischen Zeitungsberichte Lügen zu strafen, die ihn bereits als »erledigt« abtun.

Als er am 26. Mai nach Ankara zurückkehrt, um die Regierungsgeschäfte in der Hauptstadt wieder aufzunehmen, hat seine Erschöpfung ein Ausmaß erreicht, daß die Ärzte auf einer Verlegung des Patienten ins gesündere Istanbul bestehen. In einer Suite des Dolmabahçe-Palastes mit Blick auf den Bosporus wird ihm das Krankenlager bereitet, den Sommer darf er an Bord seiner Yacht »Savarona« verbringen. Obwohl ihm strikte Bettruhe verordnet ist, fühlt er sich eines Tages kräftig genug, eine Bootsfahrt im Bosporus zu unternehmen. Die Badegäste, die den abgemagerten, aschgrauen Mann in der weißen Hose und der blauen Marinejacke erkennen, winken ihrem Präsidenten zu, und als sich dieser mühsam von seinem Sitz erhebt und die Grüße erwidert, brandet Jubel auf. Es ist Atatürks letzter Auftritt in der Öffentlichkeit.

Ende Juli verschlechtert sich sein Gesundheitszustand so dramatisch, daß er in sein Krankenzimmer im Dolmabahçe-Palast zurückkehren muß. Der König von Rumänien ist einer der wenigen Besucher, die noch zu dem Todgeweihten vorgelassen werden. Am 5. September ruft Atatürk den Notar zu sich und diktiert ihm sein Testament: Seine leibliche Schwester Makbule, seine Adoptivtöchter (durchwegs Kriegswaisen aus der Zeit der Unabhängigkeitskämpfe) sowie die Kinder seines treuen Gefolgsmannes und designierten Nachfolgers Ismet Inöni werden mit Legaten bedacht, das Landhaus in Tschankaya vermacht er dem Staat, das Gros seines Vermögens aber geht zu gleichen Teilen an die Türkische Historische Gesellschaft und den Türkischen Linguistenverband.

Am 16. Oktober verliert Atatürk das Bewußtsein. Nur am 29. Oktober – es ist der fünfzehnte Jahrestag der Gründung der Republik – vermelden die ärztlichen Bulletins eine leichte Besserung: Das Feuerwerk, das an diesem Abend in Istanbul abgebrannt wird, kann er gerade noch wahrnehmen; für eine Rede an sein Volk reichen die Kräfte nicht mehr aus. Am 6. November fällt er ins Koma, aus dem er vier Tage später für einige wenige Minuten aufwacht. Doch sein Blick geht ins Leere, um 9.07 Uhr sinkt sein Kopf in die Kissen zurück: Atatürk ist tot. »Das türkische Vaterland hat seinen Erbauer, die türkische Nation hat ihren Führer, die Menschheit hat einen großen Sohn verloren!« lautet das Kommuniqué, mit dem die Welt vom Ende der Ära Atatürk unterrichtet wird.

Die türkische Öffentlichkeit ist durch die Meldungen der letzten Tage auf die Katastrophe vorbereitet, die Staatstrauer braucht nicht eigens verordnet zu werden. Drei Tage und drei Nächte lang prägen Verzweiflung, Klagelieder und Tränen das Bild der Straßen von Istanbul, zu Zehntausenden zieht das Volk

Das Atatürk-Mausoleum vor den Toren der Hauptstadt Ankara

am Katafalk des toten Präsidenten vorbei. Es folgt die offizielle Abschiedszeremonie: Zwölf Generäle tragen die Lafette mit dem in die Staatsfahne eingehüllten Sarg zum Alten Serail und von dort an Bord des Kreuzers »Yavuz«, der, begleitet von in- und ausländischen Kriegsschiffen, darunter der sowjetische Zerstörer »Moskwa«, Kurs auf Izmir nimmt. Dort steht ein Sonderzug der Türkischen Staatsbahnen bereit, der den Leichnam in die Hauptstadt Ankara bringt. Aus den Dörfern entlang der Bahnstrecke eilen zu Tausenden die Bauern herbei und zünden Trauerfackeln an, laufen unter vielstimmigem Wehgeschrei hinter dem Zug her.

Auch in den Straßen von Ankara säumt eine riesige Menschenmenge den Weg, den der Leichenzug einschlägt, und als sollte dem Gründer der neuen Türkei bis aufs I-Tüpfelchen in dem von ihm propagierten Stil gehuldigt werden, ist es keine der traditionellen türkischen Weisen, die dabei erklingt, sondern eine »westliche«: der Trauermarsch von Chopin. Hatte Atatürk nicht kurz vor seinem Ende sogar noch Paul Hindemith und Béla Bartók zu Gastspielreisen in sein Land geholt (sowie als Architekten den Österreicher Clemens Holzmeister und den Deutschen Paul Bonatz)?

Im Ethnographischen Museum von Ankara wird dem Dahingeschiedenen eine provisorische Ruhestatt bereitet; die endgültige, das Atatürk-Mausoleum vor den Toren der Hauptstadt, ist ein Bau von solcher Monumentalität, daß volle fünfzehn Jahre verstreichen, bis es im November 1953 zur Einweihung kommt.

Lokalaugenschein in Istanbul. Ich verbinde meine Atatürk-Recherchen mit einer Visite im St.-Georgs-Kolleg, dem berühmten österreichischen Gymnasium im Viertel um den Galata-

Turm, das unter den Kaderschmieden der türkischen Intelligenz nicht erst in unseren Tagen als eine der ersten Adressen gilt. Die Schüler sind zu neunundneunzig Prozent Einheimische und zu fünfundneunzig Prozent Muslime, die Mehrzahl der Lehrer wird von der Republik Österreich gestellt, die Unterrichtssprache ist bei drei Viertel der Fächer Deutsch, der Lazaristen-Orden und Barmherzige Schwestern aus Graz führen den Betrieb.

Ich bin eingeladen, mit einer sechsten Klasse zwei Unterrichtsstunden zu verbringen, darf ihnen von meiner Arbeit erzählen, erfreue mich gleichermaßen ihrer Wißbegierde und ihrer Wohlerzogenheit. Als ich mich für mein salopp-touristisches Outfit entschuldige, reißt sich einer der Schüler die Krawatte vom Hals und bietet sie mir spontan an – zum Glück habe ich ein paar Exemplare meiner Bücher zur Hand, mit denen ich mich nach getaner Arbeit für die freundliche Aufnahme revanchieren kann.

Im Österreichischen Kulturinstitut, das mich ans St.-Georgs-Kolleg vermittelt hat, ist man mir auch sonst behilflich: Es geht um die Adresse und die Öffnungszeiten des Atatürk-Museums im Stadtteil Şişli, von dem ich irgendwann gehört habe. In dem schmalen dreistöckigen Haus an der Halaskargazi Caddesi hat der siebenunddreißigjährige Mustafa Kemal einige Monate mit Mutter und Schwester zur Miete gewohnt, jetzt ist es im Besitz der Stadt und beherbergt eine Kollektion von Photographien und sonstigen Erinnerungsstücken, die Atatürks Weg als Revolutionär und Staatsgründer ehrfurchtsvoll nachzeichnen.

Ich sehe seine Uniform, seine Reitstiefel, die berühmte Persianermütze, das für Gedenkstätten dieser Art obligate Haarbüschel, sogar Atatürks Gebiß. Und natürlich seinen Armeerevolver. Smoking und Frack deuten auf den späteren Gesellschaftstiger, ein von Präsident Roosevelt spendierter Musikschrank auf den international geachteten Staatsmann, eine handschriftliche Konkordanz des arabischen und des lateinischen Alphabets auf den engagierten Sprachlehrer, der mit Schiefertafel und Kreide durch das Land zieht, um sein Volk auf den »westlichen Standard« zu heben. Die über die einzelnen Räume verteilten Fotos sprechen für sich: Die Begleittexte sind allesamt in Türkisch abgefaßt, kaum je verirrt sich ein Ausländer hierher – und wenn doch, ist er herzlich willkommen, vor allem dann, wenn er sich – wie ich – als Gast aus dem befreundeten Avusturya zu erkennen gibt. Auch für mich, dessen spezielles Interesse den Funeralien gilt, ist vorgesorgt: Die Aufnahmen vom Katafalk in der großen Halle des Dolmabahçe-Palastes vermitteln einen vorzüglichen Eindruck vom Gepränge der Trauerzeremonie, damals im November des Jahres 1938.

Noch besser werde ich im Pera Palas bedient: Es ist jene legendäre Luxusherberge, in der Atatürk zwischen 1915 und 1937 immer wieder, wenn ihn seine Amtsgeschäfte in die ehemalige Hauptstadt führen, absteigt. Seine Suite, inzwischen zum sorgsam gehüteten Museum umgewandelt, liegt auf derselben Etage wie das Zimmer, das ich bezogen habe; sie trägt die Nummer 101. Mir wird Nummer 114 zugeteilt, das Kaiserin-Elisabeth-Appartement: galante Verbeugung der Hoteldirektion vor dem Besucher aus Österreich.

Geballte Nostalgie, wo mein Auge hinblickt: das mit Teppichen ausgelegte Stiegenhaus, vollgestopft mit Blattpflanzen in altertümlichen Behältern; aus dem Gründungsjahr 1892 der nur mit Begleitpersonal benützbare Aufzug; in der Lobby, obwohl seit Jahrzehnten außer Dienst gestellt, noch die Hörrohre von einst; in der Hotelhalle die Sänfte, mit der die per Orientexpreß anreisenden Damen vom Sirkeçi-Bahnhof zu ihrem Logis gebracht werden; in einer der Vitrinen Ausstellungsexemplare des Nachtgeschirrs aus Porzellan von anno dazumal. Das Schild, das dem Restaurantgast den Weg zur Herrentoilette weist, zeigt einen Männerkopf mit Tabakpfeife im Mundwinkel: Im Istanbul der Belle Époque weiß man noch nichts von der Ächtung der Raucher. Daß inzwischen auch im Pera Palas die neue Zeit Einzug gehalten hat, erkenne ich nur an dem Mann vom Empfangspersonal, der das für einen der Gäste abgegebene Blumenbukett entgegennimmt: Er rückt mit einem jener elektronischen Detektoren an, die verdächtige Objekte auf versteckte Sprengkörper abtasten.

Die Atatürk-Suite. So mag es hier ausgesehen haben, als der hohe Gast zum letztenmal im Pera Palas logiert hat. Nur die Photographien an den ausgeblichenen Tapetenwänden und die Memorabilien in den Vitrinen sind später hinzugekommen – gestiftet von Atatürks Lieblingstochter Ülkü und seinem Leibwächter Ridvan Gürari, der nichts, was jemals von seines Herrn Hand berührt worden ist, weggeworfen hat: Atatürks Hut, seine Brille, seine Kaffeetasse, sein Zigarettenetui. Die Buddha-Figur mit der Swastika auf dem Bauch jagt vor allem deutschen Gästen Schrecken ein. Der Hotelangestellte, der die Besucher durch das »Allerheiligste« führt, weiß sie zu beruhigen: Das Hakenkreuz ist keine Erfindung Adolf Hitlers, sondern kommt bereits im alten Indien vor.

Apropos Indien: Atatürk hat mit Ausnahme seiner Feldzüge und Waffengänge kaum je seinen Fuß auf fremden Boden gesetzt, nimmt sich neben den vielreisenden Politikern unserer

Tage geradezu wie ein Eremit aus. Sei es, daß er jede Minute seines Lebens seinen Landsleuten nahe sein wollte, sei es, daß er sich wenig aus touristischer Betriebsamkeit machte: Staatsbesuche, Gipfeltreffen oder auch private Lustreisen waren seine Sache nicht. Wer seine Nähe suchte, mußte zu ihm kommen. Und sie kamen scharenweise. Und selbstverständlich keiner ohne Gastgeschenk.

Es ist alles erhalten, alles zur Besichtigung freigegeben. Und da ist im Lauf der Jahre eine Menge zusammengekommen: Routinemäßiges wie Persönliches, Kostbares wie Ramsch. Und auch manches Bizarre. Den Vogel schießt eine Freundesgabe aus New Delhi ab, die ihres makaber-mystischen Charakters wegen unser besonderes Augenmerk verdient. Sie zählt zu den im Atatürk-Appartement des Istanbuler Luxushotels Pera Palas aufbewahrten Stücken und ist ein Paravent, den Anno 1926 indische Verehrer ihrem Idol zum Geschenk gemacht haben. Generationen von Kulturhistorikern, Mythenforschern und PSI-Experten haben sich an der Deutung des geheimnisvollen Objekts die Zähne ausgebissen. Um so glücklicher alle diejenigen, die an Hellseherei und Wahrsagerei glauben: Für sie ist die spanische Wand mit den vielerlei Emblemen der schlagende Beweis dafür, daß ihre Erkenntnisse kein leerer Wahn, ihre Lehren kein Humbug sind.

Das aus edlen Hölzern gezimmerte Kleinmöbel ist mit einem zartseidenen Überzug bespannt, den seinerseits ein kunstvolles Arrangement aus Stickereien ziert: Goldfäden und Pailletten. Verbirgt sich hinter den dargestellten Figuren, die sich auf den ersten Blick wie bloßes Ornament ausnehmen, womöglich ein

Das geheimnisvolle Geschenk aus Indien

Der Paravent

tieferer Sinn? Die Überbringer des Präsents, so wird berichtet, haben jedenfalls nicht verabsäumt, den Empfänger über die ihm zugedachte Botschaft aufzuklären.

Was bekommen wir zu sehen? Bei aller Schadhaftigkeit des mittlerweile über sechzig Jahre alten Tuches sind ganz klar drei Elemente zu erkennen: eine elfköpfige Elefantenherde, zehn Kerzenleuchter sowie eine kleine Uhr, deren Minutenzeiger auf 9.07 steht. Jeder, der sich auch nur ein bißchen auf fernöstliche Symbolik versteht, weiß, was hier, in filigrane Stickereiarbeit umgesetzt, festgehalten ist: die Sterbestunde des Betreffenden. Die Elefanten, so erfahre ich, stehen für den Monat, die Kerzenleuchter für den Tag; die Uhrzeiger sprechen für sich. Auch ohne jedes metaphysische Spezialwissen ist der Betrachter mühelos in der Lage, die sonderbare »Rechnung« zu entschlüsseln: Es geht um den elften Monat und den zehnten Tag.

Und wann ist Mustafa Kemal Atatürk gestorben? Am 10. November 1938 um 9.07 Uhr.

Es ist exakt die Stunde, die die Stickerei auf dem Paravent angibt. Einzig das Jahr ist ausgespart: Heiligstes Prinzip aller Wahrsager dieser Welt, keinen Todeskandidaten mit der Auskunft zu ängstigen, wieviel an Lebenszeit ihm das Schicksal noch zugemessen hat.

Über die Person jenes indischen Wahrsagers, der Atatürks Sterbestunde ermittelt und sein Geheimwissen an die mit der Ausführung betraute Dekorstickerin weitergegeben hat, wissen wir nichts. Wir wissen also weder, in wessen Auftrag er gehandelt, noch, welche Absicht er mit dem Auftrag verfolgt hat. Was wir wissen, ist dies: Zwölf Jahre später hat sich die düstere Prophezeiung erfüllt – und zwar auf die Minute genau. Wer mit dem Namen Atatürk eine dramatische Bündelung außergewöhnlicher Kräfte verbindet (und das gilt für das Gros seiner Landsleute bis zum heutigen Tag), wird in dieser okkulten Botschaft eine eindrucksvolle Bestätigung seiner Überzeugungen finden.

HEINRICH VOGELER

Heimat, du schöne Utopie

Jugendstil-Fans, die nicht das Privileg genießen, in einem van-de-Velde-Haus zu wohnen, die weder einen Klimt noch einen Beardsley an der Wand hängen haben und die darunter leiden, daß kein einziges Gallé-Glas auf ihrer Kredenz steht, sollten es mit einem Blick in ihren Bücherschrank versuchen: Vielleicht stoßen sie auf einen Hofmannsthal-Band, auf ein Buch von Rilke oder Oscar Wilde, dessen Illustrationen das Signum Heinrich Vogeler tragen. Die elegisch-zärtliche Schönheit, die von der blühenden Ornamentik des Worpsweder Großmeisters ausströmt, wird sie augenblicks versöhnen. Nie wieder hat der Buchschmuck hierzulande solche Höhen erreicht wie damals zwischen 1890 und 1925.

Man kann sich diesem Heinrich Vogeler aber auch anders nähern: über seine Biographie. Wessen Herz links schlägt, und zwar sehr links, wird in dem 1872 Geborenen einen bei allem noch so schmerzlichen Scheitern imponierenden Konvertiten kennenlernen, der für seine Abwendung vom Großbürgertum und seine Hinwendung zum Kommunismus sowjetischer Prägung Armut und Ächtung, Verbannung und Unterdrückung, ja das wohl schmählichste Ende, das sich denken läßt, in Kauf nimmt.

Vogelers Vater besitzt einen Eisenwarengroßhandel in der Hansestadt Bremen, die Mutter entstammt einer Bierbrauerfamilie in der Rattenfängerstadt Hameln. Das elterliche Vermögen erlaubt dem jungen Erben nicht nur ein erstklassiges Studium an der Düsseldorfer Kunstakademie sowie Malreisen nach Holland, Belgien, Frankreich, Italien und Fernost, sondern auch den Erwerb eines stattlichen Landgutes in der niedersächsischen Künstlerkolonie Worpswede, das unter dem Namen Barkenhoff zu einem der glänzendsten Treffpunkte der deutschen Maler- und Schriftstellerprominenz um die Jahrhundertwende wird. Paula Modersohn-Becker und Otto Julius Bierbaum gehen in dem exzentrischen Paradies ebenso aus und ein wie Gerhart Hauptmann und Rainer Maria Rilke, der Regisseur Max Reinhardt ebenso wie der Geiger Georg Kulenkampff.

Auch für Vogelers eigene Arbeit ist Haus Barkenhoff der ideale Mittelpunkt: Er übernimmt die Ausstattung der *Insel*, des führenden Sprachrohrs des deutschen Jugendstils, er gestaltet Bucheinbände, Theaterprogramme und Exlibris; mit seinem Bruder Franz gründet er eine Möbelmanufaktur, die nach seinen Entwürfen Inneneinrichtungen – darunter für einen Salonwagen der Eisenbahn – herstellt; die von ihm kreierten Bauwerke, etwa der Bahnhof von Worpswede, beziehen ihren besonderen Reiz daher, daß sie sich aufs natürlichste in ihre Umgebung einfügen; die »Güldenkammer« des Bremer Rathauses verwandelt er – von der goldgeprägten Ledertapete bis zu den reich ornamentierten Kamingittern, vom Türgriff bis zur Lampe – in ein Gesamtkunstwerk von nie zuvor gesehener Pracht.

Wie ist es möglich, daß ein Könner von solchen Graden drei Jahrzehnte später in so tiefes Elend versinkt, daß selbst seine

Heimat, du schöne Utopie

Haus Barkenhof in Worpswede, 1904

nächsten Angehörigen nichts über seinen Verbleib wissen, erst sechs Jahre nach dem Tod von seinem einsamen Sterben in einer kasachstanischen Kolchose erfahren, Tausende Kilometer von der alten Heimat entfernt?

Zur ersten Krise kommt es kurz vor Ausbruch des Ersten Weltkriegs: Heinrich Vogeler, eben noch mit Aufträgen überhäuft, muß das plötzliche Abklingen des Jugendstil-Booms verkraften, gerät in finanzielle Bedrängnis, denkt sogar an Flucht: Wäre Auswanderung auf eine der Orkney- oder Shetlandinseln die Lösung? Da nimmt ihm die allgemeine Mobilmachung des Sommers 1914 die Entscheidung ab: Gleich unzähligen wehrtüchtigen Männern seiner und der jüngeren Generation erliegt auch er mit fast religiösem Eifer der massiven Kriegspropaganda: Der Einundvierzigjährige meldet sich als Freiwilliger bei den Oldenburger Dragonern.

Erst als seine Einheit 1916 an die Ostfront verlegt wird, tritt bei Heinrich Vogeler die für sein weiteres Leben entscheidende Kehrtwende ein: Eben noch, einen Dokumentationsauftrag seines Heeresstabes im Tornister, die Verhältnisse in Polen, Rumänien und Rußland mit dem Zeichenstift festhaltend, geht er angesichts des allenthalben um sich greifenden Kriegselends sowie in Erinnerung an die vor Zeiten gelesenen Werke von Gorki und Bakunin auf Distanz zu »Gott, Kaiser und Vaterland« und wird zum glühenden Pazifisten.

Das *Märchen vom lieben Gott,* das er, ein in der Form eines Traktats abgefaßter Protest gegen den Frieden von Brest-Litowsk, im Januar 1918 zu Papier bringt und an Kaiser Wilhelm II. nach Potsdam schickt, führt zu seiner Verhaftung: Heinrich Vogeler wird für zwei Monate in die Beobachtungsstation der Landesnervenanstalt Ellen eingeliefert. Als er auch noch die Kühnheit aufbringt, Erich Ludendorff, den Chef des Generalstabes, wegen dessen Kriegsführung zu attackieren, wird der »arme Irre« mit Schimpf und Schande aus der Armee entlassen.

Inzwischen hat Vogeler mit dem radikalen Bremer Arbeiterführer Johann Knief Kontakt aufgenommen. Wenige Wochen nach Kriegsende wird der unterdessen Sechsundvierzigjährige in einen der frischgegründeten Arbeiterräte gewählt, die vormalige Künstlerresidenz Barkenhoff mutiert zum offenen Haus für Kriegsversehrte und Arbeitslose, bald auch zur Schulungsstätte für revolutionär gesinnte Intellektuelle. Die schönen, aber nutzlosen Gärten des Worpsweder Besitzes werden in Ackerland umgewandelt, Vogeler selbst tauscht den Pinsel des Malers idyllischer Landschaften gegen den Zeichenstift des Flugblatt-Agitators, die Wände des zum Kinderheim der »Roten Hilfe« umgewidmeten Barkenhoffs versieht er mit Fresken, die ihrer aggressiv kommunistischen Tendenz wegen die Regierung zum Einschreiten zwingen.

Nur ein öffentlicher Protest namhafter Künstler, darunter Käthe Kollwitz, Heinrich Zille und Max Pechstein, die Brüder Heinrich und Thomas Mann, Kurt Tucholsky, Carl Zuckmayer und Hermann Hesse, vermag die behördliche Schließung des Heimes abzuwenden. Man einigt sich darauf, die »anstößigen« Bilder zu verhängen.

Seinen radikalen Bruch mit der Vergangenheit faßt Vogeler in die Worte:

»Es war für mich nach meinen Kriegserlebnissen nicht mehr tragbar, einer Klasse anzugehören, die Millionen in den Tod getrieben hat aus Gründen, die lediglich in der Profitsucht Einzelner ihre Wurzeln haben.« Und dann, ganz klar: »Der Krieg hat aus mir einen Kommunisten gemacht.«

1923 tritt Heinrich Vogeler in die KPD ein.

Es ist sehr schwer abzuschätzen, inwieweit auch seine privaten Lebensumstände Vogelers Entwicklung vom bürgerlichen Ästheten zum linken Rebellen beeinflußt, ja womöglich gesteuert haben. Fest steht: Er ist, was seine Beziehungen zu Frauen betrifft, vom Pech verfolgt. Die 1901 eingegangene Ehe mit der sieben Jahre jüngeren Worpsweder Bürgermeisterstochter Martha Schröder, die ihm drei Kinder schenkt, hält, auch wenn erst 1923 die Scheidung ausgesprochen wird, keine zehn Jahre. Die einfache Frau, die Vogeler zu seinem Idol hochstilisiert, die ihm für unzählige Bilder – Zeichnungen, Radierungen und Gemälde – Modell sitzt, für die er extravagante Gewänder entwirft und die er für einige Zeit nach Dresden schickt, damit sie sowohl in Musik und Literatur wie in Fremdsprachen ihre Bildungslücken schließt, ist mit dem Leben an der Seite eines ganz in seinen Idealen aufgehenden Sozialromantikers eindeutig überfordert. Sie wendet sich nach neun Jahren Ehe einem Jüngeren zu. Alle Versuche, sie zurückzugewinnen, müssen scheitern. Martha verläßt 1920 Barkenhoff, erwirbt ein altes Bauernhaus am Ortsrand von Worpswede und richtet dort für sich und die drei Töchter ein neues Heim ein.

Von noch viel kürzerer Dauer ist die Verbindung mit der jungen KP-Aktivistin Marie Griesbach, die im Haus Barkenhoff das »Kommando« übernimmt, als sie aus ihrer Gefängnishaft freikommt: Die »Rote Marie« hat mit Friedensappellen in einer Munitionsfabrik die dortigen Jungarbeiterinnen auf ihre Seite gebracht, nun setzt sie ihre politische Mission in Worpswede fort. In ihr glaubt Vogeler endlich die passende Gefährtin gefunden zu haben. Doch die um vieles Jüngere sucht keinen Minnesänger vom Typ Frauenlob, sondern einen zupackend-starken Mann. Sie verläßt Vogeler und heiratet eines der Kommunemitglieder, den Anthroposophen Walter Hundt.

Auch Sonja Marchlewska, die seine zweite Frau werden wird, lernt Vogeler in Worpswede kennen. Sie ist die Tochter eines mit Lenin befreundeten KP-Führers aus Polen, mit dem 1923 zur Welt kommenden Sohn Jan schenkt sie ihm das vierte und letzte seiner Kinder, und sie ist es auch, deren Drängen, Deutschland zu verlassen und ein neues Leben in der jungen Sowjetunion zu beginnen, Vogeler nachgibt. Einem ersten Besuch in Moskau folgt schon bald die endgültige Übersied-

Martha Vogeler im Garten des Hauses in Worpswede, 1914

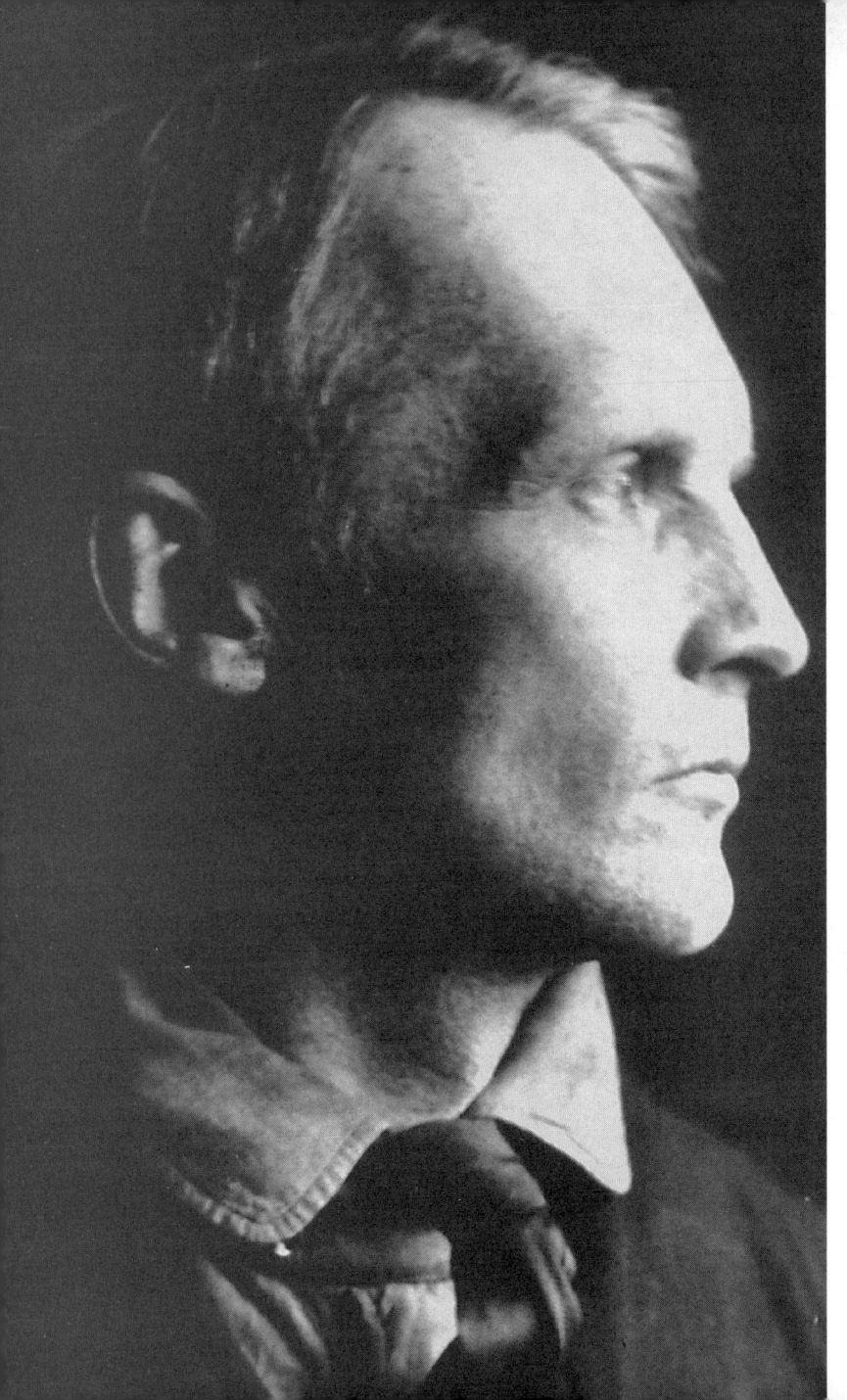

lung. Barkenhoff überläßt man der Bremer Arbeiterschaft, die daraus ein Erholungsheim für die Kinder politischer Häftlinge macht; Vogeler selbst unternimmt von Moskau aus, immer auf schwärmerischer Suche nach dem »neuen Menschen«, Reisen durch alle Teile des Riesenreichs.

Eine Fahrt durch Karelien führt ihn und Sonja bis ans nördliche Eismeer, eine zweite, nun schon im Auftrag der »Roten Hilfe«, bis nach Turkestan, Samarkand und Baku. Doch keine fünf Jahre und auch Vogeler und Sonja gehen auseinander, und obwohl man trotz Scheidung die gemeinsame Moskauer Wohnung beibehält, trifft es den hochsensiblen Künstler – hier in der Fremde – doppelt schwer, abermals vor den Trümmern einer Ehe zu stehen, die für ihn die späte Erfüllung zu sein schien. Die Bitternis dieser neuerlichen Katastrophe wird er später einem mit autobiographischen Details gespickten Oktavheft anvertrauen, das er allerdings »Mit Rücksicht auf Frau und Sohn« nicht zur Veröffentlichung freigibt. Sonja Marchlewska selbst, ihren Mann viele Jahre überlebend, wird in ihren 1968 in Ost-Berlin erscheinenden Memoiren über das Scheitern ihrer Ehe mit Heinrich Vogeler freundlich hinwegplaudern.

Als der inzwischen Achtundfünfzigjährige 1931 einen Auftrag des sowjetischen »Komitees zur Standardisierung der ländlichen Bauwirtschaft« annimmt, der Planung von Kolchose-Einrichtungen neue Impulse zu geben (es geht unter anderem um die Verbesserung von Schweineställen und Hühnergehegen), ist er, von den wenigen Freunden in der neuen Heimat abgesehen,

Aus Moskauer Tagen: Heinrich Vogeler, 1932

vollständig auf sich allein gestellt. Vor allem aber: Er muß erkennen, daß er für diese kunstferne Tätigkeit nicht taugt. Die russische Bauarbeitergewerkschaft hat ihn zwar in ihre Reihen aufgenommen, aber viel anfangen kann sie mit dem sonderbaren Deutschen, dessen Metier nun einmal das Malen ist, nicht. Wohl auch, um den zerrütteten häuslichen Verhältnissen, die mit schlimmer finanzieller Notlage einhergehen, zu entfliehen, unternimmt Vogeler von Moskau aus ausgedehnte Malreisen durch Karelien, Taschkent, Aserbaidschan und Kurdistan, in die südlichen Grenzzonen des Kaukasus und in den russischen Teil Armeniens. Die Motive seiner Werke folgen penibel der verordneten »Linie«, Malweise und Technik dem strengen Postulat des sozialistischen Realismus. Es entstehen Propagandabilder, die das Leben in den Kolchosen verherrlichen, die sowjetische Baumwollkultur und Schnittholzverladung, Eisenbahnbau und Treckertransporte und nicht zuletzt das einsame Leben der Schafhirten in den Bergregionen Zentralasiens, die Vogeler in beschwerlichen Ritten von bis zu acht Stunden täglich oder auf endlosen Lkw-Fahrten bei offener Ladefläche und dreißig Grad Kälte aufsucht, miserable Straßen, dramatischen Klimawechsel und gewaltige Höhenunterschiede ebenso in Kauf nehmend wie primitivste Notunterkünfte und überschweres Gepäck.

Auch damit, daß die Früchte seiner Arbeit nicht – wie in Deutschland – in Kunstgalerien, sondern bei landwirtschaftlichen Ausstellungen gezeigt werden und auch dort nur auf mäßiges Interesse stoßen, hat er sich abzufinden gelernt: »In Rußland«, so wird er später in seinen Erinnerungen klarstellen, »vereinsamt der Künstler, der nicht in einem Betrieb oder für einen Betrieb arbeitet. Er geht zugrunde. Der eigentliche Kunstmarkt ist bedeutungslos. Wer will und kann sich für seine Privatverhältnisse ein Bild kaufen?«

Da ist die Einladung eines deutschsprachigen Kolchose-Theaters in Odessa, für zwei Puppenspielaufführungen (darunter Shakespeares *Was ihr wollt*) Bühnenbilder und Figuren zu entwerfen, ein kleiner Lichtblick. Nur bringt das natürlich kein Geld ein: Die Wohnung in Moskau ist kaum noch zu halten. Sie befindet sich im siebenten Stock einer von dreitausend Menschen bevölkerten Mietskaserne mit zahlreichen Innenhöfen ohne das kleinste bißchen Grün; als Atelier dient Vogeler ein Zimmer von zweieinhalb Metern Breite; an den Wänden haben nur wenige ausgesuchte Bilder Platz, im Bücherbord stehen die obligaten, rot eingebundenen Werke des Genossen Lenin. Vogelers Arbeit unterliegt den von einem Volkskommissariat vorgegebenen Normen, die allgemeine Materialknappheit erschwert die Beschaffung der nötigen Malutensilien, der Mangel an Wolle zwingt zum Abtragen der ohnehin x-fach geflickten Kleidung.

Die stalinistische Säuberungspolitik, die nun immer häufiger auch in grauenhaften Schauprozessen kulminiert, läßt es geraten erscheinen, jegliche Verbindung zu Deutschland ruhen zu lassen: Schon der harmloseste Kontakt mit der Botschaft könnte Lebensgefahr bedeuten, desgleichen der Empfang »verdächtiger« Besucher aus der alten Heimat, von denen sich ab und zu einer meldet. Nicht einmal vor der eigenen Familie – Sonja Marchlewska und Sohn Jan sind inzwischen in ein separates Quartier übersiedelt – kann sich Vogeler sicher fühlen. In der Ablehnung der offiziellen Phrase durchaus einer Meinung mit ihm, wehrt die Exgattin jede Kritik an den herrschenden Verhältnissen empört ab, sobald sie aus seinem Mund kommt. Blinder Patriotismus und das traditionelle russische Mißtrauen weisen den Fremdling in seine Schranken.

Zu einer repräsentativen Ausstellung seiner Bilder kommt es nur ein einziges Mal: 1940. Sie fällt in die kurze Phase der »Freundschaft« zwischen Hitler und Stalin. Doch mit dem Überfall der Deutschen auf die Sowjetunion im Juni 1941 ist es damit vorbei. Jetzt können einem im Grunde überflüssigen, ja lästigen Emigranten wie Vogeler nur noch die gewundensten Loyalitätsbekundungen und Selbstbezichtigungsrituale das Gnadenbrot sichern. Wie lange ist es her, daß ihm zum letztenmal eine Einzelperson Modell gesessen ist? Porträtmalerei gilt inzwischen als systemfeindlicher Eitelkeitswahn. Um jeden Rest von dekadent-destruktivem Individualismus aus seinem Denken auszumerzen, hat Vogeler beizeiten gelernt, die gewünschten Unterwerfungserklärungen abzuliefern – etwa diese: »Überall auf meinen vielmonatigen Wanderungen erfuhr ich, wie stark bei den Arbeitern und Bauern dieses Landes Stalins Sorge für den Menschen verwurzelt ist. Aber ich fühlte auch, welch tiefer Lebensverbundenheit mit diesen Menschen wir Künstler bedürfen, um zu einem sozialistischen Realismus zu gelangen und zu einem der Stalinschen Epoche würdigen monumental-heroischen künstlerischen Ausdruck, der den schaffenden Kräften des sozialistischen Aufbaus ein dauerndes Denkmal setzt.«

22. Juni 1941, die deutschen Truppen haben sowjetischen Boden erreicht, die ersten Städte liegen im Bombenhagel, die Rote Armee macht mobil. Heinrich Vogeler bricht seinen Urlaub ab. Seit Ende Mai hält er sich in einem Erholungsheim des Bolschoi-Theaters in Südrußland auf. Sein erster Weg in Moskau führt ihn zur Zentralmeldestelle für Kriegsfreiwillige. Doch mit sei-

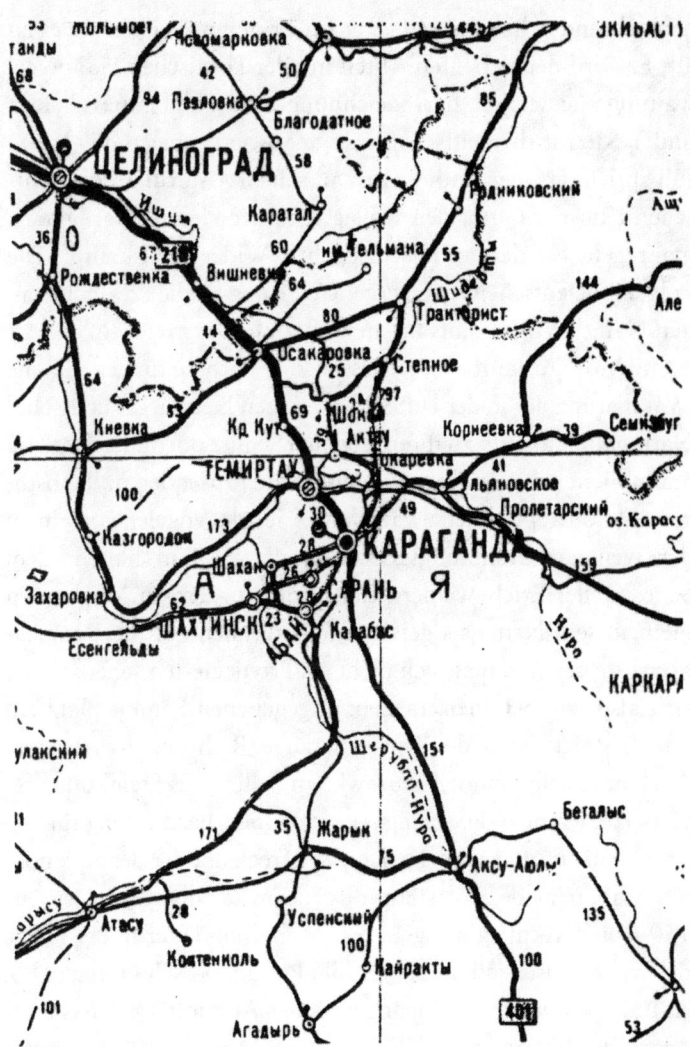

Kartenausschnitt mit Vogelers Deportationsort Kornejewka nordöstlich von Karaganda (Kasachstan)

nen achtundsechzig Jahren ist er für Fronteinsätze um vieles zu alt. Er wird der siebenten Abteilung der Politischen Hauptverwaltung zugewiesen, darf Zeichnungen zu Flugblättern liefern und Texte für die deutschsprachige Sowjetpropaganda. Am 8. Juli spricht er über Radio Moskau seinen »Aufruf an die deutschen Künstler«, gibt den Kollegen in der Heimat Verhaltensmaßregeln für den antifaschistischen Widerstandskampf. Die Folge: Im Deutschen Reich ergeht Weisung an die Presse, fortan den Namen Vogeler aus ihrem Vokabular zu streichen.

In Moskau laufen unterdessen die Vorbereitungen für die Evakuierung der in der UdSSR ansässigen Neubürger deutscher Nationalität an: Ob zu ihrem eigenen Schutz oder auch, weil sie Stalin nicht geheuer sind, werden sie zu Tausenden in die östlichen Unionsrepubliken zwangsumgesiedelt. Vogeler, von einem der wenigen Gesinnungsgenossen, die zu ihm halten, dem Schriftsteller Erich Weinert, dazu aufgefordert, in Moskau zu bleiben, sein Name sei gewiß nur irrtümlich auf die Deportationsliste gelangt, mag sich nicht als Privilegierten sehen, findet sich also wie befohlen an dem angegebenen Sammelplatz ein und besteigt einen der Umsiedlerzüge Richtung Kasachstan. Auch am Zielbahnhof Tokarewka, nördlich des Steinkohlenreviers von Karaganda, schlägt er jede Sonderbehandlung für seine Person aus und schließt sich dem Treck an, der der Kolchose »1. Mai« nahe der Poststation Kornejewka zubestimmt ist. Für 150 Rubel Verpflegungsgeld pro Monat landet er in der Hütte des weißrussischen Bauern Wassilij Platonowitsch Lukjanenko. Am 3. Oktober, zwei Tage nach seiner Ankunft, geht das erste Lebenszeichen an Freund Weinert nach Moskau: »90 Kilometer von der Bahn, breites asiatisches Dorf, russische Kolchosebauern. Hier ließe sich einfach leben.« Aber ebendies widerstrebt ihm: Er kommt sich wie ein Deserteur vor, möchte sich unbedingt nützlich machen, meldet sich zur Arbeit an einem nahegelegenen Staudamm. Doch Vogeler überschätzt seine Kräfte: Das alte Blasenleiden, das er seit Jahren mit sich herumschleppt, meldet sich wieder; auch die tiefen Temperaturen, die frostigen Stürme und die mangelnde Winterkleidung machen ihm schwer zu schaffen. Mit letzter Kraft macht er sich noch einmal ans Malen, setzt zugleich die Arbeit an seiner Autobiographie fort, zeichnet geologische und botanische Beobachtungen auf, sucht nach Mitteln und Wegen, Entwürfe für Frontflugblätter, Hitler-Karikaturen und Radioaufrufe, für die er wegen des Papiermangels oft nur noch Zeitungsränder verwenden kann, nach Moskau zu expedieren. Ein Angebot, in die Kreisstadt zu übersiedeln, schlägt er aus. Bei achtundfünfzig Grad minus und ohne entsprechende Ausrüstung die neunzig Kilometer im Ochsenschlitten bis nach Karaganda zurückzulegen, käme einem Selbstmord gleich.

Aber auch der Verbleib in der Kolchose wird von Mal zu Mal ungemütlicher. Für seine mürrischen Wirtsleute ist er ein unnützer Esser, und als von einem bestimmten Tag an auch noch die Rente ausbleibt und sein Schuldenberg mehr und mehr anwächst, bleibt ab Mitte April 1942 sein Teller leer. Zu den übrigen Gebrechen des ausgemergelten, schon leichenblassen Endsechzigers treten nun auch noch Hungerödeme. In der Krankenstation der Nachbarkolchose »Budjonny«, die ihrerseits an Nahrungsmittel- und Medikamentenschwund leidet, kann dem Todgeweihten kaum noch geholfen werden. Wieder geht ein verzweifelter Notruf an Freund Erich Weinert ins Moskauer »Haus der Schriftsteller«:

»Eure Karte erschien wie ein leuchtender Stern in dunkler,

hoffnungsloser Nacht. Mein Krankheitszustand war schon in vollständige Hoffnungslosigkeit verwandelt. Man fuhr mich weitere 18 Kilometer ins Land, in ein ganz primitives Krankenhaus. Ich bin abgemagert wie ein Gespenst, friere bei jedem Wetter, die Eigentemperatur übersteigt nicht mehr 36 Grad. Da ich keine zwanzig Schritt mehr gehen konnte, hatte ich mit diesem letzten einsamen Steppenweg abgeschlossen.«

Der am 22. Juni eintreffende Brief seines Sohnes Jan, der – zusammen mit den Kindern anderer deutscher Emigranten – in der Volkswehr der Roten Armee dient, erreicht seinen Adressaten nicht mehr. Vor zehn Tagen ist bei Heinrich Vogeler der Tod eingetreten.

Auch die verspätete Rentenzahlung muß rücküberwiesen werden; das bißchen letzte Habe, seine Personaldokumente und seine handschriftlichen Aufzeichnungen aus den Tagen in Kasachstan werden von der diensthabenden Ärztin in Verwahrung genommen. Ihr Bericht über den vierwöchigen Aufenthalt in der Krankenstation beschränkt sich auf die Mitteilung, Vogeler sei »sehr schwach und hilflos« gewesen, habe wegen seiner Schluckbeschwerden kein Brot mehr angerührt, nur noch Milch. Schließlich habe man sein Bett für andere Patienten gebraucht, ihn zu seinem Kolchosbauern zurückschicken wollen. Aber wie? Nicht einmal die paar Kopeken fürs Fahrgeld hat er noch in der Tasche.

Keine letzten Worte. Daß Vogeler selbst sein Ende nahen sieht, verrät lediglich eine stumme Geste, die das junge Mädchen, das fürs Bettenaufschütteln und Fußbodenscheuern da ist, einen Tag vor seinem Tod registriert. Für ein paar Augenblicke rafft sich der Patient von seinem Krankenlager auf und macht sich mit letzter Kraft an seinem Nachttischfach zu schaffen. Vogeler ordnet seine Papiere. Zum Schreiben aber ist er längst zu schwach, selbst zum Sprechen. Eine Nacht noch, dann ein mattes Erwachen, kurz darauf schläft er endgültig ein.

In Deutschland, zu dem er vor über elf Jahren sämtliche Brükken abgebrochen hat, wird man von seinem einsamen Abgang in der Fremde erst lange nach Kriegsende, erst im Februar 1948, erfahren. Und von seiner vergeblichen Suche nach einer neuen Heimat weitere vier Jahre später, wenn in der DDR, von Freund Weinert korrigiert und kommentiert, Vogelers *Erinnerungen* in Buchform erscheinen:

»Heimat? Zwanzig Jahre hatte ich an ihr gebaut. Doch sie war Utopie geblieben.«

Weinert, der Arbeiterdichter aus Magdeburg, achtzehn Jahre jünger als Vogeler und seit 1946 wieder in Deutschland, ist inzwischen selbst ein sterbenskranker Mann. Aber diesen Auftrag will er noch erfüllen: die knapp fünfhundert Blatt, die in wüstem Durcheinander zu einem großen Paket zusammengeschnürt sind, zu ordnen, zu entziffern, zu kopieren. Es ist ein Sammelsurium ohne jedes erkennbare Vorn und Hinten, Papiere unterschiedlichsten Formats, oft Zettel nur und sparsamst vollgekritzelte Zeitungsränder. Daß vor allem jene Passagen, die der Huldigung an Stalin und den Sowjetstaat gewidmet sind, demonstrative Unterstreichungen aufweisen, läßt darauf schließen, daß ihr Verfasser für den Fall etwaiger Verfolgung Vorkehrungen treffen will. Niemand soll ihm Abweichung von der Parteilinie nachsagen dürfen.

Als im Winter 1951/52 Heinrich Vogelers Nachlaß der Ostberliner Akademie der Künste zugesprochen und zu weiterer Verwertung überlassen wird, hat ein Mann seine Hände im

Spiel, der später als eine der gefürchtetsten Figuren des Ulbricht- und Honecker-Regimes die allgemeine Aufmerksamkeit auf sich ziehen wird: Markus Wolf. Der Geheimdienstchef der DDR hat von seinem Vater, dem gleichfalls während der NS-Ära in der Sowjetunion untergetauchten Dramatiker (und späteren Diplomaten) Friedrich Wolf, Weisung erhalten, alles bei Vogelers Witwe Sonja und Sohn Jan verbliebene Material an sich zu bringen und nach Ostberlin zu schaffen. Noch im Jahr darauf stellt die Akademie der Künste der DDR die »Werke der letzten Jahre« aus.

Nur in dem Land, wo diese Werke – zum Großteil unter unvorstellbaren Strapazen und Entbehrungen – entstanden sind, gehen die Uhren langsamer. Erst im Herbst 1985 können sich die Behörden im Rayon Karaganda zu dem Entschluß durchringen, das Grab auf dem winzigen Friedhof der Kolchose »Budjonny«, das Heinrich Vogeler mit etlichen seiner Schicksalsgefährten teilt, mit einer persönlichen Inschrift zu versehen. Ihr Wortlaut:

Heinrich Eduard Vogeler
Künstler, Kommunist
1872–1942

ANTOINE DE SAINT-EXUPÉRY

Flug ohne Wiederkehr

Nur mit äußerster Mühe zwängt sich der großgewachsene, massige Mann in der voluminösen Fliegermontur in das enge Cockpit der Maschine. Auch durch die Langzeitfolgen der Knochenbrüche von früher und durch die chronische Rückgratverkrümmung ist er in seiner Bewegungsfreiheit stark eingeschränkt. Den Rheumatismus, das weiß er, wird er sowieso nie wieder los. Jetzt kommt auch noch der Verdacht auf Magenkrebs hinzu, den er sich nicht und nicht ausreden lassen will, obwohl die Röntgenbilder eindeutig belegen, daß er lediglich an heftigem Sodbrennen leidet, verursacht durch die vielen Medikamente, die er schluckt, und die stark gewürzten Speisen, die er bevorzugt.

Vor allem aber: Er ist zu alt. Mit vierundvierzig darf man nicht mehr ans Steuer einer Lightning. Die Lockheed P 38 ist der schnellste und modernst ausgerüstete Jagdbomber der Alliierten. Da liegt die Altersgrenze der Piloten bei dreißig Jahren. Doch Major Saint-Exupéry läßt nicht locker. Die Tage in Algier nur mit Schreiben, mathematischen Studien und Schachspiel auszufüllen, brächte ihn um den Verstand. Er muß wieder fliegen!

Es ist die alte Leidenschaft, jene durch nichts zu bändigende Besessenheit, die schon den zwölfjährigen Gymnasiasten erfaßt, als ihn einer der Männer des Aerodroms von Ambérieu auf einen Rundflug im Eindecker mitnimmt. Ginge es nach seiner Familie, würde Antoine Architekt werden. Doch spätestens bei Antritt des Militärdienstes – der Zwanzigjährige ist dem zweiten Fliegergeschwader in Straßburg zugeteilt – fällt die Entscheidung fürs Leben. Jeden Groschen seines Salärs spart er sich vom Munde ab, um bei einem Privatlehrer Flugunterricht zu nehmen. Daß über seinem festen Willen, Pilot zu werden, sogar die Verlobung mit der Schauspielerin Louise de Vilmorin platzt, nimmt er in Kauf. Wie können die besorgten Brauteltern ernstlich daran denken, ihn auf Dauer an den Büroschreibtisch einer Ziegelfabrik zu verbannen?

1926 sieht er sich endlich am Ziel: Antoine de Saint-Exupéry, Mitte zwanzig, macht das Fliegen zu seinem Beruf. Ja, sogar zum Doppelberuf. Unter Tags sitzt er im Cockpit und wikkelt die Postflüge auf der soeben eröffneten Route Toulouse–Casablanca–Dakar ab, nachts wechselt er an den Schreibtisch und verdichtet das tagsüber Erlebte zu Literatur. Noch im selben Jahr erscheint seine Novelle *Der Flieger* im Druck.

Jetzt geht es Stufe um Stufe aufwärts: Saint-Exupéry ist unter den ersten Nachtfliegern, in Marokko wird ihm die Leitung eines Flughafens, in Argentinien die Installierung einer neuen Postfluglinie übertragen, auf der Strecke Marseille–Algier steuert er Wasserflugzeuge, in Toulouse wird er als Testpilot eingesetzt, bei der Air France arbeitet er in der Werbeabteilung, und als es an die Verfilmung seines ersten Romans – *Südkurier* – geht, ist es selbstverständlich er, der die tollkühnen Luftmanöver des Hauptdarstellers doublet.

Natürlich bleiben auch Unfälle nicht aus: Nur mit viel Glück überlebt er auf dem Flug von Paris nach Saigon eine Notlandung in der Wüste; bei einem Absturz in Guatemala zieht er sich schwerste Verletzungen zu. An der Hingabe an den geliebten Beruf ändert dies nichts. Und auch als er längst vom Ertrag seiner Bücher leben könnte – die Romane *Nachtflug, Wind, Sand und Sterne* und *Flug nach Arras,* vor allem aber der im amerikanischen Exil entstandene *Kleine Prinz* werden allesamt Welterfolge –, zieht es ihn immer wieder zurück ins Cockpit.

Noch stärker wird dieses Verlangen, als der Zweite Weltkrieg ausbricht und das von Hitler-Deutschland bedrohte Frankreich den Einsatz jedes einzelnen Patrioten braucht. Und ein Patriot – ja, das ist er! Seine Aufklärungsflüge mit der Staffel II/33, die zunächst in Orconte, später in Orly stationiert ist, tragen ihm das Kriegsverdienstkreuz mit Palme ein.

Im Frühjahr 1943 kehrt Saint-Exupéry von seinem Amerika-Aufenthalt in die Heimat zurück. Seine Staffel liegt inzwischen in Algerien und steht unter US-Kommando. Die alten wie die neuen Kameraden bereiten dem mittlerweile Berühmten einen enthusiastischen Empfang. Nur – an den Steuerknüppel eines Flugzeugs, wie es sein erklärter Wille ist, dürfen sie ihn unter keinen Umständen mehr lassen. Er ist dreiundvierzig, viel zu verbraucht für diesen mörderischen Job. Die Stelle eines stellvertretenden Luftfahrtbevollmächtigten in London wäre frei, desgleichen ein hoher Botschaftsposten in den USA. Doch Saint-Exupéry läßt sich nicht abschieben. Nein, dann bleibt er lieber Reserveoffizier. Aber über persönliche Intervention von General Eisenhower sowie des Sohnes von Präsident Roosevelt drücken seine Vorgesetzten schließlich doch ein Auge zu, setzen in diesem speziellen Fall die rigide Altersklausel außer Kraft und lassen den unterdessen zum Major Beförderten zu Übungs- und bald auch Aufklärungsflügen mit der hochmodernen Lockheed Lightning zu.

Sechsstundeneinsätze in zehntausend Metern Höhe, das ist auch für einen Haudegen wie ihn keine Kleinigkeit! Vor allem aber: Die Umstellung von der guten alten Bloch 174, die er früher geflogen ist, auf die komplizierte Technik der Lightning mit ihren 650 km/h erfordert zunächst einmal ein hartes siebenwöchiges Spezialtraining. Am 21. Juli 1943 ist es endlich soweit: Saint-Exupéry kann seinen Dienst auf der neuen Luftwaffenbasis im tunesischen La Marsa wieder aufnehmen. Sein Comeback wird mit einem Festschmaus in einem Restaurant gefeiert; mit von der Partie: der Filmschauspieler Jean Gabin.

Doch kaum eine Woche später ist es mit all dem Freudentaumel auch schon vorbei. Durch einen Motorschaden dazu gezwungen, von einem Einsatz über Südfrankreich unverrichteter Dinge zurückzukehren, macht er auf der Piste von La Marsa eine Bruchlandung, die ihrerseits eine Karambolage mit einer anderen Maschine nach sich zieht. An der Ursache gibts nichts zu deuten: Der Pilot hat beim Bremsmanöver versagt. So schwer den Verantwortlichen ihre Entscheidung auch fällt, Saint-Exupéry muß unter Flugverbot gestellt werden.

Was jetzt folgt, sind Monate tiefster Mutlosigkeit – und das noch dazu in Algier, dieser Stadt, in der er sich schon zu normalen Zeiten niemals wohl gefühlt hat! Er flüchtet sich ins Lesen und ins Briefeschreiben, spielt Schach mit André Gide, nimmt die unterbrochene Arbeit an seinem Buch *Die Stadt in der Wüste* wieder auf. Später wird sich das Manuskript über weite Strecken als unleserlich erweisen. Saint-Exupéry hat keine Sekretärin zur Hand, der er wie gewohnt in die Maschine diktieren kann. Auch die lange Trennung von seiner Frau setzt ihm zu: Consuelo ist in Amerika geblieben, und obwohl es in der letzten Zeit nichts als Streit zwischen den beiden gegeben hat, lechzt er jetzt nach Post von ihr. Aber sie ist eine verdammt träge Briefschreiberin, redet sich auf einen gebrochenen Finger aus, beläßt es bei Kürzestnachrichten auf Korrespondenzkarten.

Daß sein Vaterland Frankreich unter deutscher Kuratel steht, drückt ebenso auf seine Stimmung wie seine pessimistische Einschätzung des Kriegsausganges, auch graut ihm schon seit längerem vor der allgemeinen Entwicklung der Menschheit, die er als seelenlosen Termitenhaufen im schnödesten Materialismus versinken sieht. »Ich bin tieftraurig für meine Generation, die jeder Substanz entleert ist«, schreibt er in seinem berühmten (aber niemals abgeschickten) *Brief an einen General*. Und fährt fort: »Zwei Milliarden Menschen hören nur noch auf Roboter, werden selbst zu Robotern.« Nur Eisschränke, Rennwagen, Kontoauszüge und Nachtbars bestimmten noch ihr Leben. Wo bleibt da die Poesie, die Liebe? Man brauche bloß einem einfachen Volkslied aus dem 15. Jahrhundert zu lauschen, um den ganzen fürchterlichen Niedergang zu ermessen: »Ich habe den Eindruck, daß wir den schwärzesten Zeiten der Weltgeschichte entgegengehen.« Selbst das Fliegen, soeben noch die große Passion seines Lebens, scheint ihm auf einmal verleidet: Was sind das seit neuestem für rasende Torpedos, »die nichts mehr mit Fliegerei zu tun haben, sondern den Piloten inmitten all der Knöpfe und Zifferblätter zum Buchhalter degradieren«? Und schließlich der schlimme Satz: »Es ist mir ganz gleich, ob ich im Krieg umkomme.«

Sehnt er ihn also vielleicht gar herbei, den Tod?

Doch welcher Tod wäre das?

Bestimmt keiner des elenden Siechtums in einem Krankenzimmer, des Dahindämmerns in einem Veteranenasyl.

Nein, für einen Mann wie ihn kommt auch in dieser Situation nur ein einziges Element in Betracht, und das ist die Weite des Himmels, der Luftraum des Piloten.

Saint-Exupéry setzt also aufs neue, auch als außer Dienst gestellter Flieger, alles daran, die über ihn verhängten Sanktionen zu lockern. Und schafft es tatsächlich, über Intervention von Oberst Chassin, des Befehlshabers des 31. Bombengeschwaders, noch ein letztes Mal seiner alten Staffel zugeteilt, ja sogar zu fünf Aufklärungseinsätzen im Mittelmeerraum zugelassen zu werden.

Von Bastia-Borgho auf Korsika, der nunmehrigen Basis der Gruppe, steigt der Vierundvierzigjährige – es ist inzwischen Mitte Juli 1944, das Blatt hat sich gewendet, Frankreich holt zum entscheidenden Befreiungsschlag aus – mit seiner Lightning auf, und er nützt den allgemeinen Siegeswillen, der die französische Luftwaffe erfaßt hat, indem er sich brüsk über jegliches Limit hinwegsetzt: Statt der bewilligten fünf sind es am Ende acht Einsätze, die er fliegt, ja er besteht sogar noch auf weiteren. Wie, um Himmels willen, kann man ihn bremsen? Vielleicht mit dem Trick, ihn in die Geheimpläne der unmittelbar bevorstehenden Landung der Alliierten in Südfrankreich einzuweihen? Für jeden, der über dieses Wissen verfügt, besteht klarerweise allerstrengstes Flugverbot. Er könnte dem Feind in die Hände fallen und unter der Folter zum Reden gebracht werden.

Doch Saint-Exupéry ist schneller. Bevor noch das »Komplott« gegen den Halbwahnsinnigen geschmiedet ist, »ent-

Der Traum vom Fliegen: Saint-Exupéry setzt die einsame Weite des Himmels gegen die Zwänge des modernen Lebens

wischt« er seinen Aufpassern und klettert am 31. Juli 1944 ein letztes Mal ins Cockpit seiner Maschine, um Kurs auf das Gebiet um Grenoble-Annecy zu nehmen. Um 8.30 Uhr startet er, spätestens um 13.30 Uhr müßte er zurück sein. Der Treibstoff reicht nur noch für eine Stunde. Um 14.30 Uhr steht fest: Die Lightning 223 kann nicht mehr in der Luft sein. Weder trifft ein Funkspruch ein, noch wird ein Flugzeugwrack gesichtet. Major Antoine de Saint-Exupéry ist verschollen. Ins Tagesprotokoll der Fernaufklärungsstaffel II/33 kommt der lakonische Vermerk NON RENTREE, in den »Interrogation Report« der Alliierten Luftstreitkräfte das gleiche auf englisch: DID NOT RETURN. Und in die dafür vorgesehene Rubrik ein Fragezeichen.

Es ist jenes Fragezeichen, das fortan wieder und wieder Experten aus aller Welt mobilisieren wird, das Rätsel um das Verschwinden Antoine de Saint-Exupérys zu lösen.

Ist es die Furcht vor der Wahrheit, ist es verzweifelte Hoffnung, oder ist es schlicht Pietät, daß in den ersten Berichten noch einer vagen Möglichkeit Raum gegeben wird, der Pilot könnte überlebt haben? Vielleicht, so spekulieren die Optimisten in seiner Einheit, hat er sich mit der defekten Maschine in die Schweiz gerettet? Oder ist bei einem der Partisanenverbände des Maquis untergetaucht? Auch daß er dem Feind ins Netz gegangen und in Gefangenschaft geraten sein könnte, darf nicht ausgeschlossen werden. Während der Atlantiküberquerer Charles Lindbergh mit der Theorie an die Öffentlichkeit tritt, die Lightning könnte in großer Höhe zerborsten sein, neigt Saint-Exupérys Kommandant René Gavoille zu der Annahme eines Defekts der Sauerstoffversorgung, was einen Ohnmachtsanfall des Piloten und den Absturz der steuerlosen Maschine zur Folge gehabt hätte. Vermuten die meisten den Absturzort irgendwo über dem Mittelmeer, so tippen andere auf eine abgelegene Alpenregion nördlich von Nizza.

Für einen Abschuß durch gegnerische Jagdbomber fehlt es zunächst an jedwedem Hinweis. Um so kräftiger wuchern – insbesondere bei jenen engeren Freunden des Vermißten, die von dessen Neigung zu Melancholie und Pessimismus wissen – die

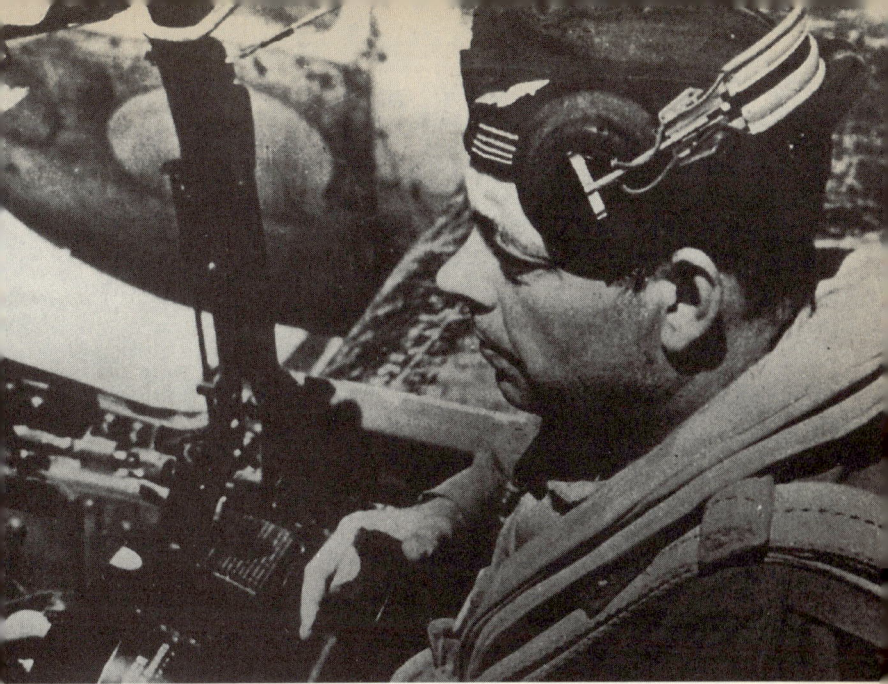

Saint-Exupéry als Kampfpilot im Cockpit seines Flugzeugs

Gerüchte, Saint-Exupéry könnte seinen letzten Flug dazu benützt haben, Selbstmord zu begehen. Dem widersprechen allerdings vehement Angehörige seiner Familie. Für einen überzeugten Katholiken wie ihn käme ein solcher Verzweiflungsschritt niemals in Frage. Frédéric d'Agay, sein Nachlaßverwalter, läßt verlauten: »Antoine de Saint-Exupéry war ein Mann vom Schlag der Ritter, für die es zu allen Zeiten nur eines gibt: Aufopferung und Heldentum. Wer ihm eine andere Todesart unterstellt, hat nicht die geringste Ahnung von diesem Menschen.« Und was ist mit der Mutter? Marie de Saint-Exupéry, zeit seines Lebens des Fliegers und Dichters engste Bezugsperson, klammert sich für eine Weile an die verzweifelte Hoffnung, ihr Sohn könnte in einem Anfall von Weltflucht irgendwo in einem abgeschiedenen Kloster untergetaucht sein.

Vier Jahre nach jenem 31. Juli 1944 kommt neuerlich Bewegung in die Nachforschungen nach Saint-Exupérys Verbleib: Ein bis dato unbekannter Brief taucht auf. Hermann Korth, ein ehemaliger deutscher Theologiestudent und inzwischen Pastor, meldet sich bei Saint-Exupérys Pariser Verleger Gaston Gallimard zu Wort. Er ist zur fraglichen Zeit als Offizier der deutschen Luftwaffe in Südfrankreich eingesetzt gewesen. Jetzt, drei Jahre nach Kriegsende, kommt ihm ein Zeitungsbericht in die Hand, in dem Spekulationen über Saint-Exupérys Ende angestellt werden. Selbst ein großer Bewunderer des Schriftstellers, dessen Werke er lückenlos in seinem Regal stehen hat, kramt Korth sein eigenes Kriegstagebuch hervor und hält Nachschau, welche Eintragungen er unter dem Datum 31. Juli 1944 vorgenommen hat. Landkarte und Adreßbuch helfen ihm, die diversen Abkürzungen zu entschlüsseln, und ein Vergleich mit den Fluglisten der Alliierten, die er sich inzwischen beschafft hat, erhärtet noch seinen Verdacht: Der feindliche Aufklärer, von dessen Abschuß er – laut seinen Aufzeichnungen – Meldung erhalten hat, kann nur der von Saint-Exupéry gesteuerte gewesen sein. Es ist der einzige, der an jenem Tag nicht zu seiner Einheit zurückgekehrt ist.

Marcel Migéo, einer von Saint-Exupérys ehemaligen Kameraden und seit den Tagen der gemeinsamen Pilotenausbildung ihm freundschaftlich verbunden, greift die Sache auf, organisiert sogar ein Treffen mit dem Deutschen und schließt sich nach einer Reihe ausführlicher Gespräche mit Pastor Korth vollinhaltlich dessen Version an.

Ist das Rätsel damit endgültig gelöst? Nein. Ein zweiter Name taucht auf. Weiterführende Nachforschungen haben klipp und klar ergeben, daß am 31. Juli 1944 in der fraglichen

Region auch ein amerikanischer Pilot von deutschen FW-190-Jägern abgeschossen worden ist. Hermann Korths Bericht könnte sich also ebensogut auf diesen John Meredith beziehen.

Jetzt tritt eine Pause von vierundzwanzig Jahren ein. Die Neigung auf deutscher Seite, die näheren Umstände der Tötung eines Mannes zu ermitteln und einzugestehen, der es inzwischen – vor allem mit seinem auch ins Deutsche übersetzten Welterfolg *Der kleine Prinz* – zu internationalem Ansehen gebracht hat, ist begreiflicherweise gering. Erst 1972 bringt eine Veröffentlichung der deutschen Soldatenzeitschrift *Der Landser* das Thema neuerlich aufs Tapet. Ein Pilot namens Robert Heichele habe in einem Brief an einen seiner Freunde mitgeteilt, daß er am 31. Juli 1944 in der bewußten Gegend eine Lightning P-38 verfolgt und mitangesehen habe, wie diese, vom Geschützfeuer eines zweiten deutschen Jagdbombers getroffen, in Brand geraten und vor Agay ins Meer gestürzt sei.

Alle Bemühungen, diese Spur zu verfolgen, verlaufen allerdings im Sande. Briefschreiber Heichele kann zu seiner Darstellung nicht mehr befragt werden. Der damals Einundzwanzigjährige hat sich bei einem mißglückten Landemanöver schwere Verbrennungen zugezogen, stirbt, von einer Résistance-Gruppe beschossen, auf dem Weg ins Lazarett im Sanitätswagen und wird auf dem Soldatenfriedhof von Saint-Maurice-de-Rémens beigesetzt.

Immerhin ruft sein Bericht die Militärhistoriker beider Seiten auf den Plan, Franzosen und Deutsche vereinigen sich zu einer großangelegten Suchaktion in der Baie des Anges vor Nizza, die modernsten Sonar-Geräte und das schon bei der »Titanic«-Suche bewährte Klein-U-Boot »Nautilus« kommen zum Einsatz, Dutzende Zeugen aus der Region werden befragt. 1993 wird das aufwendige Unternehmen, von einer großen Champagnerfirma finanziert, wiederholt, und dieses Mal ist den Froschmännern, die zum Meeresboden hinabtauchen, zumindest ein Teilerfolg vergönnt: Die Auswertung der Sonar-Aufnahmen erbringt eine Silhouette, deren Konturen starke Ähnlichkeit mit einem Flugzeug aufweisen. Tatsächlich stoßen die Taucher an der angegebenen Stelle auf eine riesige Ablagerung, die nach Größe und Gestalt das Wrack einer Lightning zudecken könnte. Jetzt erinnert man sich auch, daß ein Suchtrupp der französischen Marine an ebendiesem Ort vor Jahren eine Ledertasche aus dem Meer gefischt hat, die man eindeutig als Teil einer Pilotenausrüstung hat verifizieren können. Sogar ein handgeschriebenes Dokument wird geborgen, nur macht der betreffende Froschmann den Fehler, es aus dem ledernen Behälter herauszulösen und unter Wasser auseinanderzufalten: Im Nu ist alle Schrift gelöscht. Später wird auch noch ein Fischer aus der fraglichen Region mit der Triumphmeldung Schlagzeilen machen, er habe bei einem seiner Beutezüge vor der Küste das Silberarmband des Verschollenen an Land gezogen und einem Spezialunternehmen für Tauchgänge und Wrackbergungen für weiterführende Nachforschungen übergeben. Denn noch immer fehlt vom Leichnam jede Spur. Doch da schaltet sich die Aufsichtsbehörde ein. Das Marseiller Seeamt händigt das ominöse Fundstück mit dem eingravierten Namen den Erben des Dichters aus, die sich ihrerseits längst gegen jegliche weiteren Ermittlungen ausgesprochen und dezidiert darum ersucht haben, es, was Saint-Exupérys letzte Ruhe anbelangt, bei jener schlichten Gedenktafel zu belassen, die im Pariser Panthéon, dem Ruhmestempel der Franzosen, die Erinnerung an den Schöpfer des *Kleinen Prinzen* wachhält.

Die letzte Wahrheit um Antoine de Saint-Exupérys Ende wird wohl auch künftig ungeklärt bleiben. Aber vielleicht sollte man sie ohnehin ganz woanders suchen: in seinen Büchern, in seinem Werk. Wie heißt es im Schlußkapitel des *Kleinen Prinzen?* Es werde so aussehen, »als wäre ich tot, und das wird nicht wahr sein«. Oder – noch deutlicher: »Die Augen sind blind. Man muß mit dem Herzen suchen.«

Mehrere Generationen von Lesern sind inzwischen diesem Rat ihres Lieblingsautors gefolgt – weltweit. Vor allem *Der kleine Prinz* ist es, der es ihnen angetan hat: das Märchen vom Weltraumflüchtling, der auf der Suche nach Freundschaft von Planet zu Planet eilt, eine Enttäuschung nach der anderen erleidet und schließlich in der Einsamkeit der Wüste fündig wird.

Als dem knapp dreiundvierzigjährigen Dichter am 15. März 1943 an seinem Exilsitz New York die Ausreisepapiere für die Rückfahrt in die Heimat ausgehändigt werden, hat das sechsundneunzig Seiten schmale Buch gerade eben die Druckerpresse verlassen, vier Tage vor seiner Einschiffung nach Algier feiert die *New York Herald Tribune Weekly Book Review* das Erscheinen der Erstausgabe des künftigen Weltbestsellers. Die Kostümwerkstätten der Metropolitan Opera haben Saint-Exupéry für die Rückkehr zur Truppe eine Privatuniform geschneidert. Jetzt nimmt er hastig von seinen amerikanischen Freunden, deren Sprache zu erlernen der erklärte Patriot sich hartnäckig geweigert hat, Abschied. Dem einen macht er seine alte Zeiss Ikon, die ihn auf so vielen seiner Flüge begleitet hat, zum Geschenk, einem anderen das Manuskript des *Petit Prince*.

Die 175 Blatt Onion Skin Paper, auf denen er – vom ersten Entwurf bis zur endgültigen Fassung – seine Botschaft festgehalten hat, ist unter all den vielen Saint-Exupéry-Memorabilien,

denen seine Verehrer fortan nachreisen werden, die schönste und bestgehütete. Die Gedenktafeln an den nach ihm benannten Straßen, Plätzen, Schulen und Flugbasen, sein Konterfei auf Biographien, Kalenderblättern und Briefmarken – was ist dies alles gegen die Originalhandschrift des Dichters im Spezialtresor der New Yorker Pierpont Morgan Library?

Vierundzwanzig Jahre nach Saint-Exupérys Tod gelangt das unschätzbar wertvolle Dokument in den Besitz der renommierten Bibliothek an der Madison Avenue, die die Bewilligung zu persönlicher Einsichtnahme von einer Vielzahl von Verhaltensvorschriften und Sicherheitsvorkehrungen abhängig macht: Über volle drei Schreibmaschinenseiten erstrecken sich die Benützerbedingungen. An dem Platz im Reading Room, der dem Besucher zugewiesen wird, breiten dienstbare Geister eine Filzdecke aus, sodann wird die Schachtel mit dem kostbaren Inhalt herbeigeschafft, und unter strenger Aufsicht (sowie penibler Anleitung, wie beim Umblättern der Seiten vorzugehen sei) darf sich der fromme Pilger seiner stillen Andacht hingeben.

Autographen auf sich wirken zu lassen, ist für den eingefleischten Fan stets ein erhabener, wenn nicht mystischer Moment. Hier aber ist es fast noch mehr: Es gibt wenige Manuskripte, denen so deutlich die eigene Genesis anzusehen, so spürbar all die Mühsal ihrer Entstehung anzumerken ist.

Da ist die kaum entzifferbare Handschrift des Autors: winzigklein und sprunghaft, frisch zuerst, dann mehr und mehr ermattend, mal Bleistift, mal braune Tinte.

Da sind die Flecken, die den Kaffeetrinker, die Brandlöcher, die den Kettenraucher verraten.

Der Dichter des Petit Prince

Da ist die zerknüllte und mühsam wieder glattgestrichene Farbskizze: ein offensichtlich verworfener Illustrationsversuch, der schon im Papierkorb gelandet war.

Stefan Zweig, selbst ein passionierter Handschriftensammler, hat in einem seiner autobiographischen Aufsätze wortreich jene »geheimnisvolle Sekunde des Übergangs« zu vergegenwärtigen versucht, da die Intuition des Genies »durch graphische Fixierung ins Irdische tritt«. Hier, im Lesesaal der Pierpont Morgan Library in New York, das Urmanuskript des *Kleinen Prinzen* vor Augen, wird es dem Spurensucher noch am ehesten gelingen, diesem Mirakel ein ganz klein wenig näherzukommen: Saint-Exupéry pur.

IDA ORLOFF

Idinkas Himmelfahrt

Herbst 1943. Rekawinkel, fünfundzwanzig Kilometer westlich von Wien. Die kleine Bahnstation, das Sanatorium, dazu ein paar Sommervillen, ringsum Wald. Der vor der Pensionierung stehende Primararzt ist ein begeisterter Burgtheaterbesucher, kennt seine berühmte Patientin noch von ihren eigenen Auftritten her – damals, vor bald dreißig Jahren. Jetzt ist Ida Orloff Mitte fünfzig, ihre einst ätherisch-schlanke Gestalt ist in die Breite gegangen, ihr offenes Lachen hat etwas Maskenhaftes angenommen, nur die wunderschöne hohe Stimme ist noch immer die alte.

Was die Wiederherstellung ihrer angeschlagenen Physis betrifft, so kann die ärztliche Kunst allerdings wenig ausrichten: Ida Orloff ist seit einer Gehirnblutung halbseitig gelähmt, das Sprechen bereitet ihr Mühe, eines der Augen ist halbblind. Da ist es um so wichtiger, der Patientin mit kleinen Aufmerksamkeiten neuen Lebensmut zuzuführen. Doktor N. faßt einen kühnen Entschluß: Er will seinen Schützling so weit auf die Beine bringen, daß sie am 13. November für ein paar Stunden nach Wien fahren und einer Burgtheater-Generalprobe beiwohnen kann. *Iphigenie in Aulis*, die Uraufführung des ersten Teils von Gerhart Hauptmanns Atriden-Tetralogie, steht auf dem Programm.

Es ist Österreichs Huldigung an den in Nazi-Deutschland in Ungnade gefallenen Dichter: Baldur von Schirach, Hitlers Statthalter in Wien, drückt angesichts des bevorstehenden einundachtzigsten Geburtstages von Gerhart Hauptmann ein Auge zu und gibt dem Haus am Ring grünes Licht. Der Autor, so hört man, werde persönlich zur Premiere anreisen – ob es da vielleicht gar gelänge, ihn für ein Wiedersehen mit seiner einstigen Lieblingsdarstellerin zu gewinnen?

Die Begegnung, von wohlmeinenden Freunden vermittelt, kommt tatsächlich zustande. Doch sie ist kurz und ernüchternd: »Idinka« murmelt der greise Gerhart Hauptmann und ergreift die schlaffe Hand der siebenundzwanzig Jahre Jüngeren. Es ist der geliebte Kosename von einst. Doch was folgt, sind die üblichen formellen Artigkeiten, nicht ein Jota mehr. Und dies alles ohne das altvertraute »Du«. Was in diesem Augenblick in den beiden vorgeht, wird keine Menschenseele je erfahren: Ida Orloff kehrt in ihr Wienerwald-Sanatorium zurück, wird in Bälde in häusliche Pflege entlassen werden.

Häusliche Pflege – das ist das Heim ihrer Schwägerin Hanna im Nachbarort Tullnerbach. Die Schwester ihres ersten Mannes, des Wiener Privatgelehrten Karl Satter, ist mit dem k. u. k. Konteradmiral Otto Balzar, dem ehemaligen Kommandanten der Seefestung Pola, verheiratet; hier, im Villenbezirk Lawies, Egererstraße Nr. 34, hat man für Idinka eine behagliche Bleibe hergerichtet. Ab und zu empfängt sie noch ein paar Schauspielschülerinnen, und da sie, in St. Petersburg geboren, fließend Russisch spricht, erteilt sie auf Wunsch auch Sprachunterricht. Noch ein letztes Mal flackert der für ihr Wesen so charakteristische Betätigungsdrang auf, als ihr Buchhändler auf die Frage nach einem Russisch-Lehrbuch nur vielsagend mit den Achseln zuckt. Für derlei gibt es jetzt, mitten im Krieg, kein Papier. Also schreitet Idinka zur Tat und schreibt sich ihre Sprachlehre selbst. Schulheft und Tinte sind nicht rationiert.

Auch die Kraft für einen allerletzten Vortragsabend bringt Ida Orloff noch auf. Vor gut zwei Dutzend Verwandten, Freunden und Schülerinnen rezitiert sie aus dem Rollenbuch zu *Hanneles Himmelfahrt,* mit dem sie vor fast vierzig Jahren ihren Ruhm begründet hat. Den Rest bilden Goethe, Nietzsche, Hölderlin, Fontane. Doch an diesem Abend ist nicht die »Burg«, nicht das Ronacher, nicht irgendeines der vielen anderen Theater, in denen sie als Ibsen-, Strindberg-, Halbe- und Sudermann-Darstellerin brilliert hat, ihre Bühne, sondern das einfach möblierte Wohnzimmer in der Wienerwaldgemeinde Tullnerbach. Man hat die Verbindungstür zum Nachbarraum geöffnet, die Zuhörer lassen sich, der knappen Sitzgelegenheiten wegen, auf dem Boden nieder. Die Fenster sind verdunkelt: Auch im Raum Wien häufen sich die Luftangriffe der Alliierten. Heizmaterial ist Mangelware. Man hüllt sich in mitgebrachte Wolldecken.

Seit 1. September 1944 sind auf Anordnung von Reichsminister Goebbels sämtliche Theater geschlossen, am 10. September werden Teile der Wiener Innenstadt, darunter auch das Bundeskanzleramt, von Bomben getroffen, die Philharmoniker geben Konzerte für Kriegsverletzte und für die Belegschaften der Rüstungsindustrie. In den Parkanlagen werden die Flaktürme »betriebsfertig« gemacht und Baracken für Luftwaffenhelfer errichtet. Die Dreharbeiten für Willy Forsts ersten Farbfilm müssen abgebrochen werden: *Wiener Mädeln* wird erst 1949 in die Kinos kommen.

Auch für die einst hyperaktive Ida Orloff ist in diesem Winter 1944/45 eine bange Zeit des Wartens angebrochen: Ihr jüngster Sohn steht als Wehrmachtssoldat an der Front; der Mann ihrer Schwester Lisa, Jude, entgeht dem Abtransport ins KZ nur, weil ihn knapp davor der Tod ereilt; sie selbst verbringt die Tage des Hoffens auf ein baldiges Kriegsende, indem sie sich in die geliebten Bücher versenkt: Dostojewski, Tolstoi, Turgenjew, Gogol, Gorki – manches davon hat sie in früheren Jahren selbst ins Deutsche übersetzt, kann es streckenweise auswendig.

Auch in dem kleinen Tullnerbach, nun längst nicht mehr das beschaulich-sichere Villenidyll vor den Toren der Millionenstadt, nimmt die Unruhe zu: Die Rote Armee rückt vor, man hört von Plünderung und Verschleppung, von Liquidierung der Männer und Vergewaltigung der Frauen. Da ereignet es sich immer öfter, daß verängstigte Leute aus dem Ort bei Idinka Rat einholen. Durch ihre frühe Kindheit in St. Petersburg und ihre einschlägigen Sprachkenntnisse gilt sie den Einheimischen als Spezialistin für alles Russische. Junge Frauen bedrängen sie mit Fragen: Wäre es nicht doch ratsam, Haus und Hof zu verlassen, sich einem der Flüchtlingszüge gen Westen anzuschließen und in Tirol oder im Salzburgischen Unterschlupf zu suchen?

Ida Orloff rät zum Ausharren. Sie wisse, wie mit den Russen umzugehen sei, werde sich, wenn die Truppen in Tullnerbach einmarschierten, den sowjetischen Offizieren als Dolmetscherin zur Verfügung stellen, verspreche, alles Ungemach von ihrem Wohnort fernzuhalten.

Die Leute vertrauen ihr, bleiben in ihren Häusern.

Doch Ida Orloff hat ihre Möglichkeiten überschätzt: Als am 5. April 1945 die Rote Armee Tullnerbach erreicht, fällt die entfesselte Soldateska auch über das Wienerwalddorf her. Zwei Frauen aus der Nachbarschaft, mitten in der Nacht »Tante Idinka« aus dem Schlaf weckend, berichten ihr unter Tränen, wie

Tullnerbach im Wienerwald: Das Sterbehaus der Ida Orloff heute

ihnen die betrunkenen Wüstlinge Gewalt angetan hätten. Wer würden die nächsten Opfer sein?

In höchster Panik trommelt die Sechsundfünfzigjährige, wen immer sie erreichen kann, im Haus ihrer Verwandten zusammen, greift nach einer Packung Rasierklingen, die sie in einer der Schubladen aufbewahrt hat, und drückt jedem ihrer Schützlinge eine Klinge in die Hand. Doch ihr Verzweiflungsakt löst nur um so größeres Entsetzen aus: Eine Frau nach der anderen wendet sich verschreckt von ihrer »Helferin« ab, wirft die ihr offerierte Selbstmordwaffe empört weg und sucht das Weite.

Darüber nachzusinnen, wieviel Schuld sie mit ihrem falschen Rat auf sich geladen und welch unerhörten Kraftakt sie ihren verängstigten Geschlechtsgenossinnen zugemutet hat, bleibt keine Zeit: Noch am selben Tag verschafft sich ein schwer alkoholisierter Unteroffizier gewaltsam Zugang zu ihrem Zimmer und zwingt auch sie mit vorgehaltener Pistole auf die Bettstatt. Zwar gelingt es ihr, dem Eindringling die Waffe zu entreißen und ihn zu verjagen. Aber wann würde der nächste kommen, die Tür eintreten und über sie herfallen? Ida Orloff erkennt schlagartig die Ausweglosigkeit ihrer Situation, ihr eben noch so heroischer Lebensmut erlischt. Sie öffnet ihre Nachttischlade, holt die Flasche mit den zwanzig in Wasser aufgelösten Veronaltabletten hervor, die sie seit längerem für den Fall des Falles bereithält, und führt das Gefäß mit dem verhängnisvollen Inhalt zum Mund. Seit drei Tagen hat sie keine Nahrung zu sich genommen, fast nichts getrunken, kaum geschlafen: Das Gift wirkt auf der Stelle.

Als in der folgenden Nacht ein Trupp von Rotarmisten das mit Brettern verbarrikadierte Haustor aufbricht und ihr erster Blick auf die notdürftig aufgebahrte Tote fällt, lassen die Eindringlinge von den übrigen Hausinsassen, die sich in ihren Kammern versteckt halten, ab und wenden sich dem nächsten Anwesen zu.

Im Garten scharren unterdessen die glücklich verschont gebliebenen Familienangehörigen, mit bloßen Händen das weiche Erdreich lockernd, Idinka ein provisorisches Grab: Der Totengräber ist unauffindbar. Als Sarg muß ein alter Kartoffelsack herhalten. Die ordnungsgemäße Bestattung auf dem Friedhof der Nachbargemeinde Preßbaum wird erst lange nach dem Krieg nachgeholt werden. Und die Nachrufe bleiben überhaupt aus: Die Zeitungen haben in diesen Tagen, da allenthalben das totale Chaos herrscht, die Schlacht um Wien tobt und der Stephansdom in Flammen steht, ihr Erscheinen eingestellt.

Wild und verführerisch: Idinka

1960/61 kommt in einem Münchner Verlag das Buch *Große Frauen der Weltgeschichte* heraus, und einer der Artikel des Speziallexikons ist Ida Orloff gewidmet. Heute, vier Jahrzehnte später, kennen nur noch wenige Eingeweihte ihren Namen. Wer ist diese Frau?

Es fängt schon damit an, daß sie gar nicht wirklich Orloff heißt. Am 16. Februar 1889 wird sie als Ida Margaretha Weißbeck in St. Petersburg geboren, wo ihr Vater, Hesse von Geburt, eine Brauerei leitet. Auch die Mutter ist Deutsche. Als Idinka – so wird sie ihr Leben lang gerufen werden – vier ist, stirbt der Vater; die Mutter übersiedelt nach Wien, wo sie eine zweite Ehe eingeht. Doch auch dieser Heinrich von Siegler, Edler von Eberswald, ein verarmter Aristokrat und ehemaliger k. u. k. Offizier, stirbt früh: Idinka kommt in eine Klosterschule, wo sie – als einzige Protestantin ihres Jahrganges – für jedes schlimme Vorkommnis den Sündenbock abgeben muß. Ihr überstark entwickelter Selbstbestimmungsdrang, gepaart mit an Hysterie grenzender Emotionalität, äußert sich schon, als sie gerade dreizehn geworden ist: In einem Anfall von Schwermut versucht sie sich in einem Dorfteich zu ertränken.

Da es schon die Mutter – diese allerdings bloß in ihren Jungmädchenträumen – zum Theater zieht, steht Idinkas Wunsch, Schauspielerin zu werden, nichts im Wege. In der Wiener Theaterschule Otto unterzieht sie sich der Aufnahmeprüfung, und kurz vor ihrem sechzehnten Geburtstag steht sie als Fausts Gretchen zum erstenmal vor Publikum auf der Bühne. Im Festsaal des Kaufmännischen Vereinshauses feiert ihre Klasse den Jahresabschluß. Wie der Programmzettel verrät, hat das Fräulein Weißbeck schon zu diesem frühen Zeitpunkt seinen bürgerlichen Namen abgestreift: Als in Rußland Geborene, die fließend die Landessprache beherrscht, erscheint ihr Ida Orloff als das ideale Pseudonym.

Das Ereignis, mit dem die Weichen gestellt werden für ihr künftiges Schicksal, folgt bereits vier Monate später: Frank Wedekind, zu dieser Zeit der Bürgerschreck Nummer eins unter den Theaterdichtern Deutschlands, kommt nach Wien, um der Uraufführung seines Stückes *Die Büchse der Pandora* beizuwohnen. Während in Deutschland überall die Zensur hinter ihm her ist, sind in Österreich die Bestimmungen lockerer: Bei Vorstellungen in geschlossenem Kreis zeigen sich die Behörden geneigt, ein Auge zuzudrücken.

Karl Kraus, einunddreißig und seit sechs Jahren Herausgeber der *Fackel,* nimmt die Sache in die Hand: Für 29. Mai 1905 wird das Trianon-Theater in der Praterstraße gemietet, Burgtheatermitglied Albert Heine übernimmt die Regie, Adele Sandrock spielt die Rolle der Gräfin Geschwitz, Tilly Newes (die später Wedekinds Frau werden wird) die der Lulu, Wedekind selbst steht als Jack the Ripper auf der Bühne, auch Karl Kraus hat (als Prinz Kungu Poti) einen kleinen Auftritt. Außerdem spricht er die einleitenden Worte. Nur die winzige Rolle des Mädchens Kadidja ist noch zu besetzen. Die Wahl fällt auf die sechzehnjährige Schauspiel-Elevin Ida Orloff. Kein Geringerer als Egon Friedell (der die Vorprobe geleitet hat) übernimmt es, Idas Mutter davon abzuhalten, ihrer Tochter die Mitwirkung an dem »unanständigen« Stück zu verbieten.

Idinkas Rolle ist allerdings so unbedeutend, daß sie dem Premierenpublikum nicht weiter auffällt – außer einem, der extra aus Berlin angereist ist, um den »neuen Wedekind« zu erleben und bei dieser Gelegenheit auch gleich nach Nachwuchskräften

Ausschau zu halten, die er für seine eigene Bühne braucht: Otto Brahm. Vor einem Jahr hat der Neunundvierzigjährige das Lessing-Theater gegründet – es wird unter seiner Leitung für viele Jahre Berlins bedeutendste Schauspielbühne werden. Henrik Ibsen und Gerhart Hauptmann sind seine Theatergötter – speziell von letzterem hat er, leidenschaftlicher Vorkämpfer des Naturalismus, schon etliche Stücke herausgebracht, zuletzt die Traumdichtung *Hanneles Himmelfahrt*. Und für ebendieses Armeleutekind Hannele, das, um den Mißhandlungen durch seinen Stiefvater ein Ende zu machen, ins Wasser geht, sucht Brahm eine unverbrauchte Nachwuchskraft. Hier in Wien, in Gestalt der engelsgleichen Ida Orloff, glaubt er sie gefunden zu haben, und tatsächlich gelingt es ihm, die seit kurzem verwitwete Mutter dazu zu überreden, mit ihrer Tochter nach Berlin zu übersiedeln, damit diese am Lessing-Theater das ihr vertraglich zugesicherte Engagement antreten kann. Auch Ida selbst bleibt in diesen aufregenden Stunden nicht untätig. Ihre einzigartige Chance witternd, setzt sie die zunächst zögernde Mutter unter Druck, indem sie ihr klarmacht, sie werde sich umbringen, sollte sich Mamuschka querlegen.

Wenige Wochen später steht Ida Orloff in Berlin auf der Probebühne, gleich zum Auftakt der neuen Spielzeit hat »Hannele« Premiere, Publikum und Presse feiern enthusiastisch ihren neuen Liebling.

Daß auch der Autor – und er so heftig wie kein zweiter – den Kindfrau-Reizen seiner Hauptdarstellerin erliegt, ja sich schon bald in ein veritables Lolita-Drama verstrickt sehen wird, weiß

Ida Orloff in der Titelrolle von
Gerhart Hauptmanns Traumdichtung Hanneles Himmelfahrt

zunächst nur er: Der vor zwei Jahren von seiner ersten Frau, der reichen Erbin Marie Thienemann, Geschiedene und vor einem Jahr mit Margarete Marschalk Verehelichte hat allen Grund, seine jäh auflodernde Leidenschaft zu verbergen. Nur seinem Tagebuch vertraut er sie an. Während er also Ida, seine wahren Gefühle heroisch unterdrückend, bei den Proben besonders kühl, ja geradezu abweisend gegenübertritt, trägt er in sein Notizheft ein:

»Sofort erkannte ich, ein von Gott mit Gewalt über Leben und Tod ausgestatteter Engel hatte neben mir Platz genommen.«

Und weiter:

»Die Kleine ahnt nicht, bis zu welchem Grade ich ihr verfallen bin.«

Und als sie es schließlich ahnt, ja aus seinem eigenen Mund dezidiert weiß, flüchtet sich der siebenundzwanzig Jahre Ältere in ein für beide Seiten qualvolles, ja würdeloses Hin und Her – taumelnd zwischen gymnasiastenhafter Schwärmerei, heuchlerischem Zurückweichen vor der vermeintlich Verruchten und feiger Abkehr. Nichts fehlt in diesem unguten Mix aus Verlangen und Verzicht: Da ist der Erotomane, der der Angebeteten, um sie sich gefügig zu machen, vorgaukelt, er werde mit ihr, aus seiner Ehe ausbrechend, nach Afrika auswandern, um, fern aller anderen Bindungen, nur noch für sie allein dazusein; da ist der rasend Eifersüchtige, der beim kleinsten Verdacht, sie könnte auch anderen Männern schöne Augen machen, in Gedanken mit dem Revolver herumfuchtelt; da ist der unterwürfige Ehemann, der vor Angst bibbert, sein Fehltritt könnte entdeckt werden; und da ist schließlich der selbstgerechte Spießer, der sich das Objekt seiner Begierde, als dieses aufmuckt und endlich auf Klarheit der Verhältnisse drängt, vom Hals zu schaffen versucht, indem er sie zum »verderbten« Vamp, zum »minderwertigen Nichtsnutz« herabwürdigt.

Mehr als ein Jahr lang geht das so dahin – beginnend mit harmlosen gemeinsamen Spaziergängen, sich steigernd zu Stelldicheins in Idas kleiner Mietwohnung im Armeleuteviertel Moabit, gipfelnd in glühenden Liebesbeschwörungen teils mündlicher, teils brieflicher Natur. Aus dem »sehr verehrten gnädigen Fräulein« der ersten Kontakte ist schon bald eine »liebste Freundin«, ein »geliebtes Menschenkind« und schließlich – in zärtlicher Abwandlung ihres Vornamens – eine »Idinka« geworden. Während der Theaterferien trifft man einander – natürlich wiederum heimlich – auf der Ostsee-Insel Rügen; die Haarlocke, die der Dichter sich für die Zeiten des Getrenntseins von der Angehimmelten erbeten hat, wird unter der Matratze versteckt.

Auch Idas Mutter, im selben Haus einen Stock tiefer logierend, wird in das Techtelmechtel eingeweiht, und sogar Margarete Marschalk, die seit kurzem Frau Hauptmann ist, kann auf die Dauer nicht verborgen bleiben, was sich da hinter ihrem Rücken zusammenbraut. Sie allerdings, in der Endphase von Gerhart Hauptmanns erster Ehe selbst jahrelang in der Rolle der Nebenbuhlerin, ist klug genug, den Verwirrten an der langen Leine zu lassen: Weder fängt sie die verdächtigen Briefe ab, noch redet sie dem Adressaten ins Gewissen. Daran wird sie übrigens ihr Leben lang festhalten. Ida Orloff, die »Kleine aus Wien«, bleibt für sie eine Unperson, und auch über Hauptmanns Tod hinaus hält sie sämtliche Zeugnisse der verbotenen Leidenschaft streng unter Verschluß.

Frau Hauptmanns diplomatisches Geschick macht sich bezahlt: Genau zwei Jahre nach Beginn der Beziehung zwischen ihrem Mann und Ida Orloff macht die mit leeren Versprechungen Hingehaltene mit ihrem zaudernden Galan Schluß, entsinnt sich einer noch in ihre Wiener Kindheit zurückreichenden Jugendfreundschaft und heiratet am 23. Juli 1907 den absolvierten Juristen und angehenden Privatgelehrten Karl Satter. Daß Idinka dabei die treibende Kraft ist und Satters bester Freund, der Dichter Anton Wildgans, stärkste Vorbehalte gegen die Verbindung äußert, fällt nicht ins Gewicht. Aufgeklärt-modern, wie man ist, kommt man überein, nur eine »Bindung auf Zeit« einzugehen und im Falle des Scheiterns einer gegenseitigen Trennung nichts in den Weg zu legen.

Tatsächlich verstreicht nicht einmal ein Jahr und Ida reicht die Scheidung von ihrem Mann ein – mit dem Effekt allerdings, daß die beiden gleichwohl fast zehn Jahre beisammenbleiben. Ja, diese Ida Orloff, am Tag ihrer Eheschließung achtzehneinhalb Jahre jung, ist eben wirklich eine ungewöhnliche Frau: unbändig in ihrer Dynamik, aufbrausend in ihrem Freiheitswillen, exzentrisch in ihrem Lebensstil.

Die drei Söhne, die aus ihrer Ehe hervorgehen (wobei dem ältesten, wenn auch unbewiesen, immer wieder nachgesagt werden wird, sein Vater sei nicht Karl Satter gewesen, sondern Gerhart Hauptmann), wachsen in keinem nach bürgerlichen Maßstäben normalen Elternhaus auf, und der jüngste wird überhaupt Idas in Österreich lebender Schwägerin Hanna Balzar zur Pflege überantwortet.

Karl Satter wiederum hat seine liebe Not, sich mit den Allüren seiner dominanten Gesponsin, die als umschwärmte Schauspielerin in so manche heikle Situation gerät, abzufinden. Griffbereit liegt in seinem Nachttisch ein geladener Revolver, damit er sie und sich, sollte es zum Äußersten kommen, erschießen kann. Ida weiß davon, also macht sie es sich zur Gewohnheit, stets bei offenem Fenster zu schlafen, um im Ernstfall um Hilfe rufen zu können.

Auch der Kult, den Idinka mit ihren Haustieren treibt, führt zu Zerwürfnissen: Da ihr die beiden Hunde und die Kolibris, die ihre Wohnung beherrschen, nicht genug sind, legt sie sich auch noch einen Affen zu, der alles, was ihm in die Finger kommt, demoliert und die Hausgäste in Angst und Schrecken versetzt. Ihr besonderer Liebling aber ist ein Alligator, der Idas groteske Abneigung gegenüber allem, was mit Nahrungsaufnahme zu tun hat, teilt: Das ungebärdige Tier, das ihr bisweilen so gravierende Verletzungen an den Armen zufügt, daß ihre abendlichen Bühnenauftritte gefährdet sind, tritt eines Tages in den Futterstreik und stirbt den Hungertod. Seine »Radikalität« imponiert Idinka so sehr, daß sie den Kadaver liebevoll an ihr Herz drückt, ihn in den Wald hinterm Haus trägt und dort feierlich bestattet.

Mit »ihrem« Dichter Gerhart Hauptmann ist Ida Orloff, wiewohl weiterhin an seiner Lieblingsbühne, dem Lessing-Theater, tätig, unterdessen kaum noch in Kontakt. Oder aber, betrachtet man es von der künstlerischen Seite, mehr denn je. Denn höchst Wundersames hat sich ereignet – und damit sind wir auch schon mitten in der Literaturgeschichte. Genauer gesagt: in der Entstehungsgeschichte der Literatur. Jenem magisch-geheimnisvollen Erlebnisreservoir, aus dem zu allen Zeiten die Dichtung geschöpft hat und aus dem sie im Fall des Naturalisten Gerhart Hauptmann im Übermaß schöpft.

So wenig souverän der Autor solcher Erfolgsstücke wie *Vor*

Sonnenaufgang, Kollege Crampton, Die Weber, Der Biberpelz, Fuhrmann Henschel, Schluck und Jau, Michael Cramer, Rose Bernd und *Elga* mit der privat-persönlichen Bewältigung seines Lolita-Erlebnisses zu Rande kommt, so genial sublimiert er die Erschütterungen jener zwei Jahre in sein Werk. Sowohl für die Figur der »Märchenprinzessin« Pippa in seinem Drama *Und Pippa tanzt* wie für die Figur des mannstollen Mädchens Gesuind in seinem Legendenspiel *Kaiser Karls Geisel* steht die junge Ida Orloff Modell, und das wird sich in den darauffolgenden Jahren noch an die zehnmal wiederholen: mit der Ludowika in *Die Jungfern vom Bischofsberg,* der Ingigerd in *Atlantis,* der Melitta in *Phantom,* der Hamida in *Hamlet in Wittenberg,* der Minka im *Buch der Leidenschaft*. Alle diese Hauptmann-Geschöpfe (und etliche mehr) haben eines gemeinsam: Sie sind um die sechzehn Jahre alt, sie haben Idinkas zarten Wuchs, ihr lang wallendes Haar, ihre strahlende Anmut, ihr zwischen kindlicher Unschuld, madonnenhafter Reinheit und hemmungsloser Sinnlichkeit oszillierendes Naturell.

Nun, wo aus einer für beide Teile qualvollen Beziehung Literatur, aus dem Leben Kunst geworden ist, bringt Gerhart Hauptmann endlich auch den Mut auf, sein Schweigen zu brechen, und als am 19. Januar 1906, selbstverständlich mit Ida Orloff in der Titelrolle, *Und Pippa tanzt* zum erstenmal über die Bühne geht, schreibt der Dichter seiner Inspiratorin und Hauptdarstellerin die folgenden Worte in ihr Widmungsexemplar:

> *Du weißt, wer ich bin,*
> *du weißt, wer du bist*
> *im Märchen, das nicht mehr zu tilgen ist.*

Noch deutlicher wird er in dem Brief, der dem Buch beiliegt:

»Ihre schöne Jugend hat es mir geschenkt. Das mögen Sie wissen – so viel oder so wenig Wert Sie darauf legen wollen. Es war mir eine reiche Zeit, Sie zu sehen – als leuchtende Verwirklichung eines eigenen Gedankens.«

Das ist natürlich wieder echt Hauptmann: ein bißchen sehr schwülstig, ein bißchen nebulos und vor allem – man beachte die demonstrative Vermeidung des vormals zwischen beiden selbstverständlichen »Du« – kühl und distanziert.

Aber immerhin: Der Dichter bekennt sich endlich zu der Beziehung, der er so viel für sein Werk verdankt. Mit weniger schönen, ja taktlos-herablassenden, fast zynischen Worten – aber kann man es ihr als leidgeprüfter Ehefrau verdenken? – wird sich fünfunddreißig Jahre später, bei einer flüchtigen Wiederbegegnung in Berlin, Margarete Hauptmann zur gleichen Frage äußern:

»Inspirieren Sie meinen Mann nur wieder – dagegen habe ich nie etwas gehabt!«

Gerhart Hauptmann, zu Zeiten der heimlichen Treffs mit Idinka Mieter einer Berliner Stadtwohnung, hält sich jetzt, außer auf Reisen, fast ganzjährig in seinem »Haus Wiesenstein« im Riesengebirge auf, und auch Ida Orloff ist reif für eine örtliche Veränderung. Da kommt ihr das geplante Wien-Gastspiel des Lessing-Theaters gerade recht. *Und Pippa tanzt* ist zwar auch in der österreichischen Hauptstadt – wie schon bei der Berliner Uraufführung – kein besonderer Erfolg, aber ihr Ruf als »Wunderkind« reicht immerhin aus, die mittlerweile Zwanzigjährige

Folgende Doppelseite: *Einladung zu einem Rezitationsabend*

Verein der Schriftstellerinnen und Künstlerinnen in Wien.

Vorlesung

der

Frau IDA ORLOFF

Mitglied des k. k. Hofburgtheaters

unter Mitwirkung der Herren

Dr. Max Mell und Anton Wildgans

welche

Dienstag den 16. Januar 1912 im Festsaal des Ingenieur- und Architekten-Vereines, I., Eschenbachgasse 9, stattfinden wird.

 | **Programm.** |

I. Dr. Max Mell.
Lyrik in Österreich.

II. Ida Orloff.
Gedichte von Anton Wildgans.

Akkord*
Weltflüchtige Liebe*
Einer Gesegneten
Ein Becher*
Der arme Narr betet*
Die Lahmen*
Vor dem Bilde meines Vaters*
Lächeln*
Durch Einsamkeit*.

III. Anton Wildgans.
Gedichte von Anton Wildgans.

Ich bin ein Kind der Stadt
Über den Dächern*
Lastenstraße*
Notturno
Am Grab der Anna Guendelin
Häftlinge
Gerichtsverhandlung
Einem jungen Richter.

IV. Ida Orloff.
Gedichte von Anton Wildgans.

Die armen Mädchen
Freier Tag*
Stille Plätze*
Adagio*
Grabschrift*
Vom kleinen Alltag (II, III, IV)
Dienstboten
Junge Bäuerin
Kehraus*
Dieses Haus wird demoliert.

Die mit einem Sternchen bezeichneten Gedichte sind der Sammlung „Herbstfrühling", die anderen aus „Und hättet der Liebe nicht" entnommen.

Anfang ½8 Uhr.   Ende vor 9 Uhr.

Die Damen werden gebeten, die Hüte abzulegen.

Während des Vortrages ist der Eintritt in den Saal nicht gestattet.

auch fürs Burgtheater interessant erscheinen zu lassen: Noch im Sommer 1909 setzt sie ihre Unterschrift unter einen Fünfjahresvertrag; für ihr Debüt einigt man sich auf Ibsens *Wildente* und Hauptmanns *Hannele*.

Wirklich heimisch wird Ida Orloff auf der altehrwürdigen Hofbühne freilich nicht: Statt gegen Bürokratismus und Intrigenwirtschaft anzukämpfen, sucht sie lieber nach Schlupflöchern, in denen sie sich, ganz auf sich allein gestellt, entfalten kann: Sie gibt Rezitationsabende, sie sorgt mit freizügigen Interviews für Aufsehen, sie nimmt, auch hierin ihrer Zeit voraus, Fototermine wahr, und dem Bildhauer Gustinus Ambrosi sitzt sie gar für eine Büste Modell.

Zum Eklat kommt es, als sie in den Theaterferien 1912 im Ronacher die Hauptrolle in dem Einakter *Feuer* übernimmt, die ihr einer der Wiener Freunde, der junge Franz Theodor Csokor, auf den Leib geschrieben hat: Wie kann sich eine Hofschauspielerin nur unterstehen, auf einer simplen Varietébühne aufzutreten! Aber es kommt noch schlimmer: Eine dänische Filmproduktion fragt bei Ida Orloff an, ob sie für die Hauptrolle in einer Verfilmung des Gerhart-Hauptmann-Stückes *Atlantis* zur Verfügung stünde. Die Figur der nymphomanen Tänzerin Ingigerd Hahlström, die an Bord eines Ozeandampfers den Männern den Kopf verdreht, reizt sie; auch kann sie in ihrem Burgtheatervertrag keine Klausel entdecken, die ihr eine solche Nebenbeschäftigung – noch dazu während der Sommerpause – untersagt. Sie rechnet also höchstens mit einem Verweis, und den nimmt sie gefaßt in Kauf. In ihrem Übermut geht sie jedoch noch einen Schritt weiter und gibt – auf Zwischenstation in Berlin – einer der dortigen Zeitungen ein Interview, in dem sie sich unverblümt über die »Wiener Verhältnisse« mokiert, ja sie als

»rückständig« anprangert. Wenn es den Künstlern der Hofoper erlaubt sei, »ins Grammophon zu singen«, nehme sie auch für ihre Person das Recht in Anspruch, »fürs Kino zu spielen«. Und im übrigen habe sie für die Filmarbeit »ziemlich viel Honorar bekommen«.

Das bringt in der Chefetage des k. k. Hofburgtheaters das Faß zum Überlaufen: Direktor Hugo Thimig läßt ein Disziplinarverfahren gegen die aufmüpfige Person einleiten, das mit deren fristloser Entlassung endet. Der Prozeß, den sie daraufhin anstrengt, kann an dem schmachvollen Hinauswurf nichts ändern: Das Gericht erkennt der Klägerin lediglich eine Abfertigungszahlung in Höhe einer Halbjahresgage zu.

Ida Orloff wäre nicht Ida Orloff, wüßte sie die solcherart gewonnene Freiheit nicht sogleich für neue Projekte zu nutzen: Flugs stellt sie eine eigene Truppe (darunter der am Beginn seiner Karriere stehende Rudolf Forster) zusammen und organisiert eine Rußland-Tournee. Daß die deutsche Kolonie in den für das Gastspiel angepeilten Städten viel zu klein ist, um ein solches Unternehmen rentabel zu gestalten, hat sie freilich nicht bedacht. Schon an der ersten Station, in St. Petersburg, endet das Abenteuer mit einem finanziellen Fiasko.

Doch kaum ist man wieder zurück in Wien, folgt auch schon die nächste Katastrophe: Der Erste Weltkrieg bricht aus; Idas Ehemann Karl Satter, der als überzeugter Pazifist seinen Einberufungsbefehl ignoriert, muß sich ins Ausland absetzen und sie mit ihm. Ida Orloffs Dasein als Emigrantin – zuerst in Kopenhagen, dann in Stockholm – gestaltet sich mehr als schwierig. Da die paar Stunden Deutsch- und Russisch-Unterricht, die man ihr an der Berlitz School einräumt, für den Lebensunterhalt nicht ausreichen, ist sie, die eben noch auf den angesehensten

Theaterbühnen brilliert hat, gezwungen, sich als Haushälterin und Wäscherin zu verdingen. Auch als sie nach dem Krieg nach Berlin zurückkehrt, ist es nichts mehr mit dem Theaterspielen: Überall sitzen neue Leute an den Schalthebeln, zudem müßte sie, den Hanneles und Pippas längst entwachsen, das Fach wechseln. Aus der vor Aktivität Vibrierenden ist, obwohl erst zweiunddreißig, eine müde Matrone geworden, die sich nach Ruhe und Sicherheit, nach bürgerlicher Geborgenheit sehnt.

In dieser Situation – die Wege von Ida Orloff und Karl Satter haben sich inzwischen endgültig getrennt – scheint sie reif für eine zweite Ehe. Dr. Franz Leppmann gehört dem renommierten Ullstein-Konzern an, leitet die literarische Abteilung des Pantheon-Verlags. Und er ist es, der ihr – nach ihrer ersten Berührung mit der Kunstgattung Film – den Weg zu einem weiteren neuen Medium weist: Ida Orloff wechselt von der Bühne ins Rundfunkstudio, nimmt fürs Berliner Radio Sprechsendungen auf, rezitiert Dostojewski und Turgenjew vorm Mikrophon. Auch als Übersetzerin aus dem Russischen versucht sie sich, und in ihrem Haus in Berlin-Schlachtensee wird ein Studio eingerichtet, in dem sie talentierte Elevinnen ihrer Wahl zum Schauspielunterricht empfängt. Daß sie jedoch bei den Rollen, die sie mit ihren Schülerinnen einstudiert, mit Vorliebe auf Gerhart Hauptmann zurückgreift, obwohl jeder Kontakt mit dem einstigen Adoranten abgebrochen ist, darf niemanden verwundern. Sie sind es, die sie selbst vor Jahren groß gemacht, die ihren frühen Ruhm begründet haben.

1933 machen Ida Orloff zum zweitenmal die politischen Verhältnisse einen Strich durch die Rechnung: Ihr Mann ist Jude, man muß Deutschland verlassen. Florenz würde ihr gut gefallen. Aber wie soll sie als Ausländerin in Italien Arbeit finden? Da schiebt sie alle Bedenken beiseite und bittet Gerhart Hauptmann, der zwischen 1925 und 1931 regelmäßig einige Monate in Rapallo zugebracht hat und außerdem als Nobelpreisträger weltweites Ansehen genießt, brieflich um Hilfe: Ob er ihr nicht vielleicht eine Audienz beim Duce erwirken könnte? Ida Orloff strebt die italienische Staatsbürgerschaft an:

»Im Gedenken an mein Schicksal, das Sie selbst mir 1906 formen halfen, fühle ich, daß Sie mir Ihre helfende Hand in dieser Stunde nicht versagen werden.«

Doch Gerhart Hauptmann enttäuscht sie einmal mehr. Seine Antwort ist ebenso kurz wie bestimmt: Es tue ihm leid, aber er könne den großen Staatsmann Mussolini doch nicht mit derlei Privatangelegenheiten behelligen ...

Auch London, ihre nächste Lebensstation, bringt Ida Orloff kein Glück: Die Landessprache ist ihr fremd, das Inselklima verschärft ein vor kurzem ausgebrochenes Nervenleiden, und bis Ehegatte Franz Leppmann den angestrebten Posten beim englischen Rundfunk erhält, muß sie abermals eine Reihe niederer Arbeiten annehmen. Als sie sich zu dringend notwendiger ärztlicher Behandlung vorübergehend in Berlin aufhält, bricht der Zweite Weltkrieg aus. An eine Rückkehr nach London ist nicht zu denken. Wieder übernimmt sie da und dort größere und kleinere Theaterrollen, von einer Kollegin läßt sie sich sogar zu einer Truppenbetreuungstournee im von der Deutschen Wehrmacht besetzten Norwegen überreden, und als ihr die immer häufigeren Bombenabwürfe in dem Berliner Stadtviertel, in dem sie ihre Wohnung hat, eine Ortsveränderung geraten erscheinen lassen, ist sie noch einmal für einen Augenblick die alte – die beherzte und zu den schrillsten Reaktionen fähige Ida Orloff. Sie übersiedelt kurzerhand ins Theater, läßt sich ihr Notbett auf der Probebühne aufstellen!

Die alte Frau Fielitz in Gerhart Hauptmanns Tragikomödie *Der rote Hahn* ist ihre letzte Rolle – trotz schwer angeschlagener Gesundheit steht die mittlerweile Zweiundfünfzigjährige sämtliche fünfzig Vorstellungen tapfer durch. Ob da »ihr« Dichter nicht vielleicht noch eine weitere attraktive Rolle für sie kreieren könnte? Doch Idinkas Brief nach Agnetendorf bleibt ohne Antwort.

Freilich, was hätte eine solche Antwort auch noch bewirken können? Trost, höchstens Trost. Denn mit Ida Orloffs Bühnentätigkeit ist es unwiderruflich vorbei: Eine Gehirnblutung hat sie niedergestreckt. Halbseitige Lähmung, Sprech- und Sehstörungen. Dämmerlicht ...

Das Krankenhaus im Berliner Westend, das die Halbtote aufnimmt, muß, von Bombenangriffen bedroht, evakuiert werden. Freunde organisieren Idinkas Verlegung ins Sanatorium Rekawinkel bei Wien. Das letzte Kapitel im Leben einer ungewöhnlichen Frau ist aufgeschlagen.

ANTON WEBERN

Die Todesschüsse von Mittersill

WANTED! THE MAN, WHO HAS KILLED ANTON WEBERN! Würde solch ein Steckbrief zum Erfolg führen? Die fetteste Plakatschrift und dazu ein markantes Porträtbild des Opfers – affichiert an sämtlichen Postämtern, Greyhound-Stationen und Flughäfen der USA? Aber wo wollte man damit anfangen? Amerika ist groß, riesengroß. Und wer zwischen Boston und L. A. kennt überhaupt den Namen? Scheint er doch nicht einmal den offiziellen Stellen am Tatort geläufig zu sein: Auf dem Straßenplan der Gemeinde Mittersill, wo am 15. September 1945 ein GI der US-Army die tödlichen Schüsse abgefeuert hat, ist die dem Andenken des Komponisten Anton Webern gewidmete Häuserzeile als Webergasse eingezeichnet.

Also vielleicht doch eher Huldigung an eine inzwischen ausgestorbene Handwerkerzunft? Oder an einen örtlichen Honoratior dieses Namens? Im Salzburgerland heißt man Weber, nicht Webern. Ob das N auch bei der nächsten Neuauflage des Ortsprospekts unter den Tisch fallen wird?

Biograph Hans Moldenhauer, der sich im Herbst 1959 anschickt, die Umstände des Ablebens Anton Weberns zu klären, steht also vor einer schwierigen Aufgabe. Eine steckbriefliche Fahndung wäre so ziemlich das letzte, was auf die Spur des unbekannten Todesschützen führt. Unser Rechercheur wird da wohl andere Wege beschreiten müssen.

Der erste dieser Wege, das ist klar, führt ihn nach Mittersill. Hier, in der 5000-Seelen-Gemeinde am Paß Thurn, sind die Dinge überschaubar, sind sämtliche in den Fall involvierten Ubikationen erhalten, sind vielleicht gar noch Zeitzeugen anzutreffen.

Auch der Kulturtourist der Jahrtausendwende, der sich für die sogenannte Zweite Wiener Schule – für Leben und Werk von Arnold Schönberg, Alban Berg, Egon Wellesz und Anton Webern – interessiert, kommt um einen Lokalaugenschein im Oberpinzgau nicht herum. Er wird sich in der Pfarrkanzlei von Mittersill das Sterberegister mit der lakonischen Eintragung »Anton Webern, 15. September 1945, 10 Uhr abends« vorlegen lassen, er wird vor dem monumentalen Ehrengrab verweilen, das – dicht neben dem den Helden zweier Weltkriege gewidmeten Kruzifix – den Friedhof hinter der Kirche beherrscht, er wird sich zu der letzten Wohnstätte des Künstlers am heutigen Landrichterweg Nr. 11 durchfragen, und er wird vor allem das zehn Gehminuten von dort entfernte Reichegger-Haus aufsuchen, an dessen Pforte lange Jahre sogar noch die Einschußlöcher von damals zu sehen gewesen sind. Jetzt freilich, seit der Umgestaltung des Anwesens und der damit einhergehenden Veränderung der Hausfront, ist es nur noch die von Anna Mahler, der bildhauernden Tochter des Webern-Kollegen Gustav Mahler, entworfene Bronzeplakette, die an die Katastrophe vom Herbst 1945 erinnert.

»Wieviel Schönes hätte er noch der Menschheit geben können«:
Komponist Anton Webern, hier in jungen Jahren

Machen wir uns nichts vor: Auch wenn die Wiener Philharmoniker Weberns *Sechs Stücke für Orchester op. 6* für eine ihrer jüngsten Tourneen aufs Programm gesetzt haben, wir vielleicht Karajans Webern-Querschnitt mit den »Berlinern« im Schallplattenschrank stehen haben und der Schönberg-Schüler Anton Webern heute weltweit als einer der Wegbereiter der seriellen Musik gepriesen und in allen einschlägigen Lexika gewürdigt wird: In puncto Webern haben selbst versierte Konzertbesucher und Radiohörer erheblichen Nachholbedarf. Rufen wir uns also, wenigstens in Stichworten, seine Biographie in Erinnerung:

Am 3. Dezember 1883 kommt er in Wien zur Welt; der Vater, altem Kärntner Beamtenadel entstammend, ist Bergbauingenieur und bringt es bis zum Sektionschef im Wiener Landwirtschaftsministerium, die Mutter kommt aus einer Fleischhauerfamilie in der Obersteiermark. Sie ist es, die ihrem kleinen Sohn den ersten Klavierunterricht erteilt. Die Bayreuth-Reise, die ihm später der Vater zur bestandenen Matura spendieren wird, trägt Früchte: Das Erstlingswerk des Zwanzigjährigen heißt *Siegfrieds Schwert* und ist eine Ballade für Singstimme und Orchester.

Ein besonders ausgeprägter Charakterzug Anton Weberns tritt schon während seiner Studienjahre zutage: Er klammert sich hingebungsvoll an Vorbilder, eifert ihnen nach, läßt nichts auf sie kommen. Als Hans Pfitzner, in dessen Berliner Kompositionsklasse er aufgenommen werden möchte, sich abfällig über den Kollegen Gustav Mahler äußert, den Webern leidenschaftlich verehrt, ja als Halbgott preist, ändert dieser spontan seine Pläne und kehrt empört nach Wien zurück. Und um seinem eigentlichen Mentor Arnold Schönberg, der ihn später an die

Zwölftonmusik heranführen wird, auch physisch nahe zu sein, folgt er ihm an dessen zeitweiligen Wohnsitz Mödling und bezieht ein Logis in der Nebengasse.

Mit einem wird er sich allerdings sein Leben lang abfinden müssen: Niemals wird er sich und seine Familie – Webern heiratet 1911 seine Cousine Wilhelmine Mörtl und hat mit ihr vier Kinder – von den Erträgnissen der eigenen Musik ernähren können. Er nimmt Kapellmeisterstellen beim Kurorchester von Bad Ischl, an den Theatern von Teplitz, Prag, Danzig und Stettin an, leitet schließlich, des ewigen Operettendirigierens müde, die Wiener Arbeiter-Symphoniekonzerte, unterrichtet am Wiener Jüdischen Blindeninstitut und berät den Radiosender RAVAG in Fragen der Neuen Musik. Um die finanzielle Abhängigkeit von einem seiner Schwiegersöhne zu minimieren, übernimmt der inzwischen fast Sechzigjährige während des Zweiten Weltkriegs Korrekturaufträge des Musikverlags Universal Edition.

Treibt er schon mit seinen Lehrmeistern und Freunden – allen voran Arnold Schönberg und Alban Berg – eine Art Heiligenkult, so nimmt auch das eigene Komponieren quasi religiöse Züge an: Obwohl kein praktizierender Katholik, schlägt Webern, bevor er zum Notenpapier greift, regelmäßig das Kreuzzeichen, und kommt er bei der Arbeit ins Stocken, so kniet er an seinem Betschemel nieder. Sein Werk bleibt schmal, umfaßt nur einunddreißig Opus-Zahlen und ist, was die Akzeptanz beim Publikum betrifft, von einer Kette von Rückschlägen und Demütigungen begleitet. Bei der Uraufführung der *Sechs Stücke für Orchester op. 6* im Wiener Musikvereinssaal kommt es gar zum handfesten Skandal. Daß die mäßige öffentliche Rezeption seines Werks, das vor allem Lieder, Kantaten, Orchesterstücke und Kammermusik umfaßt, durch um so stärkeren Einfluß auf die nachfolgende Komponistengeneration kompensiert wird, ja Webern geradezu zum Leitstern von Leuten wie Karlheinz Stockhausen, Pierre Boulez und Luigi Nono aufsteigt, erlebt er selbst nicht mehr: Das ist Nachkriegsgeschichte.

Die letzten Jahre zieht er sich völlig in seine Einsiedelei am Stadtrand von Wien zurück. Die Wohnung in Maria Enzersdorf ist nur mit dem Allernotwendigsten ausgestattet. Kraft schöpft er im Garten hinterm Haus oder auf Bergtouren; von keinem seiner Ausflüge kehrt der passionierte Botaniker ohne erlesene Pflanzenfunde zurück. Die wenigen Freunde sorgen dafür, daß es ihm nicht an seinem einzigen Genußmittel mangelt: dem Tabak. Auch die politischen Verhältnisse setzen Webern zu: Seit dem Anschluß Österreichs an Hitler-Deutschland ist »entartete« Musik wie die seine vollends verpönt, seine Schriften sind aus dem Verkehr gezogen, seine Lehrtätigkeit mit Ausnahme einiger weniger Privatstunden unterbunden.

Ans Komponieren ist jetzt, wo auch im Raum Wien die Alarmsirenen heulen und die ersten Bomben fallen, ohnehin nicht zu denken. Der schon unter normalen Umständen extrem Lärmempfindliche ist seit Juni 1944 zur Luftschutzpolizei eingezogen. »Ich bin kaserniert«, klagt er in einem Brief an einen der Freunde, »bin meiner Arbeit völlig entrissen, von 6 Uhr früh bis 5 Uhr abends geschunden, bin müde, abgekämpft.« Als dann auch noch – bei einem Bombenangriff auf einen fahrenden Zug – sein einziger Sohn ums Leben kommt, hält den inzwischen Einundsechzigjährigen nichts mehr in der Geburtsheimat. Man stellt sich auf Flucht ein, und da eine der drei Webern-Töchter im Oberpinzgau lebt, folgt man ihr nach, übersiedelt nach Mittersill.

An einem Waldhang am Ortsrand besitzen die Schwiegereltern von Weberns zweitältester Tochter Maria ein Landhaus. Maria verehelichte Halbich und ihre jüngere Schwester Christine verehelichte Mattel sowie ihre beiden Kinder – die Männer sind alle eingerückt – haben sich schon im Sommer 1944 hierher zurückgezogen. Jetzt, kurz vor Kriegsende, holen sie auch die Eltern nach und mit ihnen Amalie, das älteste der Geschwister.

Was Anton und Wilhelmine Webern an Habseligkeiten in die Evakuierung mitnehmen können, paßt gerade in zwei Rucksäcke. Die ersten dreißig Kilometer legen sie zu Fuß zurück. Erst in Neulengbach erreichen sie einen Zug, der in Richtung Westen fährt. In Zell am See treffen sie mit Amalie zusammen. Als man schließlich, nun also wieder mit allen drei Töchtern vereint, am Zielort Mittersill eintrifft, schöpft Webern neue Hoffnung: »Welch eine Fügung Gottes, nun wird alles gut.«

Im gemeinsamen Quartier im Halbich-Haus herrscht bedrohliche Enge: vier Familien unter einem Dach. Als zwei der drei Schwiegersöhne, von der Front heimkehrend, sich ebenfalls nach Mittersill durchschlagen können, muß man sich also um zusätzlichen Wohnraum umsehen. Benno Mattel, mit Christine, der jüngsten der drei Webern-Töchter, verheiratet, gelingt es, seine Familie in einem Bauernhaus unterzubringen, das, zehn Gehminuten vom Halbich-Besitz entfernt, dem Ortszentrum um einiges näher ist.

Mittersill geht zu dieser Zeit von Zuzüglern über: Dank seiner geographischen Lage zwischen Venediger Höhe und Kitzbühler Alpen gilt es gegen Kriegsende als sicherer Unterschlupf; auch gehen Gerüchte um von riesigen Lebensmittelvorräten, die in schwer zugänglichen Bergstollen eingelagert seien. Vor allem Vertreter der gehobenen Schichten mieten sich ein, wo immer in der Region Wohnraum aufzutreiben ist. Sie kommen aus Wien, aus München, aus Berlin, selbst aus Polen, Ungarn und Rumänien. In den Gasthöfen trifft man auf ein buntes Völkergemisch, wie es Mittersill sogar in den Zeiten florierendsten Fremdenverkehrs kaum je erlebt hat. Da diskutiert ein kroatischer Priester mit einem ungarischen Journalisten, ein Wiener Bankier mit seinem Warschauer Kollegen, ein Berliner Architekt mit einer Mittelschullehrerin aus Bukarest. Auch Weberns Kollege Cesar Bresgen ist unter den Neubürgern: Der dreißig Jahre Jüngere kann sich in der Mittersiller Pfarrkirche als Organist nützlich machen.

Am 10. Mal 1945 ziehen die Amerikaner im Ort ein. Sie sind eine vergleichsweise angenehme Besatzungsmacht. Wer sich mit ihnen gut stellt, gelangt, wenn er Glück hat, an so manche langentbehrte Luxusgüter, im Tauschhandel mit den Einheimischen lassen sich die ärgsten Lücken im Haushalt schließen: Für Geld und Schmuck gibts Butter, Käse und Brennholz. Cesar Bresgen setzt sein altes Kinderfahrrad in Schafffleisch um; für die Heidelbeeren, die er im nahen Wald brockt, ergattert er Zucker; und als er einem der Nachbarbauern bei dessen Vorsprache in der US-Kommandantur Dolmetscherdienste leistet, kassiert er als Honorar ein saftiges Trumm Speck.

Aber nicht alles, was da an »Warenverkehr« läuft, ist von so harmloser Natur: Schleichhändler, Schieber und Dokumentenfälscher wittern ihre Chance, tauchen aus dem Untergrund auf, ziehen risikofreudige Klienten in ihre Netze, bereichern sich binnen kürzestem und verschwinden ebenso lautlos, wie sie gekommen sind. Besonders Skrupellose spüren jene Verstecke auf, in denen während des Krieges wertvolle Kunstwerke deponiert worden sind, und geben sie gegen harte Dollars windigen Händlern preis – alles in »lauterster« Absicht, nicht etwa zur persönlichen Bereicherung, sondern natürlich nur im Dienst der Befreier …

Unter den Einheimischen bilden sich Fronten – nicht zuletzt im sensiblen Bereich der Erotik: Hier die jungen Mädchen, die den GIs für entsprechende Vergünstigungen ihren Körper feilbieten, dort die stolzen Burschen aus dem Ort, die, um dem wüsten Treiben ein Ende zu setzen, die »Ami-Huren« einfangen, vor aller Augen demütigen und je nach Laune die Zöpfe abschneiden oder den Kopf kahlscheren.

Benno Mattel, der eine der drei Schwiegersöhne Anton Weberns, zählt zu der harmloseren Spezies: Er beteiligt sich wie so viele, die um ihrer Familie willen der allgemeinen Not gegenzusteuern versuchen, am allgemeinen Schwarzhandel. Besonders begehrt sind Zigaretten und Kaffee, auch an amerikanisches Geld trachtet er heranzukommen. Dank seines besonderen Geschicks im Umgang mit den Verbindungsleuten von der US-Army glückt ihm so mancher lukrative »Deal«, das Geschäft läuft hervorragend. Bis zu jenem verhängnisvollen 15. September 1945, da seine Machenschaften auffliegen, das US-Hauptquartier einzuschreiten beschließt und ein Sonderkommando Weisung erhält, »Mister Mattel« in eine Falle zu locken, um ihm und seinen amerikanischen Komplizen das Handwerk zu legen …

Ein Trupp von drei Mann – der Hauptfeldwebel der Einheit, ein Dolmetscher und der Kompaniekoch, der offenbar das entscheidende Belastungsmaterial in Händen hat – wird gegen zweiundzwanzig Uhr losgeschickt, um im Reichegger-Haus, wo Benno Mattel mit seiner Familie wohnt, zum entscheidenden Schlag auszuholen.

Das Unternehmen ist als Scheingeschäft getarnt: Die Amerikaner rücken mit den »gewünschten« Waren an, und als Benno Mattel zur Zahlung schreiten will, wird er auf der Stelle verhaftet. Auch eine Hausdurchsuchung ist vorgesehen: Man vermutet ein illegales Dollar-Versteck.

Das Unglück will es, daß sich zur selben Stunde Anton Webern im fraglichen Haus aufhält: Tochter Christine, mit ebenjenem Benno Mattel verheiratet, hat ihre Eltern zum Nachtmahl eingeladen. Von den Vorgängen, die sich ein paar Zimmer weiter abspielen, haben weder Anton noch Wilhelmine Webern die geringste Ahnung. Während sie in der Wohnstube beisammensitzen und gerade im Begriff sind, sich von der gemeinsamen Tafel zu erheben, wird in der Küche Schwiegersohn Benno Mattel überwältigt und abgeführt.

Für Anton Webern ist es bis dahin ein beglückender Abend: Nicht nur, daß er, der an allem Notleidende, endlich wieder ein ordentliches Mahl vorgesetzt bekommt, hat ihm Schwiegersohn Benno auch eine jener kostbaren Ami-Zigarren spendiert, die er so sehr liebt und an die er selbst nie herankäme. Aber Webern ist ein rücksichtsvoller Mann: Um den ebenfalls in der Wohnung anwesenden Enkelkindern, die gerade zu Bett gebracht worden sind, nicht die Luft zu verpesten, entschließt er sich, für einen Moment vors Haus zu treten und seine Zigarre im Freien zu rauchen.

Daß er damit gegen das allgemeine Ausgehverbot verstößt, das die amerikanischen Besatzer noch immer über den Ort verhängt haben, bedenkt er nicht. Und schon gar nicht hat er Kenntnis von der heiklen »Amtshandlung«, die sich wenige Schritte von ihm entfernt im Hausinneren abspielt.

Er führt die Zigarre zum Mund, zündet ein Streichholz an,

Schauplatz der Tragödie: Das Haus Am Markt 101

will den ersten Zug machen – da fallen Schüsse. Drei aus allernächster Nähe und ohne jede Vorwarnung auf ihn abgefeuerte Schüsse. Webern, von der MG-Salve im Unterleib und in der Magengegend getroffen, kann gerade noch, mit letzter Kraft ins Haus wankend, die Wohnzimmertür aufreißen; dort bricht er mit den Worten »Es ist aus!« vor den Augen seiner Frau zusammen. Alles Weitere läuft blitzschnell ab: Die zwei noch im Haus befindlichen Amerikaner, sowohl von den Schüssen wie von dem gellenden Schrei des Todesschützen aufgeschreckt, stürzen ins Zimmer, betten den Schwerverwundeten auf eine eilends herbeigeschaffte Matratze und transportieren ihn unter den entgeisterten Blicken der Umstehenden ins Krankenhaus von Mittersill, wo Anton Webern noch in derselben Nacht an den Folgen seiner Verletzungen stirbt.

Wie konnte das geschehen? Was ist da schiefgelaufen? Hat der GI, der während der Verhaftung Benno Mattels vor dem

Haus Wache hielt, das Aufflackern des Zündholzes in der spätabendlichen Finsternis als Gefährdung mißdeutet, sich attakkiert geglaubt, in vermeintlicher Notwehr die verhängnisvollen Schüsse abgegeben und solcherart einen völlig Unbeteiligten, ja den friedvollsten Menschen der Welt, der nicht zu der kleinsten Unrechtshandlung, geschweige denn zu irgendeiner Gewalttat fähig wäre, getötet?

So jedenfalls wird er sich später zu rechtfertigen wissen. Doch auch wenn er – unbegreiflicherweise – niemals vor ein Militärgericht gestellt werden wird: Das Schicksal holt ihn auf seine Weise ein ...

In Mittersill geht unterdessen das Leben in der gewohnten Weise weiter: Die amerikanischen Besatzer geben den Ton an, die Einheimischen versuchen sich mit ihnen zu arrangieren (so wie die Flüchtlinge mit den Einheimischen), auf den Almen ringsum wird noch immer nach Versprengten gefahndet, die sich nicht bei den Behörden gemeldet haben.

Noch um vieles chaotischer gehts in Wien zu: In der von insgesamt zweiundfünfzig Luftangriffen zerstörten Stadt, die an die zwölftausend Bombenopfer zu beklagen hat, hat man andere Sorgen, als sich um das mysteriöse Ableben eines einzelnen Flüchtlings in den Pinzgauer Bergen zu kümmern. Siebenundvierzigtausend Häuser, also fast achtundzwanzig Prozent des gesamten Baubestandes, sind demoliert oder beschädigt, zwölf Prozent aller Wohnungen unbenützbar. Die Summe der zerborstenen Fensterscheiben beläuft sich auf acht Millionen Quadratmeter – das ist in etwa die Fläche des Hallstätter Sees. In den Straßen ist achthundertfünfzigtausend Quadratmeter Schutt wegzuräumen, einhundertzwanzig Brücken sind zerstört.

Am 1. September 1945 haben die Truppen der Besatzungsmächte Wien in vier Zonen aufgeteilt, die Kosten für ihren Unterhalt verschlingen fünfunddreißig Prozent des österreichischen Staatshaushalts. Am 8. Oktober wird für die Bevölkerung die viersprachige Identitätskarte eingeführt, die Vorbereitungen für die ersten Nationalrats- und Gemeinderatswahlen, für die Wiedereinführung des Schillings und für die Kindererholungstransporte ins vom Krieg verschont gebliebene Ausland laufen an. In Wien hat der Maler Carl Moll, in Kirchstetten der Dichter Josef Weinheber die Konsequenzen aus seiner NS-Verstrickung gezogen und sich das Leben genommen; die Emigranten Franz Werfel, Felix Salten, Richard Beer-Hofmann, Alexander Roda Roda und Bertha Zuckerkandl sterben fern der Heimat. Von Anton Weberns Tod erfährt man in Wien erst mit mehrwöchiger Verspätung: Friedrich Wildgans' Nachruf in der *Österreichischen Zeitung,* dem Organ der Roten Armee, erscheint am 20. Oktober. Die wirklich wesentlichen Würdigungen von Anton Weberns Leben und Werk finden im Ausland statt – und da kaum jemand Genaues weiß, weichen die Darstellungen vom tragischen Ende des Komponisten beträchtlich voneinander ab.

Der Mann, der – anderthalb Jahrzehnte nach den Ereignissen von Mittersill – Licht ins Dunkel der Affäre bringen wird, kommt – so wie der Täter – aus Amerika und ist der am Konservatorium von Spokane (Washington) lehrende Musikwissenschaftler Hans Moldenhauer. Die Erforschung der Vita Anton Weberns (und in weiterer Folge die Verbreitung seines Werks) werden ihm zur Lebensaufgabe. Er ist es auch, der an der Universität von Seattle das erste Internationale Webern-Fest organisieren, den Nachlaß (für den sich keine der Wiener Stellen interessiert) erwerben, eine Reihe verschollen geglaubter Manuskripte entdecken, mit einer Fülle eigener Veröffentlichungen auf seinen Lieblingskomponisten aufmerksam machen und schließlich die große Webern-Biographie erarbeiten wird.

Zuerst aber will er sich über das mysteriöse Ende seines »Helden« Klarheit verschaffen. Im September 1959 trifft Moldenhauer in Mittersill ein, geht sämtliche einschlägigen Adressen ab: Wohnhaus, Sterbehaus, Spital. Er sieht sich im Gasthof zur Post um, wo die Amerikaner ihr Lebensmittellager gehabt und wo am Abend des 15. September 1945, mitten aus einer Tanzveranstaltung heraus, jene unglückliche Mission ihren Ausgang genommen hat, die zu Weberns Tod führt.

Vor allem aber: Es geht darum, Zeitzeugen aufzuspüren. Moldenhauer erfährt eine Menge – nur eines nicht: den Namen des Täters. Die Suche nach dem geheimnisvollen Unbekannten gestaltet sich derart kompliziert, daß er mit ihrer Schilderung 1961 ein ganzes Buch füllen kann: *The Death of Anton Webern*. Es erscheint zuerst in den USA, neun Jahre später auch auf deutsch. Moldenhauer geht es nicht um den juristischen oder gar strafrechtlichen Aspekt der Angelegenheit. Er hat weder ein Interesse noch gar das Mandat, den Todesschützen von Mittersill zur Verantwortung zu ziehen. Er ist kein Kriminalist, geschweige denn Revanchist. Er ist Biograph. Was ihn bewegt, ist einzig die Klärung der Frage:

Wie ist es dazu gekommen, daß Anton Webern mit einundsechzig Jahren hat sterben, daß sein künstlerisches Schaffen so jäh hat abreißen müssen?

Moldenhauer weiß, vor welch diffiziler Aufgabe er steht: Wären die verantwortlichen Stellen der US-Heeresleitung, die allein über die einschlägigen Dokumente verfügen kann, zu entsprechenden Auskünften bereit? Würden sie sich nicht auf den Standpunkt stellen, ein Mann, der im Dienst für sein Vaterland eine wie immer zu beurteilende Tat begangen hat, sei vor der Neugier Außenstehender zu schützen? Außerdem sind seit jenem 15. September 1945 vierzehn Jahre verstrichen: Sollte man da nicht endlich die Vergangenheit ruhen lassen – gemäß dem amerikanischen Grundsatz »Let bygones be bygones«?

Moldenhauer schiebt alle Bedenken beiseite, bombardiert Ministerien, Kriegsarchive, Generäle und Stabsoffiziere mit Briefen, Eingaben und Gesuchen. Bald füllt seine Korrespondenz einen ganzen Aktenordner. Wie ein Besessener arbeitet er sich von einem Detail zum anderen vor. Wo die erbetene Antwort ausbleibt, urgiert er; wo sie eintrifft, hakt er nach. Und ist am 5. Februar 1960 tatsächlich am Ziel: Die Heeresdokumentenzentrale in St. Louis (Missouri) rückt nach gründlicher Sichtung der Kartei des 242. Infanterieregiments, gestützt auf die bereits vorliegenden Daten der in Betracht kommenden Personen, mit dem entscheidenden Namen heraus: Raymond N. Bell.

Sogar eine Adresse findet sich: Mount Olive (North Carolina) ist der letzte Wohnsitz des Gesuchten. Da bedarf es nur noch einer Anfrage bei der betreffenden Stadtverwaltung. Mount Olive ist eine Ortschaft von dreitausend Einwohnern, es müßte also ein leichtes sein, den Verbleib dieses jetzt schätzungsweise fünfundvierzigjährigen Raymond N. Bell zu eruieren.

Tatsächlich trifft nach zwei Wochen die mit Spannung erwartete Antwort ein. Ihr Absender: Helen S. Bell. Die Witwe. Der Mann, der Anton Webern getötet hat, ist selbst seit viereinhalb Jahren tot. Am 3. September 1955 ist er im Alter von einundvierzig Jahren gestorben. Mrs. Bell, Lehrerin in Mount Olive, erteilt bereitwillig Auskunft:

Anton Weberns Grab auf dem Friedhof in Mittersill

»Das Geburtsdatum meines Mannes war der 16. August 1914. Wir haben einen Sohn, der im Juni einundzwanzig Jahre alt werden wird. Mein Mann war Küchenchef in Restaurants. Er starb an Alkoholismus. Über den seinerzeitigen Unglücksfall weiß ich nur wenig. Als Raymond aus dem Krieg heimkehrte, erzählte er mir, er habe in Ausübung seiner Dienstpflichten einen Mann erschossen. Ich weiß, daß er sich darüber sehr gegrämt hat. Jedesmal, wenn er betrunken war, sagte er: ›Ich wünschte, ich hätte ihn nicht getötet!‹ Ich bin überzeugt, daß dies dazu beitrug, seine Krankheit herbeizuführen. Er war ein sehr gütiger Mensch, der jeden gern hatte. Ja, dies sind die Folgen des Krieges – so viele haben darunter zu leiden! Über die Einzelheiten weiß ich nichts. Sollte ich Ihnen dennoch weiter behilflich sein können, stehe ich gern zur Verfügung.«

Mrs. Bell hält Wort. Als Professor Moldenhauer sie in seinem Dankschreiben um die Erlaubnis bittet, ihre Angaben für die geplante Webern-Biographie zu verwerten, stimmt sie nicht nur zu, sondern überläßt ihm auch ein Photo ihres Mannes aus dessen Militärzeit: Raymond N. Bell in jener Uniform, die er am Abend des 15. September 1945 getragen hat.

Hans Moldenhauers Recherchen sind damit fürs erste abgeschlossen.

Was jetzt noch folgt, ist nicht viel mehr als ein Postskriptum – aber auch dieses ist erschütternd genug. Es betrifft die Witwe Anton Weberns, und diesmal ist Amalie Waller, die 1911 geborene älteste der drei Webern-Töchter, die Auskunftsperson. Wilhelmine Webern, zum Zeitpunkt des Todes ihres Mannes neunundfünfzig, bleibt weiterhin in Mittersill, lebt noch vier Jahre und wird zu Neujahr 1950 im Grab ihres Mannes beigesetzt. Tochter Amalies Bericht an Hans Moldenhauer:

»Meine Mutter hatte danach versucht, bei der US-Kommandantur eine Rechtfertigung für deren Vorgehen zu erhalten, und erhoffte wenigstens eine finanzielle Unterstützung von seiten des Militärs. Sie war ja vollkommen mittellos. Auf die Drohung hin, selbst ins Gefängnis zu kommen ob ihres Ansinnens, gab sie alle Hoffnung auf Hilfe auf. Auch hat sie, solange sie lebte, niemanden in die wahren Umstände des Todes meines Vaters eingeweiht. Jetzt aber ist es an der Zeit, die Welt wissen zu lassen, daß ein vollkommen unschuldiger Mensch dem Übereifer einiger Soldaten zum Opfer gefallen ist – ein Mensch, der selbst ein Opfer der Nazis gewesen ist. Wo ist da die Gerechtigkeit? Mir ist sehr daran gelegen, daß die Öffentlichkeit endlich erfährt, was für ein Wahnsinn der Tod Anton Weberns gewesen ist. Wieviel Schönes hätte er noch der Menschheit geben können!«

KÖNIG ABDALLAH

Mord vor der Moschee

Seit dem 20. Juli 1951 ist Prinz Hussein rund um die Uhr bewaffnet, hat zu jeder Zeit und an jedem Ort seine Pistole zur Hand. Die Ermordung seines Großvaters in der Vorhalle der Al-Aksa-Moschee zu Jerusalem, die er aus nächster Nähe miterlebt, wird dem Sechzehnjährigen, der den auch auf ihn abgefeuerten Schuß nur übersteht, weil die Kugel von einer der Medaillen an seiner Uniformjacke abprallt, zum Trauma. Als er ein Jahr darauf – nach der unumgänglich gewordenen Absetzung seines geistig umnachteten Vaters, König Talals – selbst den Thron Jordaniens besteigt und sein Arbeitszimmer im Raghadan-Palast zu Amman bezieht, zählt es zu seinen ersten Verfügungen, über dem Schreibtisch ein Porträt seines Lieblingsahnen anbringen zu lassen. Und als sich im Sommer 1961 der Königsmord von Jerusalem zum zehntenmal jährt, erweist der inzwischen sechsundzwanzigjährige Haschemitenherrscher dem Attentatsopfer seine Reverenz, indem er mit großem Gefolge dessen Sterbeort inspiziert: das Hospiz zur Heiligen Familie in der Via Dolorosa Nr. 37.

Was hat König Abdallah von Jordanien mit dem österreichischen Pilgerasyl in Jerusalem zu tun? Ganz einfach: Zur Zeit der britischen Oberhoheit konfisziert und abwechselnd als Internierungslager, Offiziersschule, Polizeistation und Lazarett genutzt, dient die ursprünglich den das Heilige Land bereisenden Katholiken gewidmete und vom Vöcklabrucker Orden der Armen Schulschwestern betreute Herberge seit dem Abzug der Engländer der jordanischen Gesundheitsbehörde als Spital, ist also an jenem 20. Juli 1951, als König Abdallah unter den Schüssen des Attentäters zusammenbricht, der einzige Ort im näheren Umkreis, der für Erste Hilfe-Leistung in Betracht kommt. Der Leibarzt, der dem Begleiterstab des Monarchen angehört, eilt herbei und verfügt, daß der Neunundsechzigjährige auf einen aus der Moschee herbeigeschafften Gebetsteppich gebettet und von Männern der Leibwache im Laufschritt ins achthundert Meter entfernte Hospiz gebracht wird. Doch umsonst: Dr. Abdallah Khoury, der diensthabende Chirurg, kann für seinen Patienten nichts mehr tun, stellt nur noch den inzwischen eingetretenen Tod fest.

Gleiches gilt für den Attentäter: Noch am Ort des Geschehens von den Schüssen der königlichen Leibgarde niedergestreckt, wird auch der einundzwanzigjährige Mustafa Schukri Aschu als Toter ins Österreichische Hospiz eingeliefert. Nur mit größter Mühe gelingt es den Ordnungskräften, die wütend um sich schießenden Wächter daran zu hindern, den Leichnam des Mörders zu verstümmeln.

Um so mehr haben Dr. Khoury und seine Helfer alle Hände voll zu tun, sich um die Überlebenden zu kümmern. Im Zuge der Verfolgung des Täters und seiner vermutlichen Hintermänner fallen Schüsse über Schüsse, von überall her werden Ver-

Jerusalem, Via Dolorosa 37: Das Hospiz zur Heiligen Familie

Mord vor der Moschee

wundete herangeschleppt. Und noch ein weiterer Tatzeuge braucht Hilfe: Der Enkel des Mordopfers steht unter Schock, der Notarzt verabreicht Prinz Hussein eine Beruhigungsspritze. Dann nimmt sich einer der britischen Piloten, die im Dienst der im Aufbau begriffenen jordanischen Luftwaffe stehen, des Sechzehnjährigen an und fliegt seinen völlig verstörten Schützling heim nach Amman.

Als dieser im Sommer 1961, mittlerweile selbst seit neun Jahren König von Jordanien, zur Gedenkvisite an den Ort des Schreckens wiederkehrt, begnügt er sich nicht damit, die Ereignisse von damals zu rekapitulieren, sondern stattet den österreichischen Schulschwestern, die in all den Jahren nicht nur tapfer im Hospiz ausgeharrt, sondern als Sanitäterinnen wertvollste Dienste geleistet haben, seinen Dank ab.

Das Königreich Jordanien ist neueren Datums: Mit dem am 2. Mai 1935 geborenen Hussein besteigt erst der dritte Haschemitenkönig den Thron von Amman. Abdallah, sein Großvater, ist es, der die junge Dynastie begründet.

1882 kommt er als Abdallah Ibn Hussein Ibn Ali in Mekka, dem im heutigen Saudi-Arabien gelegenen Geburtsort des Propheten und religiösen Zentrum des Islams, zur Welt. Auf seine direkte Abstammung von Mohammed pochend, wird er, Sohn des Anführers der arabischen Revolte gegen die bis zum Ersten Weltkrieg die Region beherrschenden Osmanen, schon in jungen Jahren politisch aktiv, ehe ihn die ab 1918 Palästina verwaltenden Briten als Emir von Transjordanien einsetzen. 1946 ent-

Mann des Ausgleichs, ja des Friedens:
Abdallah Ibn Hussein Ibn Ali, König von Jordanien

Mord vor der Moschee

läßt die britische Krone ihr vormaliges Mandatsgebiet in die Unabhängigkeit: Das nunmehrige Königreich Jordanien etabliert sich als konstitutionelle Monarchie mit Zwei-Kammern-Parlament, Amman wird Hauptstadt.

Als nach dem Abzug der Briten die allseits befürchteten Feindseligkeiten zwischen den arabischen Nachbarn und dem frischgegründeten Staat Israel ausbrechen und 1948 mit dem ersten Nahostkrieg eine Neuverteilung des Territoriums in Kraft tritt, ist es König Abdallah, der zwar als einziger auf arabischer Seite – mit dem Zugewinn der sogenannten Westbank – seinen Herrschaftsbereich erweitern kann, zugleich aber auf einen dauerhaften Ausgleich mit Israel dringt. Sein fester Wille, den unsicheren Waffenstillstand in einen endgültigen Friedensvertrag münden zu lassen, isoliert ihn in der arabischen Welt. Vor allem der ehemalige Groß-Mufti von Jerusalem, der noch zu Zeiten der britischen Mandatschaft nach Kairo verbannte extremistisch-nationalistische Amin el Hussein, sieht in Abdallah seinen Erzrivalen: Der »Verräter« aus den eigenen Reihen, der ihm, Amin el Hussein, den Anspruch streitig macht, nicht nur als religiöser Führer über Palästina zu herrschen, muß unter allen Umständen ausgeschaltet werden. Hat er zuvor schon aufs wüsteste sowohl gegen die Briten wie gegen die Juden gehetzt (und vielleicht sogar, seinerzeit von Hitler in Berlin empfangen, an der Planung des Holocaust mitgewirkt), so ist nun König Abdallah, der um jeden Preis Frieden mit Israel schließen will, sein Hauptfeind. Von seinem Exil in Kairo aus, wo ihm König Faruk von Ägypten Gastrecht gewährt, schmiedet er sein Mordkomplott gegen den dreizehn Jahre Älteren. Für die Hauptrolle bei dem heimtückischen Vorhaben ist sein Jerusalemer »Statthalter« Musa Husseini ausersehen. Dr. Husseini ist offiziell Arzt und steht dem Roten Halbmond (einer Art arabischem Roten Kreuz) vor, organisiert jedoch vor allem, in ständigem konspirativem Kontakt mit Amin el Hussein, die antiisraelische Untergrundbewegung in Jerusalem. Er also wird, von geheimen Kurieren aus Kairo laufend instruiert, das »Unternehmen Abdallah« in die Hand nehmen ...

Sowohl Ort wie Zeitpunkt des geplanten Anschlags wollen sorgfältig kalkuliert sein. Abdallahs Regierungssitz, so ist man sich einig, scheidet für das Vorhaben aus. Die teils aus Tscherkessen, teils aus Beduinen rekrutierte Leibwache im Königspalast von Amman bildet einen unüberwindlichen Schutzschild. Also muß man zuschlagen, wenn Abdallah »außer Haus« ist. Am besten in Jerusalem, wo er von Zeit zu Zeit das auf dem Tempelberg befindliche Grab seines Vaters aufsucht. Hier käme dem Attentat auch starke Symbolkraft zu: Den »Verräter der arabischen Sache« träfe die »verdiente« Strafe an einem der heiligsten Orte des Islams. Denn an der Stelle, wo sich die Al-Aksa-Moschee erhebt, ist – dem Koran zufolge – der Prophet Mohammed auf seiner nächtlichen Reise mit dem geflügelten Wunderpferd el-Buraq gelandet, um anschließend von dem benachbarten Felsen auf einer Lichtleiter gen Himmel aufzusteigen.

Dr. Musa Husseini macht sich ans Werk. Da keinerlei Informationen darüber vorliegen, wann König Abdallah seine nächste Jerusalem-Visite plant, soll für den Fall der Fälle vorgesorgt werden. Um die Gelegenheit für den Mordanschlag nicht zu verpassen, ist man genötigt, kurzfristig »einsatzbereit« zu sein.

Das geringste Problem ist die Waffe. Noch vom jüngsten Krieg her geht die Stadt von Munitionsverstecken über. Auch ein williger Attentäter würde sich leicht finden lassen: Unter den

Palästinensern wimmelt es von jugendlichen Fanatikern, die nur zu gern bereit sind, sich für die »gute Sache« zu opfern. Dr. Musa Husseinis Wahl fällt auf den einundzwanzigjährigen Mustafa Schukri Aschu, einen Schneidergehilfen aus einem Dorf nahe Jerusalem. Der Komplize, der ihn mit Pistole und Handgranaten versorgt, heißt Abdul Hamad Okke und stammt aus Hebron.

Als nächste treten die Geheimdienstler auf den Plan. Es ist inzwischen durchgesickert, daß der König die Absicht hat, am Freitag, dem 20. Juli 1951, nach Jerusalem zu kommen. Da kurz zuvor der mit Abdallah sympathisierende Ministerpräsident des Libanon, Riad el Solh, in Amman konferiert hat und bei Verlassen des königlichen Gästehauses von einem syrischen Extremisten erschossen worden ist, herrscht am Hof von Amman Alarmstufe eins: Alle raten dem Neunundsechzigjährigen von der Fahrt nach Jerusalem ab. Auch sein Stab, der ihn begleiten soll, wird von Stunde zu Stunde kleiner. Jeder findet einen anderen Vorwand, um sich dem gefährlichen Unternehmen zu entziehen. Kronprinz Talal scheidet sowieso aus: Der Thronfolger, seit Jahren an einem schweren Nervenleiden laborierend, ist außer Landes, weilt zur Behandlung in einer Spezialklinik in der Schweiz. Auch Abdallahs zweiter Sohn fehlt auf der Liste der Reisebegleiter. Prinz Naif steht nicht in des Königs Gunst.

Bleibt nur der Enkel: Der sechzehn Jahre alte Hussein, zur Zeit Zögling an der berühmten Harrow School am Stadtrand von London, ist gerade aus England zurückgekehrt, um seine Ferien in der Heimat zu verbringen. Großvater und Enkel sind einander besonders zugetan. Hussein zögert also keinen Augenblick, der Einladung des Königs Folge zu leisten. Er schlüpft in seine Offiziersuniform, findet sich bei der abfahrbereit vor dem

Raghadan-Palast wartenden Wagenkolonne ein und nimmt auf dem Sitz neben dem König Platz.

Binnen kurzem ist, nach einem Zwischenaufenthalt in Nablus, die Stadtgrenze von Jerusalem erreicht. Nach der formellen Begrüßung durch die vollzählig erschienenen arabischen Würdenträger setzt der Konvoi seinen Weg in die Altstadt fort. Als das Sankt-Stefans-Tor passiert ist, schüttelt der König sein Gefolge ab und begibt sich zu Fuß, nur von seinen Gardisten umdrängt, zum Nordtor des Tempelbezirks, um sich der Grabstätte seines Vaters zu nähern und seine rituellen Gebete zu verrichten. Hier aber will er allein sein; in der Al-Aksa, seiner Lieblingsmoschee, duldet er keine Militäruniformen um sich. Widerstrebend treten die Männer der Leibwache zurück. In diesem Augenblick, da Abdallah das Tor zum Vorhof durchschritten hat, stürzt der Attentäter, der sich in einer der Nischen der Umfassungsmauer verborgen gehalten hat, auf den schutzlosen Monarchen zu und eröffnet aus nächster Nähe das Feuer: Der König kann gerade noch mit einem halberstickten »Allah« seinen Gott anrufen, dann bricht er, von einem Kopfschuß getroffen, zusammen. Aus seinem Begleiterstab, der in wilder Panik die Flucht ergreift, löst sich nur der junge Hussein, um dem Großvater zu Hilfe zu eilen. Auch ihn trifft ein Schuß aus der Waffe des Attentäters, der jedoch ohne Folgen bleibt. Das Projektil prallt von einer der Medaillen ab, mit denen die Uniformjacke des Sechzehnjährigen bestückt ist.

Kein Entkommen gibts hingegen für den Mörder: Die inzwischen herbeigeeilten Leibwächter des Königs strecken den Todesschützen mit einer Salve aus ihren Pistolen nieder. Die wilde Schießerei greift im Nu auf den gesamten Tempelbezirk über, schließlich auch auf das Gassengewirr des Basarviertels. Die

Zahl der Verletzten, die zu versorgen sein werden, geht in die Hunderte. Im nahen Hospiz zur Heiligen Familie, Via Dolorosa 37, wo Notarzt und Krankenschwestern sich des sterbenden Abdallah annehmen, ist an diesem und den folgenden Tagen die Hölle los: Das unzulänglich ausgerüstete Spital, dem es an Operationssälen, an Betten, selbst an Naßzellen fehlt, ist total überfordert. Für König Abdallah gäbe es freilich auch in der mustergültigsten Spezialklinik keine Rettung. In einen Gebetsteppich der Al-Aksa-Moschee gehüllt, hat der Neunundsechzigjährige schon während des Transports vom Attentatsort auf den Operationstisch sein Leben ausgehaucht.

Um Ausschreitungen von seiten der Gegner des Königs wie auch seiner Anhänger zu unterbinden, verhängt die Regierung in Amman den Belagerungszustand über Jordanien, die Grenze zwischen dem arabischen und dem jüdischen Teil Jerusalems wird gesperrt. Radio Amman strahlt in ununterbrochener Folge die Klagegesänge der Mullahs aus, in die dreimonatige Hoftrauer sind auch die Auslandsvertretungen des Haschemitenstaates einbezogen. Aus sämtlichen Ländern, die diplomatische Beziehungen mit Jordanien unterhalten, treffen Beileidsbekundungen ein – allen voran die britische Krone, der Abdallah seinen Königstitel verdankt: Premierminister Attlee beklagt den Verlust eines »zuverlässigen Verbündeten«, Oppositionsführer Winston Churchill nennt den Ermordeten einen »treuen Freund«. Die Leitartikler der Weltpresse erheben Abdallah in den Rang »einer der bedeutendsten Herrschergestalten Arabiens«, die als einzige ernstzunehmende Versuche unternom-

Blick auf die Al-Aksa, des Königs Lieblingsmoschee

Mord vor der Moschee

men habe, »aus der Sackgasse unfruchtbaren Haders mit Briten wie Juden herauszufinden«.

Seine im Jahr davor in den USA veröffentlichten Memoiren werden für eine aktualisierte Neuauflage nachgedruckt – an den mit den Worten »Im Namen Allahs des Barmherzigen« beginnenden Aufzeichnungen fällt vor allem auf, daß sie mit keinem Wort auf die Privatperson des Autors eingehen:

Abdallah ist so sehr von seiner politischen Mission erfüllt, daß er sich strikt darauf beschränkt, seinen Lebensweg als Staatsmann nachzuzeichnen. Wir lesen von seiner Ausbildung, von seinem Aufstieg, von seinen Verhandlungserfolgen, von seinen diplomatischen Ränken und von seiner Kriegsführung, nichts hingegen vom Leben am Hof, nichts von seinem Umgang mit Frauen und Kindern, nicht die spärlichste Anekdote, die man sich vom Erinnerungswerk eines orientalischen Potentaten erwarten mag.

Schon drei Tage nach dem Mordanschlag auf dem Jerusalemer Tempelberg erfolgt die Beisetzung: An die tausend Kondolenten geben dem König das letzte Geleit, wenn die in die grün-schwarz-weiß-rote Flagge der Haschemiten gehüllte Bahre auf einer Geschützlafette der jordanischen Armee, von Militärmusikern und Panzern eskortiert und im Minutentakt von Salutsalven begleitet, durch die mit Trauerfahnen verhängten Straßen zum Friedhofshügel neben dem Raghadan-Palast gebracht wird. Dem Sarg folgend die in Schwarz gehüllte weiße Stute: Abdallahs Lieblingspferd, Offiziere tragen auf reichverzierten Samtkissen des Königs Reitstiefel und sein Schwert hinterdrein.

Nur die schwerbewaffneten Milizionäre der Arabischen Legion fehlen bei der Zeremonie: Rund um die Uhr sind sie im

Einsatz, um in den Schlupfwinkeln der Jerusalemer Altstadt den Drahtziehern des Königsmordes auf die Spur zu kommen. Sie führt, wie von allem Anfang an vermutet, zu den Jerusalemer Gefolgsleuten des im Kairoer Exil gegen den »verräterischen« Abdallah agitierenden ehemaligen Groß-Mufti Amin el Husseini: Hunderte Verdächtige werden im Zuge der mehrtägigen Razzien festgenommen, darunter Amins »Statthalter«, Dr. Musa Husseini, der Organisator des Anschlags, und Abdul Hamad Okke aus Hebron, der dem Täter, Mustafa Schukri Aschu, die Mordwaffe verschafft hat. Beide werden bei dem noch im August anberaumten Prozeß zum Tod verurteilt und hingerichtet, die weiteren Komplizen kommen mit Kerkerstrafen davon.

Am glimpflichsten geht die Sache für den eigentlichen Anstifter aus: König Faruk legt Mufti Amin el Husseini nahe, Ägypten zu verlassen und sich um ein anderes Exil umzusehen. Er übersiedelt nach Beirut, wo er erst im Sommer 1974, sein Opfer also dreiundzwanzig Jahre überlebend, das Zeitliche segnet.

Doch zurück nach Amman: König Abdallahs Nachfolge wirft Probleme auf. Prinz Naif, der jüngere der beiden Söhne, soll als Regent einspringen, bis Kronprinz Talal von seinem Nervenleiden kuriert ist. Aber der Zustand des Thronfolgers verschlimmert sich nur. Anfang September 1951 von seinen Schweizer Spezialärzten für die Krönung »freigegeben«, muß er schon elf Monate später abdanken, und sein Sohn Hussein II., eben siebzehn geworden, rückt nach, um die jäh unterbrochene, ja vom Scheitern bedrohte Versöhnungsmission des Vorvorgängers auf seine Weise fortzusetzen. Für seinen ernsten Friedenswillen und seine aufopferungsvollen Vermittlerdienste von aller Welt bewundert sowie unbeirrt von einer Serie auf ihn selbst verübter Attentatsversuche, hält der neue Haschemitenherrscher bis zu seinem eigenen Ableben am 7. Januar 1999 an seinem hohen Ziel fest. König Abdallah brauchte von seinem Stolz auf den Lieblingsenkel nicht ein Jota zurückzunehmen.

WILHELM REICH

Die Urszene

Er beginnt als zwar extrem eigenwilliger, aber jedenfalls hochqualifizierter Erforscher der menschlichen Psyche und endet als paranoider Wirrkopf, der Wettergott spielt und Orkane zu bezwingen glaubt, der sich für den Abkömmling eines UFO-Emissärs hält und der seine Umgebung in Landschaftsbildern à la Edvard Munch verherrlicht, um sie gleichzeitig mit irrwitzigen Experimenten zu verseuchen. Als Student in Wien eifert er seinem Lehrer Sigmund Freud nach, als Mann von fünfzig errichtet er Stacheldrahtbarrikaden um sein Labor im US-Staat Maine, um die gegen ihn ermittelnde Food and Drug Administration an der Beschlagnahme seiner obskuren »Orgon-Akkumulatoren« zu hindern.

In Wien stellt er sich in den Dienst der 1929 gegründeten Psychoanalytischen Beratungsstelle für mittellose Arbeiter und Angestellte, in Amerika behauptet er fünfundzwanzig Jahre später, mit seiner »Biopathie« den Schlüssel zur Krebsverhütung entdeckt zu haben. Nur an einem hält er sein Leben lang fest: an seinem Dogma von der Allmacht des Orgasmus. »Bioelektrisch« bestrahlt, läßt er seine Versuchspersonen in verschlossenen Kabinen zum Höhepunkt kommen. Selbst vier Ehen eingehend und mehrere Kinder zeugend, bekämpft er die

Familie als Hort der Unterdrückung und propagiert die freie Liebe. Einziger Garant menschlichen Wohlbefindens sei »die direkte genitale Sexualität«, einzige Wurzel aller Neurosen die Unterdrückung der Lust.

Auch in seinem politischen Weltbild könnte es chaotischer nicht zugehen: Den Psychoanalytikern, die den erst Dreiundzwanzigjährigen mit offenen Armen aufnehmen, um ihn vierzehn Jahre später als Abtrünnigen aus ihren Reihen auszuschließen, ist er zu sozialistisch, den Sozialisten zu kommunistisch, den Kommunisten zu kapitalistisch (denn Neurosen sind in ihren Augen purer Luxus).

Sein Ende ist erbärmlich: Die amerikanischen Behörden konfiszieren und vernichten seine Apparaturen, verbrennen seine Bücher, stellen den Verfemten vor Gericht. Und da er sich ihnen gewaltsam widersetzt, verurteilen sie ihn zu einer hohen Geldstrafe und zwei Jahren Freiheitsentzug. Im Zuchthaus von Lewisburg stirbt der erst Sechzigjährige an Herzversagen.

Wilhelm Reich.

Für das Londoner Anarchistenblatt *Freedom,* das ihm als einziges einen lobenden Nachruf widmet, ein Jahrhundertgenie, für den Rest der Welt – je nach Einstellung – ein kläglich Gescheiterter oder ein gemeingefährlicher Scharlatan. Eine tragikomische oder schlicht eine »unmögliche« Figur.

Am schärfsten rechnet nicht etwa das bürgerliche Lager, in dem er zeit seines Lebens den Hauptgegner sieht, mit ihm ab, sondern einer der Wortführer der deutschen Linksintellektuellen: Hans Magnus Enzensberger. In Gestalt einer Litanei-Persiflage ruft er ihn abwechselnd als »Dr. Mabuse«, »mystischen Technokraten« und »kaputten Befreier« an:

Von einem Kindheitstrauma eingeholt: Wilhelm Reich

O billiger Jakob der Wissenschaft!
O hilfloser Helfer der Menschheit!
O Kabbalist aus dem Horrorfilm!

Was Reich hinterlassen habe, sei Science-fiction, nichts als »Kauderwelsch«.

Hat nicht schon sein einstiger Lehrer Sigmund Freud, als er diesem zum siebzigsten Geburtstag eines seiner Hauptwerke zum Geschenk machen will, das Manuskript mit dem sarkastischen Kommentar »So dick?« zurückgewiesen? Und hat nicht derselbe Freud, als Reich 1933 vor der drohenden KZ-Haft aus Deutschland flieht, in Dänemark untertaucht und mit Hilfe einer Protestaktion seiner Anhänger vor der Ausweisung bewahrt werden soll, dem vierzig Jahre jüngeren die schützende Hand entzogen und die begehrte Unterschrift verweigert?

Jetzt, nach seinem Tod, sind selbst seine treuesten Jünger von ihm abgerückt: Es wird still um Wilhelm Reich.

Nur 1968, als die revoltierenden Studenten auf die Straße gehen, wird der seit elf Jahren Tote noch einmal für eine kurze Zeitspanne zu einer Art Gründervater, zum Guru, zum Idol. Der in einer der Gerümpelkammern der Wissenschaftsgeschichte »abgelegte« Apologet der »antiautoritären Erziehung« und der »sexuellen Revolution« wird triumphal wiederentdeckt und als eine der Galionsfiguren der Außerparlamentarischen Opposition gefeiert. Sein Versuch, Psychoanalyse und Marxismus miteinander zu verbinden, wird aufs neue diskutiert, seine Standardwerke über sexuelle Zwangsmoral und Faschismus treten in Konkurrenz zur Mao-Bibel.

Aber zu dauerhafter Etablierung seines Namens und seines Werks reicht auch dies nicht. Um das Dr.-Wilhelm-Reich-

Museum an der Stätte seines letzten Wirkens (nahe der Kleinstadt Rangeley im US-Staat Maine) vor dem Untergang zu retten, müssen dessen Betreiber allsommerlich Flohmärkte veranstalten, und schössen nicht mittlerweile überall die abenteuerlichsten Psycho-Sekten aus dem Boden, die auf einzelne seiner Thesen zurückgreifen, krähte heute kein Hahn mehr nach ihm, bliebe da nicht jene vielleicht alles entscheidende Frage nach den möglichen Wurzeln dieses wahrhaft monströsen Scheiterns. Bei wem, wenn nicht bei diesem Wilhelm Reich, läge es nahe, nach den Schlüsselerlebnissen seiner Kindheit zu forschen? Und in der Tat: Hier hat sich Unerhörtes ereignet. Wie ein Halbwüchsiger – aus welchen Gründen auch immer – zum Schuldigen am Tod seiner Eltern wird, mutet wie der reinste Horror-Roman an. Zuerst die geliebte Mutter, dann der gehaßte Vater. Und in beiden Fällen Selbstmord – einmal offen, einmal verschleiert ...

Wir befinden uns auf dem Boden des alten Österreich-Ungarn: Das Städtchen Dobrzcynica, wo Wilhelm Reich am 24. März 1897 zur Welt kommt, liegt im östlichsten Galizien, das Landgut Jujinetz, wo er aufwächst, in der Bukowina – nicht weit von der Hauptstadt Czernowitz (wo eine Generation später der Dichter Paul Celan seine Kindheit verbringen wird). Die Reichs zählen zur wohlhabenden Oberschicht mit Zehnzimmerhaus und reichlich Personal, Vater Leon betreibt eine große Rinderzucht und beliefert das deutsche Heer mit Frischfleisch. Eine seiner Geschäftsreisen führt ihn nach Berlin. Zum weit über den Familienkreis hinaus diskutierten Ereignis wird das Unternehmen durch den Umstand, daß ihn seine Frau dabei begleitet und in der Reichshauptstadt – man stelle sich solchen Luxus vor! – ein Kleid kauft.

Die Reichs sind assimilierte, wenn auch nicht getaufte Juden, deren Umgangssprache Deutsch und deren geistiges Leitbild die deutsche Kultur ist: Dem Kaiser in Berlin fühlen sie sich näher als dem Kaiser in Wien. Den Söhnen – drei Jahre nach Wilhelm kommt dessen Bruder Robert zur Welt – ist der Umgang mit den Kindern aus orthodox-jüdischen Familien und von den ukrainischen Nachbargehöften streng untersagt. Kommt ihnen Jiddisch von den Lippen, setzt es harte Strafen: Zurechtweisung, Essen am Gesindetisch in der Küche.

Der Vater, gefürchtet ob seiner mit Jähzorn und Eitelkeit gepaarten Herrschsucht, duldet keinen Widerspruch; wenn einer der Landarbeiter, die in seinem Sold stehen, das Wort an ihn richtet, hat er dies mit abgelegter Kopfbedeckung zu tun. Die Söhne helfen in der Landwirtschaft mit, lernen früh reiten, sind beim Spielen auf sich selbst angewiesen: Keines der Nachbarkinder wäre gut genug für sie. Es geht also streng patriarchalisch zu auf Gut Jujinetz, und wer das am heftigsten zu spüren bekommt, ist die Frau des Hauses. Cecilia, eine geborene Roniger aus dem Landesteil Moldawien, muß selbst beim harmlosesten Wortwechsel mit einem Fremden gewärtig sein, von ihrem krankhaft eifersüchtigen Mann eines Fehltritts verdächtigt zu werden.

Daß Wilhelm, der ältere der beiden Söhne, die Mutter vergöttert und den Vater verabscheut, wird später die Erklärung für die fürchterliche Katastrophe sein, die die Familie heimsucht, als die Buben vierzehn bzw. elf sind. Nicht zuletzt die Kochkünste von Cecilia Reich sind es, an denen Sohn Wilhelm als verheirateter Mann die Tüchtigkeit seiner vier Lebensge-

An ihren Verfehlungen zerbrochen: Wilhelm Reichs Mutter Cecilia

fährtinnen messen wird: Der einen hält er vor, beim Zubereiten von Kohl, der anderen, beim Backen von Apfelstrudel zu versagen.

Ein Kapitel für sich bilden Erziehung und Ausbildung der beiden Söhne: Statt sie in die örtliche Grundschule zu schicken, werden Privatlehrer ins Haus geholt, die Wilhelm und Robert auf den Unterricht am Deutschen Gymnasium in Czernowitz vorbereiten sollen. Es sind Studenten von der Universität, die sich auf diese Weise ihren Unterhalt verdienen. Bevor sie ihren Dienst auf Gut Jujinetz antreten, werden sie von Vater Reich einem persönlichen Examen unterzogen. Außer den Grundfächern wird auch Wert auf Naturwissenschaften und körperliche Ertüchtigung gelegt.

Der erste dieser Hauslehrer – Wilhelm ist gerade sechs geworden – ist ein Jusstudent, der dem Anforderungsprofil seines Brotgebers fast perfekt entspricht: Er ist auch in der deutschen Literatur sattelfest, läßt seinen Zögling Karl May und Peter Rosegger lesen, führt ihn in die Gedankenwelt von Schiller und Kleist ein, begründet dessen besondere Vorliebe für die Zaubergestalten von Wilhelm Hauff. Daß er mit Wilhelm auch Ausflüge in die Natur unternimmt, ihn in der Kunst des Schmetterlingfangens und -sammelns unterweist und mit ihm Gymnastik treibt, macht Lehrer und Schüler beinah zu Freunden. Und gar die Lektionen in den klassischen alten Sprachen! Allein der Wohlklang des Wortes »Latein« versetzt den wißbegierigen Halbwüchsigen in helles Entzücken.

Doch als Wilhelm elf wird, heißt es Abschied nehmen: »Sein« Student wird zum Militär eingezogen, eine neue Lehrkraft kommt ins Haus. Auch er, gerade mit dem ersten Staatsexamen fertig geworden, macht gute Figur: Von athletischer

Gestalt und ein gewandter Tänzer, legt er besonderen Wert auf sportliche Betätigung. Auch an den kältesten Wintertagen wird auf abenteuerreichen Gewaltmärschen die Gegend durchstreift, und wenn man von den gemeinsamen Rodelpartien nach Hause zurückkehrt, stehen heißer Kaffee und dicke Honigbrote bereit, wobei Mutter Cecilia besonders darauf schaut, daß auch der »Herr Lehrer« tüchtig zulangt. Überhaupt scharwenzelt die Dreiunddreißigjährige in einer Weise um den Jüngling herum, bemuttert und verwöhnt ihn, daß dies ihrem sonst so eifersüchtigen Ehemann eigentlich auffallen müßte. Doch Leon Reich schöpft keinerlei Verdacht – auch dann nicht, als die beiden immer zutraulicher werden und der neue Erzieher sogar die Stirn hat, der Frau des Hauses unverhohlen den Hof zu machen.

Der frühreife Wilhelm, seinerseits gerade von einer der Mägde in die Kunst der Liebe eingeführt, ist der erste, dem die Sache nicht geheuer scheint: Von dem Augenblick an, da er einmal während Vaters Mittagsschlaf die Mutter ins Zimmer des Hauslehrers verschwinden und nach einer Welle mit hochroten Wangen von dort zurückkehren sieht, legt er sich auf die Lauer. Was er in den folgenden Wochen zu sehen bekommt, bringt den inzwischen Zwölfjährigen an den Rand eines Nervenzusammenbruchs. Wann immer der Vater aus dem Haus ist, stecken Mutter und Lehrer beisammen, und als kurz nach Weihnachten der Vater für drei Wochen verreist, setzt ein Ritual ein, das sich von nun an – vor den Augen des keinen Schlaf findenden und der Mutter heimlich nachspionierenden Sohnes – Nacht für Nacht wiederholt. Die Mutter schleicht sich, nur mit dem Nachthemd bekleidet, in die Kammer des Lehrers, um erst vor Morgengrauen das Elternschlafzimmer aufzusuchen. Aus dem Liebesnest dringen Flüstern, Küsse, das Krachen der Bettstatt. Wilhelm ist außer sich, er möchte dem sündigen Treiben Einhalt gebieten, schreckt jedoch aus Todesangst davor zurück. Jawohl: aus Todesangst. Hat er nicht in einem seiner Schmöker gelesen, daß man Erwachsene beim Geschlechtsakt nicht stören darf, daß sie in dieser Situation zu allem fähig sind – bis hin zum Mord?

So geht das über Wochen hin, und auch als der Vater von seiner Reise zurück ist, nützen Mutter und Liebhaber jede Gelegenheit, ihr verbotenes Spiel fortzusetzen. Erst im Sommer, als ein neuerlicher Lehrerwechsel ins Haus steht, hats mit dem Spuk ein Ende. Ja, um ein Haar wäre es sogar noch eine hübsche Weile weitergegangen: Vater Reich, noch immer nicht argwöhnisch geworden, ist von den pädagogischen Qualitäten des Burschen so angetan, daß er dessen Engagement um ein weiteres Jahr verlängern möchte. Doch da erhebt die Mutter Einspruch. Ihr schlechtes Gewissen scheint sich zu rühren, ein neuer Lehrer kommt, und den behandelt sie so miserabel, daß sogar der Vater sich schützend vor ihn stellen muß.

Cecilia Reich findet nach den Ausschweifungen des vergangenen Jahres wieder zu sich, kann ihren Fehltritt als abgeschlossenes Kapitel verdrängen, spürt vielleicht sogar – angesichts der ungebrochenen leidenschaftlichen Zuneigung ihres Mannes – so etwas wie späte Reue. Alles wäre also wieder gut, käme es da nicht zu jenem verhängnisvollen Zwischenfall kurz nach Weihnachten …

Es ist – das sei gleich vorweg festgehalten – eine vollkommen harmlose Situation. Mutter Reich und der (im Gegensatz zu seinem Vorgänger ihr alles andere als sympathische) neue Hauslehrer sitzen in der Wohnstube beisammen, um irgendein anstehendes Problem zu erörtern. Als sich der junge Mann längst wieder in seine Kammer zurückgezogen hat, stürzt Vater Reich leichenblaß, wütenden Blicks und mit vor Empörung bebender Stimme herein – an seinen mit Mist behafteten Stiefeln ist zu erkennen, daß er gerade aus dem Stall kommt. Brutal packt er seine Frau beim Kittel, wirft sie zu Boden und brüllt: »Du Hure! Was hast du mit dem Kerl allein im Zimmer angestellt? Gesteh, was habt ihr getan?!«

Sohn Wilhelm wird im Nebenzimmer Ohrenzeuge der gräßlichen Szene. Das unbeherrschte Wesen seines Vaters kennend, befürchtet er das Schlimmste, sieht ihn schon im Geist den Revolver zücken und auf seine Frau zielen.

Doch nichts dergleichen geschieht. Dafür aufs neue die sich vor Zorn überschlagende Stimme: »Los, gesteh! Gesteh, was du getan hast! Gesteh, daß dus mit diesem Kerl getrieben hast!«

Die Mutter rappelt sich hoch, bricht in Tränen aus, beteuert ihre Unschuld.

Doch das hilft ihr wenig: Leon Reich wirft sie abermals zu Boden, setzt seine Anklage fort, stürzt sodann ins Nebenzimmer und ruft den völlig verstörten Sohn zum Zeugen an, zugleich auch ihn bedrohend – für den Fall, daß er womöglich nicht mit der Wahrheit herausrückt. Und Wilhelm – ist es der Haß auf den gewalttätigen Vater, ist es sein Gerechtigkeitssinn oder reitet ihn ganz einfach der Teufel? – packt aus:

Nein, er könne es beschwören, diesmal sei die Mutter frei von Schuld.

»Diesmal?« brüllt der Vater zurück. »Was soll das heißen: diesmal?«

Da bricht es aus dem Buben heraus, und er beichtet, was er im Vorjahr, als noch der frühere Lehrer im Haus gewesen ist, be-

obachtet, aber aus Angst vor Bestrafung streng für sich behalten hat.

In diesem Augenblick ist aus dem Wohnzimmer ein dumpfes Stöhnen zu vernehmen: Vater Reich eilt hinüber. Und dann hört man nur noch, wie sein markerschütterndes Brüllen in ein hilfloses Stammeln übergeht: »O Gott, was hast du getan? Bei allem, was mir heilig ist, ich schwöre dir: Es ist verziehen! Alles ist verziehen! Nur um Himmels willen sag mir: Was hast du genommen, was hast du geschluckt?«

Cecilia Reich hat den Augenblick, da ihr Mann den Raum verließ, um den Sohn zum Sprechen zu bringen, dazu benützt, nach der Giftflasche zu greifen. Lysol.

In Panik flößt Leon Reich der Unglücklichen ein Brechmittel ein, das Medikament tut seine Wirkung, Cecilia Reich ist fürs erste gerettet.

Leon Reich ist guten Willens, Wort zu halten und seiner Frau zu vergeben. Und kann es auch nie wieder das ungetrübte Einvernehmen von einst sein, so gehen die nächsten zehn Monate doch immerhin ohne neue dramatische Zerwürfnisse vorüber. Dann allerdings – Sohn Wilhelm ist inzwischen am Gymnasium eingeschrieben und hat sein Untermietzimmer in der Stadt bezogen – tritt das nächste Unheil ein. Leon und Cecilia Reich kommen auf Besuch nach Czernowitz, machen den Großeltern ihre Aufwartung. Und was stellt sich bei dieser Gelegenheit heraus? Cecilia hat sich seinerzeit mit ihrem Galan auch im Haus der Großeltern getroffen, ihre Mutter war nicht nur in die Affäre eingeweiht, sondern hat dem Pärchen selbst Unterschlupf gewährt. Ja, noch schlimmer: Sie hat mit ihrer Tochter sogar über

Herrisch, jähzornig, gewalttätig: Wilhelm Reichs Vater Leon

die Modalitäten einer eventuellen Ehescheidung gesprochen. Und um das Verhängnis voll zu machen, fängt nun auch Sohn Wilhelm zu plaudern an und verrät dem Vater, wie er Mutter und Hauslehrer bei einem Kondomkauf in der Apotheke ertappt hat.

Mehr brauchts nicht! Ein neuerliches Sündengericht setzt ein, Leon Reich verprügelt seine Frau und denkt nun seinerseits an Trennung: Sie soll in die Stadt übersiedeln, er selbst bleibt auf dem Hof. Doch als sie seinem Plan spontan zustimmt, gerät er erst recht in Rage: Aha, sie freut sich also auf ihre Freiheit, um neue Liebschaften eingehen zu können! Wieder setzt es Hiebe, die folgenden Wochen sind ein einziges Anklagen und Streiten, und Cecilia Reich langt ein zweites Mal nach der Giftflasche. Diesmal ist es Quecksilbersublimat. Doch dank ihrer kräftigen Konstitution überlebt sie auch diesen Selbstmordversuch – allerdings mit der Folge, daß nun sogar die Kinder, die bis dahin fest zur Mutter gehalten haben, von ihr abrücken, und das ist es, was sie nicht verkraftet. Cecilia Reich macht endgültig Schluß, und damit sie von ihrem Mann nicht daran gehindert und keine ärztliche Hilfe herbeigerufen werden kann, wartet sie ab, bis er aus dem Haus ist.

Ein Gutes hat die Katastrophe dennoch: In Sohn Wilhelms schwer begreiflichem Verhalten tritt nun, nach dem Tod der Mutter, eine abrupte Änderung ein. Nicht nur, daß dem Vierzehnjährigen endlich dämmert, was er angerichtet, welch schwere Schuld er auf sich geladen hat, nimmt er sich nun doch des verzweifelten Vaters an, hilft ihm – neben dem Schulunterricht in der Stadt – bei der Arbeit auf dem Hof, macht, als zu allem Unglück ein defraudierender Verwandter Leon Reich mit in den Bankrott treibt, bei Freunden des Hauses ein Darlehen locker und kann so dem Vater zu einem sechswöchigen Kuraufenthalt in Südtirol verhelfen. Denn Leon Reich hat nicht nur seine Frau und all seinen Besitz, sondern inzwischen auch seine Gesundheit eingebüßt. Galoppierende Schwindsucht, so lautet die Diagnose.

Doch der Sanatoriumsaufenthalt, zu dem Wilhelm den Vater in die Gegend um Meran begleitet, kommt zu spät: Noch auf der Heimreise des Sohnes erreicht diesen die telegraphische Verständigung, daß der Patient gestorben ist. Wilhelm kann nur noch den Leichnam abholen und, begleitet von seinem eilends alarmierten jüngeren Bruder, alles für die Bestattung Nötige in die Wege leiten. Das Begräbnis findet in Wien statt.

Nach und nach – Wilhelm und Robert Reich sind mittlerweile wieder auf dem verwaisten elterlichen Besitz in der Bukowina eingetroffen und versuchen dort zu retten, was zu retten ist – kommt nun auch die volle Wahrheit über das Ende ihres Vaters ans Licht: Die Todeskrankheit ist keineswegs schicksalhaft über Leon Reich hereingebrochen, sondern wurde von ihm, wohl nach all den Prüfungen der letzten Jahre lebensmüde geworden, mutwillig herbeigeführt, indem er eines Morgens den nahen Fischreich aufsuchte, ins kalte Wasser stieg, darin stundenlang, nur zum Schein angelnd, verharrte und sich auf diese Weise eine schwere Lungenentzündung zuzog, die in weiterer Folge die Katastrophe auslöste.

Ein klarer Fall von verschleiertem Selbstmord ...

Und wie geht das Leben des Sohnes weiter? Wilhelm Reich schließt das Gymnasium ab, besteht ein Jahr nach dem Tod des Vaters »mit Stimmeneinhelligkeit« die Reifeprüfung und rückt – inzwischen ist der Erste Weltkrieg ausgebrochen – zum

Militär ein, wo er es, die meiste Zeit über an der italienischen Front im Einsatz, bis zum Leutnant bringt. In seine Heimat, die für ihn mit so traumatischen Schrecknissen belastet bleiben wird, kehrt er niemals wieder zurück. Der inzwischen knapp Zweiundzwanzigjährige geht nach Wien, immatrikuliert zunächst an der juristischen und ab dem zweiten Semester an der medizinischen Fakultät, macht unter ärmlichsten Existenzbedingungen seinen Doktor und tritt mit fünfundzwanzig ins Berufsleben ein, indem er am frischgegründeten Wiener Psychoanalytischen Ambulatorium für Mittellose seine ersten Erfahrungen mit dem »Getriebe der Neurosen« sammelt.

Nur eine läßt er aus, wird er zeit seines Lebens weder behandeln noch behandeln lassen: seine eigene. Dafür aber wird sie um so massiver sein Werk prägen. Ja, der bedeutende niederländische Romancier Harry Mulisch, der sich in seiner 1973 erscheinenden Novelle *Das sexuelle Bollwerk* mit stupender Sehschärfe auf Leben und Schaffen Wilhelm Reichs einläßt und den einstigen Freud-Musterschüler jener Analyse unterzieht, vor der er selbst bis ans Ende seiner Tage zurückschreckt, wird Reichs Kindheitstrauma als jene schuldhafte »Urszene« erkennen, die für alle Höhen und Tiefen im Leben dieses außergewöhnlichen Mannes verantwortlich ist. Mulisch kommt zu dem Schluß, daß »alles, was Reich je gesagt und geschrieben hat«, auf »diese maximal acht Elemente« zurückzuführen ist:

1. Der kleine Junge
2. Das Schlüsselloch
3. Der Orgasmus der Mutter
4. Der Hauslehrer
5. Das Verraten

6. Der Selbstmord der Mutter
7. Das Verschwinden des Hauslehrers
8. Der verzögerte Selbstmord des Vaters im kalten Wasser

Mulischs Conclusio: »Der Entdecker hat alles entdeckt – außer dem einzigen, was es für ihn zu entdecken gab. Er hat alles entdeckt, um dieses eine nicht entdecken zu müssen.«

FRITZ WUNDERLICH

»Nimm dich in acht, Junge!«

Salzburg, 28. August 1966. *Die Entführung aus dem Serail* im Kleinen Festspielhaus, die umjubelte Strehler-Damiani-Mehta-Produktion. Belmonte und Konstanze verlassen als letzte ihre Garderoben, eine Schlange von Bewunderern erwartet Fritz Wunderlich und Anneliese Rothenberger beim Bühnenausgang, fleißig werden sämtliche Autogrammwünsche erfüllt. Fritz Wunderlich aber setzt an diesem Abend, was er noch nie zuvor getan hat, ein »in memoriam« vor seinen Namenszug.

Wieder eine dieser »Drolerien«, die für den Herrn Kammersänger so typisch sind?

Drei Wochen später ist Fritz Wunderlich tot. Und sogleich kommen Spekulationen auf, es sei vielleicht doch mehr gewesen als nur ein makabrer Scherz – am Ende gar Vorahnung des Kommenden?

Keiner kennt ihn besser als sein Liedbegleiter: Auch Hubert Giesen meldet sich zu Wort. Spricht von der Angst, die ihm in jüngster Zeit die ungewohnte Hektik des sich total Verausgabenden gemacht habe. Panik? Erste Anzeichen von Verschleiß? Es fällt das Wort von der Kerze, die an beiden Enden brennt. Ja, und dann diese zügellose Fotografierwut der letzten Wochen: Meterweise hält er seine drei Kinder im Bild fest.

Noch einem fällt Wunderlichs verändertes Verhalten auf, dem Kollegen Hermann Prey: »Nimm Dich nur in acht, Junge, und teil Dir die nächsten Jahre gut ein, damit die Krise erst gar nicht kommt, von der Du neulich sprachst!« schreibt er ihm am 30. Juli in amikaler Besorgnis.

Sind die üppigen Gelage mit den Freunden, die legendären Schlachtfeste in seinem Haus an der Münchner Rauheckstraße, die Jagdabenteuer des passionierten Weidmanns vielleicht doch nicht nur Manifestationen eines unbekümmert sein Leben genießenden Naturburschen, sondern auch Symptome einer auf verdeckte Konfliktbewältigung abzielenden Selbstbetäubung?

Es ist verdammt schwer, die Nummer eins zu werden, aber es ist noch schwerer, die Nummer eins zu bleiben, heißt es in der Markenartikelindustrie. Und diese Nummer eins – die ist er: Mangels weiterer Superlative haben die Kritiker für Fritz Wunderlichs Kunst das Wort vom »absoluten Gesang« geprägt.

In wenigen Wochen kann er den sechsunddreißigsten Geburtstag feiern. Am 5. September steht er noch – im Rahmen eines Gesamtgastspiels der Württembergischen Staatsoper beim Edinburgh-Festival – als Tamino auf der Bühne, sodann sind die Koffer für New York zu packen. Fritz Wunderlichs überfälliges Debüt als Don Ottavio an der »Met«. Dazwischen kurzes Atemholen, ein paar Tage Zerstreuung mit Jagdkumpanen im Badischen.

Oberderdingen, S-Bahn-Station zwischen Pforzheim und Karlsruhe. Man ist zu dritt: der Hausherr, ein Münchner Arzt sowie der ebenfalls aus München anreisende Fritz Wun-

Eine denkwürdige Aufführung im Wiener Haus am Ring

STAATSOPER

Samstag, den 26. September 1959

Die Zauberflöte

Oper in zwei Akten von E. Schikaneder

Musik von W. A. Mozart

Musikalische Leitung: Karl Böhm
Inszenierung: Günther Rennert
Bühnenbilder und Kostüme: Georges Wakhewitsch
Einstudierung der Chöre: Richard Rossmayer

Sarastro	Walter Kreppel
Königin der Nacht	Mimi Coertse
Pamina, ihre Tochter	Hilde Güden
Erste ⎫	Hilde Zadek
Zweite ⎬ Dame der Königin	Elisabeth Höngen
Dritte ⎭	Georgine Milinković
Tamino	* * *
Papageno	Erich Kunz
Papagena	Emmy Loose
Sprecher	Otto Edelmann
Monostatos	Kurt Equiluz
Erster ⎫ Priester	Hugo Meyer-Welfing
Zweiter ⎭	Hans Schweiger
Zwei geharnischte Männer	Karl Friedrich / Alois Pernerstorfer
Erster ⎫	
Zweiter ⎬ Knabe	Wiener Sängerknaben
Dritter ⎭	

* * * Fritz Wunderlich vom Staatstheater Stuttgart a. G.

Technische Einrichtung: Hans Felkel
Beleuchtung: Albin Rotter

Pause nach dem ersten Akt

Anfang 19 Uhr   Ende etwa 22 Uhr

derlich. Die für 15. September vorgesehene Rebhuhnjagd muß des Schlechtwetters wegen auf den folgenden Tag verschoben werden; man begnügt sich mit kurzem Inspizieren des Reviers, mit einem Bad im Swimmingpool, mit einem herzhaften Nachtmahl im Nachbarort – Fritz Wunderlich beschließt den Abend mit einem jener Jagdlieder, wie es sie von ihm auch auf Schallplatte gibt. Nach gemeinsamem Schlummertrunk in der Küche des Landhauses zieht man sich zurück. Wunderlich erhält das Gästezimmer im Souterrain.

Bevor er sich niederlegt, will er rasch noch seine Frau in München anrufen; das Telefon ist einen Stock höher. Auf dem Rückweg verliert er – aus welchen Gründen immer – das Gleichgewicht, stürzt die Treppe hinunter, prallt mit dem Kopf auf den Steinfliesenboden. Die von dem dumpfen Lärm aus dem Schlaf Geweckten finden Wunderlich in einer großen Blutlache, der zu der Freundesrunde gehörige Arzt leistet Erste Hilfe, der eilends alarmierte Sanitätswagen bringt den Verunglückten ins nächste Spital: Schädelbasisbruch mit schwerer Hirnquetschung.

Als gegen Mittag des folgenden Tages – der Patient ist unterdessen in die Neurochirurgie der Heidelberger Universitätsklinik verlegt worden – Eva Wunderlich am Krankenbett eintrifft, ist ihr Mann bereits nicht mehr ansprechbar. Am 17. September gegen sechs Uhr morgens tritt der Tod ein.

Die Flugbuchung München–New York wird storniert, statt dessen fährt der Leichenwagen vor. Die Zahl der Trauernden, die Fritz Wunderlich auf seinem letzten Weg begleiten, so wird man anderntags in den Zeitungen lesen, geht in die Tausende. Auf dem Münchner Waldfriedhof drängen sich nicht nur jene geschockten Opernfreunde, die sich um die Hoffnung betrogen sehen, ihr Idol eines ferneren Tages auch als Wagner-Tenor – als Stolzing, Lohengrin und Tannhäuser – zu erleben, nicht nur die Bewunderer des unvergleichlichen Oratorium- und Liedsängers, sondern auch nicht wenige, die Fritz Wunderlich nur vom Radio, nur von der Schallplatte, ja vielleicht sogar nur vom Hörensagen kennen. »Das Schicksal hat uns alles genommen!« übertitelt eines der Journale seinen Nachruf.

Zweiundzwanzig Jahre später wird ein anderer Großer des Musiktheaters durch einen ähnlichen Unfall zu Tode kommen: Der Regisseur Jean-Pierre Ponnelle stürzt bei einer Bühnenprobe in den Orchestergraben und erliegt den dabei erlittenen Verletzungen.

Was die Affäre Wunderlich davon abhebt, ist die besondere Tragik der in seinem Fall schier unüberbietbaren Banalität der Todesursache: Kein Arbeits-, noch nicht einmal ein Jagdunfall, sondern nur ein lächerlicher Stolperer im Vorfeld eines harmlosen Freizeitvergnügens, das die Kräfte für eine bevorstehende neue künstlerische Bewährung auffrischen soll.

Tod und Verklärung – da weiß man von subtilen Zusammenhängen. Es mindert den hohen, nicht einen Augenblick lang bestrittenen, ja unumstößlich kanonisierten Rang Fritz Wunderlichs als weltbester lyrischer Tenor gewiß um kein Jota, wenn behauptet wird, Zeitpunkt und Umstände seines Ablebens hätten dieser seiner Idolisierung noch zusätzlichen »drive« verliehen, ja geradezu Vorschub geleistet. Das muß nicht heißen, daß ein »natürlicher« Verlauf seiner Karriere, der bei entsprechender Dauer wohl auch Rückschläge nicht erspart geblieben wären, seinen Nachruhm verringert, vielleicht sogar gefährdet hätte. Aber fest steht: Als Mittdreißiger und im Vollbe-

sitz seiner Kräfte vom Gipfel seiner Leistungsfähigkeit »abberufen« zu werden, schafft nun einmal die idealen Voraussetzungen für Mythenbildung. Die Fama liebt die Frühvollendeten.

Als im Januar 1965 die Polydor die LP *Fritz Wunderlich singt Welterfolge großer Tenöre* aufnimmt, ist es nicht nur Produktionsleiter Franz Josef Breuer, dem dabei der Nachweis der Ebenbürtigkeit mit Assen wie Enrico Caruso, Benjamino Gigli oder Jan Kiepura vorschwebt. Auch Wunderlich selbst macht kein Hehl aus seinem Ehrgeiz, ein zweiter Joseph Schmidt, Richard Tauber oder Peter Anders zu werden. Ob es ihm gelungen ist, die berühmten Vorgänger auszustechen? Tatsache ist, daß er – und das ist der vielleicht noch größere Triumph – bis heute ohne Nachfolger geblieben ist.

Ein Mythos ist immer erst dann vollkommen, wenn er weder an eine Zeit noch an einen Ort gebunden ist. Beides scheint im Fall Wunderlich gegeben. Aber das schließt natürlich nicht aus, daß sich dennoch Zentren der Verehrung bilden, an denen der Kult kulminiert. Eines dieser Zentren ist ein Provinznest von sechstausend Einwohnern in einem der entlegensten Teile Deutschlands: Fritz Wunderlichs Geburtsheimat Kusel.

Was die kleine westpfälzische Gemeinde jedoch von anderen, die sich mit berühmten Namen schmücken, unterscheidet, ist dies: Hier brauchen keine fiebrig um Identitätsfindung und Renommee bemühten Chronisten und Fremdenverkehrsstrategen in Aktion zu treten und eine Galionsfigur aus dem Boden zu stampfen. Hier ist der »große Sohn der Stadt« zu jeder Zeit präsent, hier ist er (und bleibt es auch auf der Höhe seines Ruhms) stets einer der Ihren: der Weltstar, der mit den Schulfreunden

Nicht nur als Tamino der Liebling der Opernfans: Fritz Wunderlich

von einst sein Bier trinkt, mit ihnen auf die Jagd geht, mit ihnen seine Späße treibt, ja für sie sogar, ein Jahr vor seinem Tod, ein Lied textet, komponiert und auf Platte singt: *Mein Kusel in der Pfalz*.

Die Fritz-Wunderlich-Dokumentation im Stadtmuseum, der Gedenkstein beim Hochsitz seines Jagdreviers und die Erinnerungsplakette am Elternhaus, wo Vater Paul seine Gastwirtschaft und sein Kino betrieben und Mutter Anna, um dem Buben das Studium an der Freiburger Musikhochschule zu ermöglichen, Geigenunterricht erteilt hat – nichts davon ist »aufgesetzt«, sondern natürliches Zeugnis einer vitalen Verbundenheit, die zu keiner Zeit eine Unterbrechung erfahren, sondern über all die Jahre kontinuierlich fortbestanden hat.

Auch am Zenit seiner Erfolge, da die großen Opernhäuser, Konzertveranstalter, Rundfunksender und Plattenproduzenten sich um ihn reißen und der stürmisch Umworbene es sich leisten kann (und muß), seine Angebote zu fünfundneunzig Prozent mit Absagen zu quittieren, vergißt Fritz Wunderlich niemals, daß es seine Heimatgemeinde gewesen ist, die ihn mit einem Stipendium aus dem Stadtsäckel vor dem drohenden Abbruch des Studiums bewahrt hat:

Kein Jahr verstreicht, ohne daß der Star der Salzburger Festspiele und der Ansbacher Bach-Woche, der Stuttgarter, der Münchner und der Wiener Oper auch in seinem hinterwäldlerisch-ärmlichen Kusel zu einem Liederabend lädt.

Das Klischee vom gefeierten Champion, der seine kümmerlichen Anfänge verleugnet, ja alle »menschlichen« Qualitäten unter Allüre, Arroganz und Hybris begräbt, mag auf so manchen

Startenor ohne Starallüren: Fritz Wunderlich

zutreffen. Auf Fritz Wunderlich nicht. Bei aller Fragwürdigkeit derartiger Prognosen besteht unter denen, die Fritz Wunderlich persönlich gekannt haben, volle Übereinstimmung: Auch ein längeres Leben als diese sechsunddreißig Jahre, die ihm das Schicksal zugemessen hat, hätte daran nichts geändert.

PAAVO NURMI

Bitterer Lorbeer

Winston Churchills vielstrapaziertes »No sports!« hat hier keinen Platz, wäre allzu billig auftrumpfende Rechthaberei. Doch eines läßt sich in der Tat nicht wegleugnen: Die Rechnung, äußerste körperliche Ertüchtigung in jungen Jahren verheiße Gesundheit im Alter, ja Langlebigkeit, muß nicht immer aufgehen. Der Hochleistungssportler, der im Gegenteil zum Krüppel wird oder gar – seis früh verbraucht, seis durch Unfall – vor der Zeit stirbt, hat stets etwas von einem tragischen Helden an sich. Vom Siegerpodest in den Rollstuhl – da muß einer schon sehr viel Selbstbeherrschung aufbringen, daß er nicht in Verbitterung versinkt, sich nicht schnöde geprellt fühlt.

Die Liste ist lang.

Der Langstreckenläufer Emil Zátopek, den man zur Zeit seiner Weltrekorde »die tschechische Lokomotive« genannt hat, war bekannt dafür, daß er niemals aufgab: Die Schnappschüsse von seinem zur Grimasse schmerzverzerrten Gesicht sind in die Geschichte der Sportphotographie eingegangen. Heute ein Mann von siebenundsiebzig, zahlt er für den einstigen Raubbau an seinem Körper mit leidvoller Abhängigkeit von Krücken.

Der Schwergewichtsboxer Cassius Clay, der sich seit seinem Übertritt zum Islam Muhammad Ali nennt, laboriert am Parkinson-Syndrom. Daß er es in Würde tut, ja seine Gesichtsstarre und seine Schüttelanfälle in öffentlichen Auftritten sogar dazu benützt, Spendengelder für wohltätige Zwecke lockerzumachen, bestätigt im nachhinein, daß er, der sich in besseren Tagen das Prädikat »Der Größte« verlieh, doch mehr ist als nur das vielgelästerte Großmaul. Und Ex-»Superman« Christopher Reeve, der seit einem schweren Reitunfall vollständig gelähmt und an den Rollstuhl gefesselt ist, gibt in seiner Autobiographie *Still me* Durchhalteparolen an Leidensgenossen aus.

Von großen Dirigenten sagt man, sie träumten vom Tod in den Sielen: daß ihnen mitten im Konzert der Taktstock aus der Hand fällt und das Herz zu schlagen aufhört. Auf Sportler ist diese romantisch-heroische Zielvorstellung nicht anwendbar: Dazu trifft es viele von ihnen zu früh. Der Rennfahrer Jochen Rindt ist achtundzwanzig, als er beim Grand-Prix-Training von Monza tödlich verunglückt; die Skiläuferin Ulrike Maler ist siebenundzwanzig, als sie sich bei der Weltcup-Abfahrt von Garmisch-Partenkirchen, nach einem Fahrfehler gegen den Pfosten eines Zeitmeßgerätes prallend, das Genick bricht; der ehemalige Fußball-Nationalspieler Bruno Pezzey ist neununddreißig, als er, kurz zuvor auf Eishockey umsattelnd, bei einem Benefiz-Match vom Herztod überrascht wird. Und das Herz ist es auch, das dem Tennis-Champion Arthur Ashe (dem ersten Schwarzen, der in Wimbledon siegt) zu schaffen macht: Bei seiner zweiten Bypass-Operation versehentlich mit verseuchtem Blut infiziert, stirbt er 1993 an Aids.

Aus seiner dritten Karriere herausgerissen wird der slowa-

Der »König der Läufer«,
von seinem Landsmann Wäinö Aaltonen in Bronze gegossen

kische Eiskunstläufer Ondrej Nepela: Der fünffache Europameister, dreifache Weltmeister und Olympiasieger von Sapporo führt zunächst das unterbrochene Jus-Studium zu Ende, wechselt sodann für elf Jahre an die Spitze der Revuetruppe »Holiday on Ice« und landet schließlich als Cheftrainer bei der Deutschen Eislauf-Union. Als seine Meisterschülerin Claudia Leistner beim Europa-Wettkampf 1989 ihre erste Medaille erringt, liegt der Achtunddreißigjährige im Sterben: Lymphdrüsenkrebs.

Die Liste der von dramatischen Gebrechen und frühem Tod heimgesuchten Spitzensportler ließe sich endlos fortsetzen – belassen wir es bei diesen wenigen Beispielen. Und belassen wir es auch bei der begreiflichen Neigung der Mediziner, etwaige Kausalzusammenhänge zu leugnen: In ihren Augen bedeutet Hochleistungssport weder erhöhte Gefahr für Leib und Leben noch die Garantie des Gegenteils. Eine lange verfochtene These läßt sich allerdings nicht länger aufrechterhalten: daß sich das Herz etwa eines Langläufers infolge permanent erhöhter Anspannung mit der Zeit vergrößere und somit auch für extremste Belastung gewappnet sei.

Einer, bei dem man dies die längste Zeit (und gleichfalls zu Unrecht) angenommen hat, ist der »fliegende Finne« Paavo Nurmi. Auch er, der »König der Läufer«, hofft auf ein langes Leben, auf ein gesundes Alter. Zumindest letzteres bleibt ihm versagt: Chronische Angina pectoris, Parkinson in seiner schlimmsten Form sowie eine Vielzahl weiterer Gebrechen machen aus dem einstigen Energiebündel ein Häufchen Elend, das in seinem letzten Lebensjahrzehnt auch bei den einfachsten Verrichtungen auf fremde Hilfe angewiesen ist.

Klagt er deswegen das Schicksal an? Macht er mit flammender Rede seiner Enttäuschung Luft? Paavo Nurmi, der große Schweiger, reagiert auf seine Weise: wortlos. Mit tiefer Verbitterung. Aber auch – und da zeigt er noch ein letztes Mal Größe – mit einer Millionenspende für die Herz- und Kreislaufforschung.

Seinem Fall kommt deshalb so besonderes Gewicht zu, weil dieser Paavo Nurmi in seiner Heimat Finnland bis heute eine alles überragende Kultfigur geblieben ist. Als er im Oktober 1973 sechsundsiebzigjährig stirbt, wird er nicht nur mit einem Staatsbegräbnis, sondern auch mit einer Sonderbriefmarke geehrt; bei den Olympischen Spielen von Helsinki bildet sein Konterfei das offizielle Signet auf sämtlichen Plakaten, sämtlichen Druckschriften, sämtlichen Eintrittskarten; in seiner Geburtsstadt Turku werden jeden Sommer Wettkämpfe veranstaltet, die seinen Namen tragen; eine der höchsten Ehrungen, die die Republik Finnland zu vergeben hat, ist die Paavo-Nurmi-Medaille; und Paavo Nurmi heißt auch eines der Flugzeuge der staatlichen Luftfahrtgesellschaft Finnair. In Deutschland wird ein olympisches Siegerpferd auf den Namen Nurmi getauft, im Österreich der achtziger Jahre sogar ein leichtfüßiger Braunbär, der mit seinen spektakulären Raubzügen in Fischteichen, Schafställen und Bienenstöcken die Bevölkerung der Region monatelang in Atem hält und mit seinem erstaunlichen Tempo alle Verfolger abhängt.

Ich rechne nach: Über siebzig Jahre ist es her, daß der Zimmermannssohn aus Turku seine legendären Siege lief. Man weiß, wie raschlebig gerade der Wettkampfsport ist: Wer gestern noch als Held gefeiert wurde, ist heute, bloß weil er um einen Sekundenbruchteil später als sein Konkurrent durchs Ziel kommt, vom Siegerpodest gestoßen und morgen vollends vergessen. Wie also ist es möglich, daß hier einer noch so lange nach seinem Tod ganz oben ist? Lange, nachdem alle seine Rekorde eingestellt, alle seine Spitzenzeiten unterboten sind?

Max Schmeling und Jesse Owens, Fritz Walter und Sonja Henie – gut, auch das sind Namen, die noch immer Klang haben. Aber was ist dies bißchen Lorbeer gegen Finnlands ungebrochen anhaltenden Nurmi-Kult?

Marschall Mannerheim: Davon hören sie in der Schule. Jan Sibelius: Für ihn sorgt Radio Helsinki. Aber Paavo Nurmi? Es bedarf nicht des geringsten Zutuns, den Mythos vom Supermann der zwanziger Jahre wachzuhalten: Er erneuert sich aus sich selbst – und das konstant.

Als 1952 der fünfundfünfzigjährige Nurmi mit dem olympischen Feuer ins Stadion von Helsinki einläuft, jubeln ihm die Spitzensportler der ganzen Welt zu. Keiner von ihnen hat ihn je einen seiner Rekorde laufen sehen. Ihr Jubel gilt also keiner Wiederbegegnung, keiner aufgefrischten Erinnerung. Er gilt einer Überlieferung, einer Legende. Und gleicht doch einem solchen Taumel, daß für Minuten jegliche Platzordnung aufgehoben ist. Was eben noch in strenger Formation aufmarschiert stand, ist im Nu ein wild applaudierender, enthusiastisch winkender Haufen. Selbst die sonst so disziplinierten Athleten der Sowjetunion scheren aus ihren Reihen aus – die Finnen erzählen es einem noch heute voll Stolz.

Meine eigene »Erinnerung« an Paavo Nurmi ist eine aus dritter Hand: Hans Moser in einem seiner Wiener Filme, er spielt einen Kaffeehausober, einer der Gäste, indigniert übers zu lange Warten auf das von ihm Bestellte, treibt ihn zur Eile an, und Moser gibt patzig zurück: »I bin ja schließlich net der Nurmi.« Nurmi als Synonym für Schnelligkeit.

1924 hat Wäinö Aaltonen, der berühmte finnische Bildhauer, seinen Landsmann in Bronze verewigt, die lebensgroße Skulptur steht vor dem Olympiastadion von Helsinki. Und sie steht ebenso in der staatlichen Kunsthalle Ateneum und weiß Gott wo noch überall. Dazu kommen die vielerlei Miniaturabgüsse. Und natürlich die Ansichtskarten. Es kann ein noch so armseliger Kramladen in Tampere oder Oulu sein – ausgeschlossen, daß in seiner Kollektion das Nurmi-Bild fehlt.

Ein Sportler, der schon zu Lebzeiten sein Denkmal erhält – mit siebenundzwanzig! Und dem noch immer, ein halbes Jahrhundert später, gehuldigt wird, als sei es nicht 1924, sondern gestern gewesen, daß er – um nur eine seiner spektakulärsten Leistungen herauszugreifen – innerhalb von fünfundvierzig Minuten zwei olympische Goldmedaillen gewann. Über eintausendfünfhundert Meter die erste, über fünftausend die zweite. Goldmedaillen – er zog sie in einem Maße an, daß selbst für den Dichter, der in seinen Versen Paavo Nurmi besang, eine eigene heraussprang: bei den Olympischen Spielen in Amsterdam, wo der Pole Kazimierz Wierzynski mit dem Hymnus *Mein Schritt ist der Marsch eines Tänzers* den Literaturlorbeer errang.

> *Ich bin eine Uhr des Atmens,*
> *im Äther schwimmende Türme.*
> *Vereint mit der Erde zeichnet*
> *den Rhythmus mein tönender Fuß.*

Daß im Sportmuseum neben dem Olympiastadion von Helsinki Nurmis Wettkampfdreß und die berühmte Stoppuhr, mit der er seine Zwischenzeiten kontrollierte, ausgestellt sind, ist da nur mehr eine Selbstverständlichkeit. Seine Spike-Schuhe von

den Olympischen Spielen in Paris sind seit ihrer Präsentation auf der New Yorker Weltausstellung vergoldet: finnischer Nationalstolz gepaart mit amerikanischem Glamour.

Als er, eines angeblichen Verstoßes gegen die Amateurbestimmungen wegen, 1932 von den Olympischen Spielen in Los Angeles ausgeschlossen wird, zieht sich der Fünfunddreißigjährige aus dem Sportbetrieb zurück und eröffnet im Zentrum von Helsinki ein Herrenmodegeschäft. In die Etiketten der Hemden und Krawatten, die den Hauptteil seines Umsatzes bilden, ist der berühmte Name eingewebt – wieviele Käufer mögen den kleinen Laden in der belebten Mikonkatu einzig in der Hoffnung betreten, von ihrem Idol persönlich bedient zu werden!

Doch nur wenigen wird Erfüllung zuteil: Nurmi bleibt, was er schon als Sportler gewesen ist, auch als Geschäftsmann: unnahbar, introvertiert. So, wie das Gesicht des »Mannes aus Stein« schon bei seinen Siegesläufen keinerlei Emotion erkennen läßt, weder die Erschöpfung des seine letzten Kraftreserven Aufbietenden noch das Glückslächeln des Triumphators, wickelt er auch seine Geschäfte mit jener wortkargen Nüchternheit ab, die dem Kunden keinerlei Chance auf Anbiederung läßt. Ja, selbst die wenigen Freunde, die er an sich heranläßt, blitzen mit ihren Versuchen, im Umgang mit ihm Fröhlichkeit aufkommen zu lassen, ab. Besonders Scharfsichtige wollen gar erste Anflüge von Depression an ihm ausmachen.

Obwohl er schon zu diesem Zeitpunkt ein reicher Mann ist, hält Nurmi an seinem sparsamen, ja spartanischen Lebensstil fest; Politik interessiert ihn wenig, Interview-Wünsche blockt er

Ein emotionsloser Sieger: Paavo Nurmi, 1927

ab, und wenn er seiner einzigen Leidenschaft, der Musik, frönt und einem Symphoniekonzert beiwohnt, versteckt er sich in einer der hinteren Sitzreihen, wo ihn – hoffentlich! – keiner erkennt.

Auch ein Homme à Femmes ist dieser asketische Einzelgänger nicht: Als nach der Scheidung von seiner ersten Frau eine zweite in sein Leben tritt, ist sie diejenige, die das Handtuch wirft: »Ich hab meinen großen Freundeskreis, den ich zu pflegen gewillt bin, du hingegen bist lieber für dich allein – daraus kann kein Ehebund werden.« Das Aufgebot wird storniert.

Umgekehrt sind ihm, dem spröden Liebhaber, auch Haßgefühle fremd: Mit Exgattin Sylvi hält er weiterhin Kontakt, überträgt ihr sogar die Führung seiner Niederlassung in Turku. Das gerahmte Foto, das er auf dem Nachttisch neben seinem Bett stehen hat, zeigt allerdings weder sie noch einen anderen ihm nahestehenden Menschen. Sondern einen Foxterrier: seinen vor kurzem verstorbenen Hund.

Wem es gelingt, in das Hinterstübchen von Paavo Nurmis Hemdengeschäft vorzudringen, wird zunächst einmal verwundert den Kopf schütteln: So ein kleiner Laden und so eine große Aktenablage? Nur eine einzige Verkäuferin und solche Stöße von Lohnlisten? Des Rätsels Lösung: Hinter der winzigen Modeboutique verbirgt sich in Wahrheit ein Imperium, und hier ist dessen Schaltstelle: das Einmannbüro des Unternehmers Paavo Nurmi, der in großem Stil mit Immobilien handelt. Sowohl in der noblen Mannerheimintie und einer Reihe weiterer Innenstadtstraßen wie auch an der Peripherie erheben sich seine Apartmenthäuser, und es kommen immer noch neue hinzu. An die vierhundert Bauarbeiter stehen zeitweise in seinem Sold.

Nurmis Geschäftsstil ist der des alleinentscheidenden Patriarchen. Kein Mieter, den er nicht persönlich auf seine Bonität hin überprüfte, keiner, dem er nicht seine strengen Bedingungen aufzwänge. Nur kinderlose Eheleute sind zugelassen. Und sämtliche Zahlungen haben in bar zu erfolgen.

Enttäuschungen bleiben ihm gleichwohl nicht erspart: Als er eines Tages auch in die Frachtschiffahrt einzusteigen versucht, gerät er an einen unseriösen Partner und verliert einen Haufen Geld. Seinem Ruf, zu den reichsten Männern des Landes zu zählen, kann ein solcher Ausrutscher freilich nichts anhaben. Ja, auch Finnland als Ganzes profitiert von seinem Ruhm. Bis 1917 Großfürstentum des Zaren, ist es, als Paavo Nurmi den Namen seiner Heimat in die Welt hinausträgt, eine junge Republik von knapp vier Millionen Einwohnern, die um staatliche Anerkennung ringt. Ja, haben nicht ganze Völkerschaften überhaupt erst durch die Triumphe des Rennläufers Paavo Nurmi von der Existenz des kleinen Landes in Europas hohem Norden gehört? Welch ein Kapital! Amerikanische Investoren treten auf den Plan, andere folgen ihnen nach. Der Athlet, der ohne weiteres Zutun zum Bürgen einer ganzen Nation wird. Und die Nation weiß es ihm zu danken, indem sie ihn verehrt wie einen Gott.

Nur eines kann auch sie ihm nicht garantieren: Gesundheit.

Mit chronischer Angina pectoris nimmt Paavo Nurmis physischer Verfall seinen Anfang, es folgt eine lebensbedrohende Embolie, das Zittern der Hände kündigt ein schweres Parkinson-Leiden an. Vor allem aber: Der vormalige Superathlet, der es gewohnt ist, daß ihm sein Körper bis zum Umfallen gehorcht, vermag nicht einzusehen, daß dies auf einmal keine Geltung mehr haben soll. Daß seine Gliedmaßen versagen, daß er auf dem linken Auge erblindet, daß er in allem auf fremde Hilfe angewiesen ist. Er ist ein unbequemer, eigensinniger, ja unwilliger Patient, der vor der Zeit aus dem Spitalsbett flüchtet und, statt mit den Ärzten zu kooperieren, sie schonungslos für seine Misere verantwortlich macht.

Als er wieder einmal, nach einem der unumgänglich gewordenen Eingriffe, zu früh vom Krankenlager aufsteht, um in sein Büro zurückzukehren und an seine Baustellen, kommt der inzwischen Vierundsiebzigjährige zu Fall, schlägt mit dem Kopf auf einen Tisch auf, ist zehn Tage ohne Bewußtsein.

Die zwei Jahre, die er noch vor sich hat, sperrt er sich in seiner Wohnung ein: Rajasaarentie Nr. 7 ist eines der Miethäuser, die er selbst in Auftrag gegeben hat und verwaltet. Es steht in einem der besten Viertel von Helsinki, nur wenige Schritte vom Meer entfernt und von der Residenz des Staatspräsidenten; um die Ecke, in der Valhallankatu, hat eine Zeitlang der Exilant Bertolt Brecht gewohnt. Im Birkengehölz des Sibelius-Parks verschafft sich der halbgelähmte Nurmi, auf den Arm seiner Pflegerin gestützt, den nötigen Auslauf. Zweimal täglich zwei Kilometer Fußmarsch bei jedem Wetter – dafür reichen seine Kräfte schon lange nicht mehr: Die Füße schleifen über den Boden. Als ihn dennoch eine ausländische Touristengruppe erkennt und den schwerbehinderten Passanten mit freundlichem Zuspruch aufzumuntern versucht, ist ihm bloß ein grimmiges Murmeln zu entlocken: »Lassen Sie mich in Ruhe, ich bin doch nur noch eine alte Müllhalde.«

1. Oktober 1973. Der sechsundsiebzigjährige Paavo Nurmi sitzt in seinem Lehnstuhl, im Fernsehen läuft eine der Vorabendserien, Betreuerin Irma Rinne liest ihrem Pflegling aus der Zeitung die Schlagzeilen des Tages vor. Nach dem Nachtmahl klagt er über starke Schmerzen und Atemnot, der Rettungsarzt

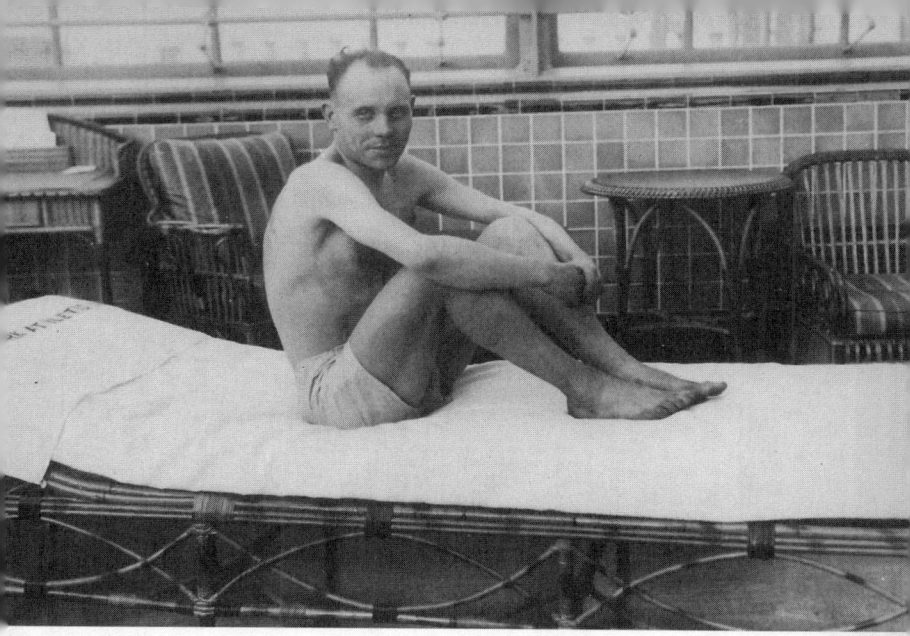

Relaxing im New Yorker Athletik-Klub, 1929

verfügt Nurmis Überstellung in das Hospital des Stadtbezirks Mailahti. Dort bessert sich der Zustand des Patienten vorübergehend, Sohn Matti eilt ans Krankenbett, fragt nach seinen Wünschen. »Mich friert, fahr nach Hause und bring mir meine Wolljacke.« Doch noch im gleichen Atemzug das ungeduldig-resignierte Storno: »Nein, laß es bleiben, das dauert mir zu lang.«

Kurz darauf verliert Paavo Nurmi das Bewußtsein, sein Herz schlägt nur noch ganz schwach, in der Intensivstation werden die Geräte eingeschaltet. Noch in derselben Nacht, gegen vier Uhr früh, tritt der Tod ein.

Literaturnachweis

DER GUTE MENSCH VON JENA
Richard Friedenthal: Goethe – sein Leben und seine Zeit.
München 1963
Hans Lucke: Stadelmann. In: Drei Komödien. Berlin 1986
Georg Richter: Die Reise nach Frankfurt. Nürnberg 1971
Walter Schleif. Goethes Diener. Berlin und Weimar 1965
Klaus Seehafer: Mein Leben ein einzig Abenteuer. Berlin 1998

DAS DUELL
Horst Budjuhn: Fontane nannte sie »Effi Briest«. Berlin 1985
Theodor Fontane: Effi Briest. Berlin 1896
Dietmar Grieser: Piroschka, Sorbas & Co. München 1978
Die Herrin. In: Düsseldorfer Hefte 4 und 5. Düsseldorf 1992
Walter Schafarschik (Hrsg.): Erläuterungen und Dokumente zu
Fontanes »Effi Briest«. Stuttgart 1972
Hans Werner Seiffert (Hrsg.): Studien zur neueren deutschen
Literatur. Berlin 1964

EIN PFERD, EIN REITER, EINE BAHN
Brigitte Hamann: Die Habsburger. Wien 1988
Illustrirtes Wiener Extrablatt, August 1894

Viktor Wallner: Alte Neuigkeiten aus 1894. In: Badener Zeitung, August/September 1994

»KRÖTENKÜSSERS« LETZTER WEG
Lester R. Aronson: The Case of the Case of the Midwife Toad.
In: Behavior Genetics Vol. 5 Nr. 2. New York 1975
René Freund: Land der Träumer. Wien 1996
Arthur Koestler: Der Krötenküsser. Wien 1971
Alma Mahler-Werfel: Mein Leben. Frankfurt 1960

TABU
Lotte H. Eisner: Murnau. Paris 1964
Fred Gehler: F. W. Murnau, Hollywood und die Südsee. In: Film und Fernsehen Nr. 5. Berlin 1981
Klaus Kreimeier: Friedrich Wilhelm Murnau. Bielefeld 1988
Ulrich Kurowski: Taumelnder Tag – Aristokratische Manie. In: Film- und Ton-Magazin Nr. 12. 1978
Curt Riess: Das gab's nur einmal. Hamburg 1957

KEIN TAG WIE JEDER ANDERE
Ulrich Becher: Im Liliputanercafé. Frankfurt 1985
Franz Theodor Csokor: Auch heute noch nicht an Land. Wien 1993
Karl Frucht: Verlustanzeige. Wien 1992
Traugott Krischke: Materialien zu Ödön von Horváth. Frankfurt 1970
Klaus Mann: Der Wendepunkt. Frankfurt 1952
Hertha Pauli: Der Riß der Zeit geht durch mein Herz. Wien 1970
Peter Stephan: Des Lebens Dernier Cri. Leipzig 1996
Carl Zuckmayer: Als wär's ein Stück von mir. Frankfurt 1966

Der Paravent
Johannes Glasneck: Kemal Atatürk und die moderne Türkei.
Berlin 1971
Wolfgang Koydl: Das Juwel der goldenen Jahre. In: Süddeutsche
Zeitung, München 31.12.1997
Bernd Rill: Kemal Atatürk. Reinbek 1985

Heimat, du schöne Utopie
Werner Hohmann: Heinrich Vogeler in der Sowjetunion.
Fischerhude 1987
Heinrich W. Petzet: Von Worpswede nach Moskau. Köln 1972
Hans-Hermann Rief: Heinrich Vogeler. Worpswede 1972
Gerhard Schmolze: Frühlingsende in Kasachstan. In: Frankfurter
Allgemeine Zeitung 20.12.1972
Heinrich Vogeler: Erinnerungen. Berlin 1952
Heinrich Vogeler: Das Neue Leben. Darmstadt und Neuwied 1972
Heinrich Vogeler: Reisebilder aus der Sowjetunion. Worpswede 1988

Flug ohne Wiederkehr
Joy D. Marie Robinson: Antoine de Saint-Exupéry. München 1993
Jules Roy: Passion et mort. Paris 1964
Antoine de Saint-Exupéry: Brief an einen General. In: Die Stimme
des Menschen. München 1961
Paul Webster: Saint-Exupéry. Freiburg 1996

Idinkas Himmelfahrt
Lena Dur: Ein Märchen, das nicht mehr zu tilgen ist. In: Die Presse,
Wien 21.4.1962
Gerhart Hauptmann: Und Pippa tanzt! Berlin 1906
Gerhart Hauptmann/Ida Orloff: Briefe. Berlin o. J.

Frederick W. J. Heuser: Gerhart Hauptmann. Tübingen 1961
Heinrich Satter: Weder Engel noch Teufel. Bern 1967

DIE TODESSCHÜSSE VON MITTERSILL
Otto Brusatti: Alles schon wegkomponiert. St. Pölten-Wien 1991
Hanspeter Krellmann: Anton Webern. Reinbek 1975
Hans Moldenhauer: Der Tod Anton von Weberns. Wiesbaden 1970
Hans Moldenhauer: Anton von Webern. Zürich 1980

MORD VOR DER MOSCHEE
Abdullah: Memoirs of King Abdullah. New York 1950

DIE URSZENE
David Boadella: Wilhelm Reich. Bern 1981
Bernd A. Laska: Wilhelm Reich. Reinbek 1981
Harry Mulisch: Das sexuelle Bollwerk. München 1997
Ilse Ollendorff Reich: Wilhelm Reich. München 1975
Wilhelm Reich: Passion of Youth. New York 1988

»NIMM DICH IN ACHT, JUNGE!«
Heimatmuseum Kusel (Hrsg.): Erinnerungen an Fritz Wunderlich. Kusel 1986
Werner Pfister: Fritz Wunderlich. Zürich 1990

BITTERER LORBEER
Dietmar Grieser: Irdische Götter. München 1980
Sulo Kolkka/Helge Nygrén: Nurmi. Helsinki 1974
Antero Raevuori: Paavo Nurmi. Porvoo 1997

Bildnachweis

Horst Budjuhn: Fontane nannte sie »Effi Briest«. Das Leben der Elisabeth von Ardenne. Quadriga Verlag J. Severin: Berlin 1985 (Foto Seite 64, 38, 29) – 39, 46, 50

Direktion der Museen der Stadt Wien – 72

Werner Hohmann: Heinrich Vogeler in der Sowjetunion 1931–1942. Daten, Fakten, Dokumente. Galerie Verlag: Fischerhude 1987 (Abb. Seite 142) – 146

Hans Moldenhauer: Der Tod Anton von Weberns. Ein Drama in Dokumenten. Mit einem Geleitwort von Igor Strawinsky. Breitkopf & Härtel: Wiesbaden 1970 (Foto Wolfgang Herzfeld) – 196

Friedrich Wilhelm Murnau 1888–1988. Publikation zur Ausstellung, herausgegeben von der Stadt Bielefeld. Bielefelder Verlagsanstalt: Bielefeld 1988 (Foto Seite 53 oben) – 87

Ilse Ollendorff-Reich: Wilhelm Reich. London 1969 – 221, 224

Österreichische Nationalbibliothek Wien, Bildarchiv – 15, 17, 30,

53, 59, 65, 70, 78, 94, 96, 101, 106, 109, 115, 118, 129, 157, 163, 174, 189, 201, 210, 233, 241, 244, 247

Werner Pfister: Fritz Wunderlich. Eine Biographie. Serie Musik bei Piper und Schott. Lizenzausgabe mit Genehmigung des Schweizer Verlagshauses: Zürich 1990 (Abbildung 73; Foto: Josef Werkmeister) – 236

Privat – 61, 123, 133, 155, 169, 171, 180 f., 204, 207, 231

Wilhelm Reich. Mit Selbstzeugnissen und Bilddokumenten dargestellt von Bernd A. Laska (rororo bildmonographien 298). Rowohlt Taschenbuch Verlag: Reinbek bei Hamburg 4. Auflage 1993 (Foto Seite 120; Tony Obert, Canada) – 217

Walter Schleif: Goethes Diener. Aufbau-Verlag: Berlin und Weimar 1965 (Abbildung 5) – 18

Ullstein Bilderdienst, Berlin – 136, 140, 143

Wer für Fotos, deren Rechtsinhaber der Verlag nicht finden konnte, Urheberrechte geltend machen kann, schreibe bitte an diesen unter der Anschrift NP BUCHVERLAG, Niederösterreichisches Pressehaus (Originalverlag), A-3100 St. Pölten, Gutenbergstraße 12.

Unheimliche Todesfälle bei Knaur

Hans Girod
Das Ekel von Rahnsdorf
und andere spektakuläre Mordfälle
aus der DDR

Hans Girod
Leichensache Kollbeck
und andere Selbstmordfälle aus der DDR

Dietmar Grieser
Im Dämmerlicht
Ungewöhnliche Todesfälle

Knaur

Dietmar Grieser

EINE LIEBE IN WIEN
200 Seiten mit 42 SW-Abbildungen, Leinen

„Die Kollektion von glücklichen und unglücklichen Liebesgeschichten ergibt ein spannendes Panorama der Wiener Literaturszene in der ersten Hälfte des 20. Jahrhunderts."
Süddeutsche Zeitung

NACHSOMMERTRAUM
208 Seiten mit 45 SW-Abbildungen, Leinen

„Künstler im österreichischen Salzkammergut: Wie nirgendwo sonst dürfen Leser(innen) hinter die Kulissen schauen, dürfen weltweit bekannte, berühmte Schriftsteller, Schauspieler, Musiker aus nächster Nähe erleben."
Main-Echo

IM ROSENGARTEN
208 Seiten mit 50 SW-Abbildungen, Leinen

„Schauplatz Südtirol: Die aparten Histörchen um historische Persönlichkeiten zu entschlüsseln ist nach wie vor das Erfolgsgeheimnis des literarischen Spurensuchers Dietmar Grieser."
Wiener Journal

Wolfgang Bahr

TOTE AUF REISEN
272 Seiten mit 45 SW-Abbildungen, Leinen

„Wolfgang Bahr folgt den letzten Fahrten von Heiligen und Politikern, Künstlern und Kaisern. Dabei wird sichtbar, wie hier nichts dem Zufall überlassen und mit den Toten Politik gemacht wird."
Die Presse